Insurance Product Design and Development

保险产品设计与开发

杨步青　曾旭东 ◎ 编著

上海财经大学出版社

上海学术·经济学出版中心

图书在版编目(CIP)数据

保险产品设计与开发/杨步青，曾旭东编著. -- 上海：上海财经大学出版社，2024.11
高等院校经济管理类课程教材
ISBN 978 - 7 - 5642 - 4369 - 2/F.4369

Ⅰ.①保… Ⅱ.①杨… ②曾… Ⅲ.①保险业务—高等学校—教材 Ⅳ.①F840.4

中国国家版本馆 CIP 数据核字(2024)第 078060 号

□ 责任编辑　林佳依
□ 封面设计　贺加贝

保险产品设计与开发

杨步青　曾旭东　编著

上海财经大学出版社出版发行
(上海市中山北一路369号　邮编 200083)
网　　址:http://www.sufep.com
电子邮箱:webmaster @ sufep.com
全国新华书店经销
上海景条印刷有限公司印刷装订
2024 年 11 月第 1 版　2024 年 11 月第 1 次印刷

787mm×1092mm　1/16　15 印张　365 千字
定价:55.00 元

前　言

2015年，为配合保险专业学位研究生的职业教育导向，上海财经大学金融学院保险系为保险专业硕士生开设了保险产品设计与开发课程。这门课程的教学利用了上财保险系强大的校友资源，邀请大量在行业中具有丰富实务经验的校友来授课，课程主题包括分红险产品的开发、保险会计准则对产品的影响、我国车险的发展历史，以及财险精算中的问题等。可以说，该课程以实务中的具体工作内容为材料，通过手把手教学来培养学生的实际工作能力，特别是保险产品的设计开发能力。

业界校友参与授课，专家的多样性虽然使得课程内容丰富多彩，但是课程内容之间的逻辑性还不强，课程设计也比较缺乏整体规划。在经过了四五年的教学摸索后，教学团队逐渐对课程的体系有了较为清晰的认识。保险产品开发有不少共性的内容，比如保险风险的可保性判断、客户需求调研、目标市场开发、保险产品条款设计等。但不同保险产品面对的风险不同，其设计思路又有很大的差异。例如，定期寿险的设计要突出如何满足不同年龄、不同目的的保障需求，医疗险产品的开发重点则是如何与健康管理更好地结合以控制风险。在这些认识逐步清晰后，2021年教学团队开始着手编写本书，以满足本课程教学的需要。在本书的编写过程中，我们也了解到国内高校在相关课程的教学中普遍缺乏合适的教学材料，所以我们希望本书的问世可以填补这方面的空白。

本书的主要内容为分析各类保险产品的保障风险、保险需求估计、产品形态、历史渊源和最新发展，在此基础上引导读者深刻理解客户的保险需求、保险风险界定、产品条款设计、产品风险控制等产品开发各个环节中的关键问题和解决方案。本书由十章构成：第一章为绪论，主要介绍保险产品开发的原则和产品开发流程；其后的九章内容分别围绕我国目前市场上的主流寿险产品和非寿险产品展开，重点分析这些险种的开发与设计思路，包括定期寿险、医疗保险、重大疾病保险、长期护理保险、年金险、机动车辆相关保险、农业保险、绿色保险和洪水保险。每一章都附上了较为翔实的相关材料，包括产品产生背景、相应的法律法规等。

在本书的编写过程中,2021级保险专硕班的学生提供了大量的素材。其中,李梦琪、罗雪晴和盛意对定期寿险章节做出了贡献,罗璇、孙欣怡和陈智博提供了医疗保险相关的素材,王旭祎、赵一宇和吴贻辰提供了重大疾病保险相关的素材,王欣玥、陈诺、丁韵倩提供了长期护理保险相关的素材,张金喆、黄鸿钧和刘澳提供了年金保险相关的素材,李文浩、黄祺闳和杨子漠提供了非标年金相关的素材,张天赐、邰渊和李晨玮提供了机动车辆保险相关的素材,山雨菲、杨婷和程婧雅提供了农业保险相关的素材,陈以奇、徐升和张峻提供了绿色保险相关的素材,江通耀、李静柔和刘欣昳提供了洪水保险相关的素材。

此外,冯驰、蓝浩歌和卢雨萱三位博士研究生对以上素材进行了修订和完善。其中,蓝浩歌负责第一、二、三、五章,冯驰负责第四、七、九、十章,卢雨萱负责第六、八章。

本书总策划和终稿由杨步青完成。曾旭东参与了策划、修订及组织工作。

需要特别说明的是,依据国家教材委员会办公室《关于做好党的二十大精神进教材工作的通知》(国教材办〔2022〕3号)的要求,推动党的二十大精神进教材、进课堂、进头脑,在本书中"润物细无声"地嵌入了思政元素与二十大报告精神内容,以提高学生的思想认知水平,培养学生的家国情怀和道路自信。同时,为了与时俱进地增补与本书相关的思政案例和二十大精神内容,笔者与出版社共同建设新媒体动态服务窗口,使用本书的教师可以通过手机微信扫以下二维码,获取相关最新内容。

为了反映最新的保险市场状态和保险产品设计,本书的大量素材取自最新的期刊、报纸,具有一定的时效性,但是这些素材未必具有典型性。这些内容在本书后续的版本中将被不断迭代更新。此外,本书可能存在定义和名词使用不够严谨、内容组织逻辑不够清晰等疏漏和不足,敬请读者谅解。本书的编写目的是希望解决当前高等院校保险产品设计相关教学参考资料不足的问题。希望教育界的同行在使用本书的过程中多提宝贵意见,我们将及时更新内容、不断提高本书的质量,以更加适合研究生及本科高年级相关课程的教学以及对保险产品设计有兴趣的人士学习使用。

杨步青　曾旭东
2024年10月于上海

目 录

第一章　产品开发概论 ... 1
　本章要点 ... 1
　第一节　保险产品的特征与组成 ... 1
　第二节　保险产品开发的原则 ... 5
　第三节　保险产品开发的流程 ... 9
　本章小结 ... 15
　本章思考题 ... 16
　本章附录 ... 16
　本章参考文献 ... 16

第二章　定期寿险产品 ... 17
　本章要点 ... 17
　第一节　死亡风险及定期寿险的特点 ... 17
　第二节　定期寿险产品的创新 ... 21
　第三节　定期寿险产品实例 ... 23
　第四节　定期寿险的发展现状 ... 27
　本章小结 ... 32
　本章思考题 ... 32
　本章参考文献 ... 33

第三章　医疗保险产品 ... 34
　本章要点 ... 34
　第一节　我国社会基本医疗保险制度 ... 34
　第二节　商业医疗保险 ... 39
　第三节　医疗险的管理风险 ... 41
　第四节　我国医疗险产品分析 ... 43

第五节　医疗险产品创新	46
第六节　医疗险服务创新	49
第七节　国内外医疗保险发展概况	51
本章小结	53
本章思考题	53
本章附录	54
本章参考文献	54

第四章　重大疾病保险 … 55

本章要点	55
第一节　重大疾病风险	55
第二节　重疾险的产品设计	57
第三节　重疾险产品分析	61
第四节　重疾险创新思路	67
第五节　我国重疾险发展情况	68
第六节　国外重疾险发展情况	73
第七节　重疾险面临的挑战	76
本章小结	78
本章思考题	78
本章附录	78
本章参考文献	78

第五章　长期护理保险 … 80

本章要点	80
第一节　长期护理保险的需求分析	80
第二节　我国长期护理保险制度的试点情况	83
第三节　商业性长期护理保险产品设计	89
本章小结	93
本章思考题	93
本章附录	93
本章参考文献	93

第六章　年金保险 … 94

本章要点	94

  第一节 年金保险的保险需求分析 … 94
  第二节 年金产品的设计思路 … 96
  第三节 相关年金产品条款分析 … 98
  第四节 年金保险发展历史及现状 … 112
  第五节 非标准体年金产品简析 … 120
  本章小结 … 124
  本章思考题 … 124
  本章附录 … 124
  本章参考文献 … 124

第七章 车险 … 126
  本章要点 … 126
  第一节 风险分析 … 126
  第二节 车险险种 … 127
  第三节 车险产品设计 … 134
  第四节 新兴车险产品——UBI车险 … 136
  第五节 国内车险发展现状 … 137
  第六节 国外车险发展现状 … 140
  本章小结 … 143
  本章思考题 … 143
  本章附录 … 143
  本章参考文献 … 143

第八章 农业保险 … 144
  本章要点 … 144
  第一节 农业保险的保险需求分析 … 144
  第二节 农业保险的险种 … 146
  第三节 新中国成立后我国的农业保险发展情况 … 165
  第四节 国外农业保险发展历史及现状 … 169
  第五节 我国农业保险产品创新思路 … 175
  本章小结 … 180
  本章思考题 … 180
  本章附录 … 181
  本章参考文献 … 181

第九章　绿色保险 ········ 183

- 本章要点 ········ 183
- 第一节　环境污染责任保险 ········ 183
- 第二节　林业碳汇价值保险 ········ 195
- 第三节　绿色能源保险 ········ 198
- 第四节　绿色技术保险 ········ 200
- 第五节　国内绿色保险发展现状 ········ 202
- 第六节　国外绿色保险发展现状 ········ 204
- 本章小结 ········ 206
- 本章思考题 ········ 206
- 本章附录 ········ 206
- 本章参考文献 ········ 206

第十章　洪水保险产品 ········ 208

- 本章要点 ········ 208
- 第一节　洪水风险 ········ 208
- 第二节　我国保险产品中的洪水保险责任 ········ 211
- 第三节　国家强制洪水保险模式——美国 ········ 213
- 第四节　市场主导的洪水保险模式——英国 ········ 218
- 第五节　政府支持的强制投保模式——法国 ········ 229
- 本章小结 ········ 230
- 本章思考题 ········ 230
- 本章参考文献 ········ 230

第一章

产品开发概论

本章要点

1. 理解保险产品核心价值、产品形式和产品外延3个概念。
2. 理解保险产品开发必须遵循的4个原则。
3. 了解保险产品开发的流程,会撰写可行性分析和产品设计方案。

销售和管理保险产品,是保险公司的主营业务,是保险行业赖以生存的根基。好的保险产品,能够弥补市场空白、满足消费者的保障需求、帮助投保人抵御风险、增强社会的经济稳定,是保险行业社会责任的体现。保险公司要在激烈的市场中获得竞争优势,为股东创造财富,也必须用优质的保险产品吸引更多客户,扩大业务规模,才能在市场上站稳脚跟。社会和经济的发展、自然环境的改变,会改变现有可保风险的特征,也会带来新的风险。保险公司必须与时俱进,不断推出新的产品,改革老产品,才能跟上外部环境的变化,维持长久的生命力。因此,保险产品开发和产品设计,是保险公司经营活动中的重要环节,是保险行业发展的动力。

本章作为概论部分,将讲述保险产品的特征与组成、开发原则和开发流程,为后续章节讲述分险种产品设计提供理论基础。

第一节 保险产品的特征与组成

一、保险产品的特征

保险从形式上看是一纸合同,其本质却是一种金融产品,具备产品的所有特征,但又有其特殊性。

先来看保险产品的基本特征。管理大师、哈佛大学商学院教授彼得·德鲁克(Peter F. Drucker)对产品的基本特征有如下描述:顾客购买的不是产品,而是可以满足个人某种需求的利益。因此,保险产品最基本的特征就是,保险产品是满足客户保险和保障需求的一种手段。现实中人们会遇到各种各样的风险,有些风险可以不介入的方式加以规避,有些风险可以用一些物理手段加以消除。保险则是利用财务上的安排,将发生在个体的风险分摊到整个投保群体中。保险可以让风险对个体的伤害达到最小,从而保障社会的平稳运行。

作为无形的金融产品,保险产品又有其特殊性。通过购买保险,投保人享受了保险公司提供的保障服务,因此,保险产品是服务类产品,具有无实体、不可分离、品质不确定、不可储存的特征。

(一) 无实体

服务产品看不到,不能触摸,服务产品给了客户某种权利,或某种感受。因此,服务产品的消费者只能依靠市场的口碑或其他人的评价来作为购买的参考,而其他人提供的信息往往是不同的。

那么无实体商品怎样向客户传达信息呢?

(1) 使用有形的暗示。例如,高档宾馆,通过宾馆的外观、装修、内部整洁程度、设施等传递高质量服务的暗示。又如,保险公司在坚实的大厦中办公,用灰色石材覆盖墙面,传递的是稳定、可靠、安全的信息。客服人员统一着装,暗示着公司将提供专业而又完善的服务。

(2) 使用人员信息源。服务产品的消费者经常依靠由朋友、家庭或媒体评论所传达的主观评价做决定。保险公司特别要注意留住现有客户,关注声誉风险。

(3) 塑造品牌知名度和公众形象。服务型行业会花费大量的资源、时间和人力,塑造自己的外部形象。如参与慈善活动、赞助体育赛事、活跃在抢险救灾第一线等。

(二) 不可分离

服务行业是劳动密集型行业,服务的提供者经常与客户接触,并且必须在客户出现时才能提供服务,而实体商品的制造是在与市场隔绝的工厂中进行的。顾客与服务提供者之间的不可分离,使得服务的提供者成为有形的暗示。例如,公司代理人和客服人员,都暗示了公司服务的质量。这也是很多服务公司非常重视一线接待员服务质量的原因。与客户面对面交流,也使得客户满意度特别重要。

(三) 品质不确定

实体商品销量增加,对质量可能几乎没有影响。而服务类产品的质量取决于提供者服务的专业性、热情程度和耐心。人的精力有限,只要与顾客的接触增加,服务人员就可能因疲惫而导致操作效率降低。顾客与服务人员之间的反馈和互动贯穿整个服务过程,顾客参与服务的生产过程可能引起生产进度的不确定。服务没有标准化模板,每个顾客想要的服务深度、服务长短和服务需求都不相同。怎样平衡消费者需求和服务产品的质量,既是技术也是艺术。以下一些方法可以用来对服务提供品质上的保证:

(1) 重视对一线接待人员的选择和培训。

(2) 利用计算机和网络技术对消费者进行管理,如饭店订座系统,帮助饭店调节客户人数。采用上门服务,减少消费者聚集。

(3) 服务流程标准化。

(四) 不可储存

实体商品可以通过库存来应对需求的涨跌,维持供需平衡。但服务商品不可储存,需求增加时,可能服务人员人手不够,需求降低时,服务人员会无活可干。企业可以使用折扣或优惠来增加淡季需求。

二、保险产品的组成

1988年,菲利普·科特勒(Philip Kotler)首次提出了产品三层次结构理论。该理论认为,任何一种产品都可被分为3个层次：核心产品(Core Product)、有形产品(Actual Product)、附加产品(Augmented Product)。任何一种产品都是由3个层次构成的,最里面是核心产品,第二层是外围产品(产品的形态),第三层是外延产品(产品支持与服务)。

核心产品是指向顾客提供的产品的基本效用或利益。核心产品也就是顾客真正要购买的利益,即产品的使用价值,例如,对于洗衣机,消费者要购买的是方便、快捷、干净;对于电影院,消费者要购买的就是娱乐。核心产品并不是显而易见的,有时客户自己都不理解自己的真实需求。如客户到DHL(快递公司),要求尽快把他的信送出去。表面上他们所谈的是快递,其实他真正的要求是速度,让对方尽快收到他的信息。至于这个工作收多少费用,怎么送出去,都是次要的问题,客户心中的核心问题是速度。

第二层次的有形产品是指产品的形态,是可以看得见、摸得着的。去买东西,销售员讲的都是有形产品,即东西是什么规格、样式、功能如何,品牌叫什么,外包装是否漂亮,这些都是有形的。

第三层次是附加产品,如售后服务,包括维修、安装、组装、退货等。这一层次能够给予消费者完整的满足感,是购买的影响要素,可以帮助提高消费者的满意度及复购率,并且带来传播效应。

阅读材料　从产品概念的三层次理论到五层次理论

以下我们采用三层次理论,分析保险产品的3个组成部分。

(一) 保险产品的核心价值

《中华人民共和国保险法》(以下简称《保险法》)将保险定义为一种商业行为:投保人根据合同约定,向保险人支付保险费,保险人对于合同约定的可能发生的事故因其发生所造成的财产损失承担赔偿保险金责任,或者当被保险人死亡、伤残、疾病或者达到合同约定的年龄、期限等条件时承担给付保险金责任。

根据这个定义,保险产品的核心价值在于能够通过经济补偿与保险金给付弥补风险所造成的损失,给投保人提供财务保障。财产保险能弥补客户因风险所致的财产损失或造成的法律赔偿责任;人身保险能弥补因死亡、伤残、疾病和长寿风险带来的财务损失;长期人寿保险产品除了具有经济补偿的核心功能之外,还具有基金积累和资产隔离及传承功能。

(二) 保险产品的形式

保险合同是投保人与保险人约定保险权利义务关系的协议。《保险法》规定,保险合同应当包括下列事项:

(1) 保险人的名称和住所;

(2) 投保人、被保险人的姓名或者名称、住所,以及人身保险的受益人的姓名或者名称、住所;

(3) 保险标的;

(4) 保险责任和责任免除;

（5）保险期间和保险责任开始时间；
（6）保险金额；
（7）保险费以及支付办法；
（8）保险金赔偿或者给付办法；
（9）违约责任和争议处理；
（10）订立合同的年、月、日。

阅读材料　中国太平洋财产保险股份有限公司意外伤害险条款

（三）保险产品的外延

一般产品的外延是指产品品牌、名称和售后服务等。保险产品的外延则是指保险公司为客户提供的售前和售后服务，如防灾防损的技术支持、健康管理、投资理财建议、养老和医疗服务等。

以下3则阅读材料给出了一些非常有趣的保险公司服务案例。

阅读材料　海外保险防损奇招

阅读材料　国外保险业防灾防损经验及借鉴

阅读材料　民国时期保险的延伸服务

第二节 保险产品开发的原则

一、满足客户需求

如上所述,满足客户保障需求、管理风险是保险产品的基本特征。开发保险产品,必须以风险为起点。我们可以采用以下3条途径去寻找新产品的开发思路。

(一)发掘新的可保风险

保险产品的发展历史,就是不断发掘新的保险风险并推出配套保险产品的过程。以人寿保险为例,最初的人寿保险只保障死亡风险和长寿风险,随着数据的增加、精算技术的提高,疾病风险、失能收入损失风险、长期护理风险逐渐进入人身保险产品的领域。因此,发掘新的可保风险是设计新产品的重要途径。

在发掘可保风险时,我们需要注意可保性的问题。任何不确定的,可能给人、企业或社会带来损失的因素都可称为风险。但不是每种风险都能设计为保险产品。

对于风险的可保性,诸多保险专家给出了标准。休斯顿(Houston)于1964年提出可保风险须满足以下6个条件:(1)有大量同质的风险单位存在,这是大数法则应用的前提条件。(2)风险必须是纯粹性风险。(3)风险必须是偶然的、随机的,即风险损失是不确定的。(4)风险单位是相互独立的,即保险标的不能同时遭受损失;风险的发生不能是相关的,即不存在承保人责任积累问题,以满足"大数法则"的统计假设。(5)保险费应是被保险人在经济上能承受的。(6)风险的模糊性、道德风险和逆向选择可以控制在一定程度内。卡尔·H.博尔奇(Karl H. Borch)在1974年提出,风险的可保性主要从风险潜在损失是否过大、损失概率与大小的模糊性(Ambiguity)以及逆向选择和道德风险3个方面判断。斯科特·E.哈林顿(Scott E. Harrington)和格雷戈里·R.涅豪斯(Gregory R. Niehaus)则认为保费附加成本、逆向选择和道德风险为影响风险可保性的3个成本因素。瑞士再保险公司在巴鲁克·柏林(Baruch Berliner)的基础上,分别从保险统计与精算标准、市场状况以及社会因素3个方面提出了可保风险标准(见表1.1),下面我们将对其进行具体解释分析。

表1.1 可保风险标准

类　别	标　准	特　征
保险统计与精算标准	风险/不可确定性	可测量
	损失事件	独立
	最大损失	可负担
	平均损失	适中
	道德风险、逆选择风险	不过分

续 表

类　　别	标　　准	特　　征
市场状况	保费	充足,可负担
	行业承保能力	充分
社会因素	公共政策	保险与之一致
	法律体系	遵循法律规定

资料来源:Baruch Berliner. Limits of Insurability of Risks[M]. Englewood Cliffs, NJ: Prentice-Hall, Inc., 1982.

在精算标准方面,可保风险主要有以下4个标准:

(1) 可保风险具有现实可测性。作为可保风险,它的预期损失应是可以被测定和计算的,这意味着必须有一个在一定合理精确度以内的可确定的概率分布,这是掌握其损失率进而厘定费率的基础和必要条件。

(2) 损失事件应该是相互独立的,即保险风险载体发生事故的概率和损失的后果互不影响。

(3) 最大损失应该是可负担的、平均损失应是适中的。风险所致损失应有适度性,一方面因为轻微的损失无需进行保险转嫁,投保人完全可以自己承担,可能进行转嫁在经济上是不划算的;另一方面,出险后的损失不能过大,如超过了保险人的承受能力,便会造成保险人无力赔付。

(4) 道德风险、逆选择风险应是不过分的。风险的发生或后果的扩展都不应是投保人的故意行为,道德风险和逆选择都会改变原来的风险分布,使保险公司定价出现偏差,因此当风险事件存在过分的道德风险或逆选择时,风险是不可保的。例如由财客钱包和华海保险联合推出的"加班险",投保人每月支付9.9元即可参保,投保期为1个月。在此期间,若在21点下班则可以获得9元赔付,若22点下班则可以获得10元赔付,晚点1小时增加1元,单次最高不超过12元,1个月最多可以赔付6次,最高不超过72元。加班险面临严重的逆选择风险——加班多的企业员工更倾向于购买,并且面临道德风险——在公司故意待到很晚回家,因此加班风险应是不可保风险。

在市场标准方面,保费应是可负担的、行业应具有足够的承保能力。风险是否可保,不能仅凭精算标准,而且要考虑市场因素,保费是否可负担、行业是否有承保能力,是风险能否市场化的前提。例如恐怖袭击就为不可保风险,因为恐怖袭击风险的不可估测性,其保险赔偿也无法量化和定价。即使风险发生概率可以估计,恐怖袭击造成的损失也超过了保险公司的承担能力。因此大部分保险不对恐怖袭击承保,在我国现有的公开的保险产品中,大部分保险将恐怖袭击、暴乱等情况列为免责条款。

在社会标准方面,保险不仅要与公共政策保持一致,而且要遵守法律规定。从法律的角度来看,只有当一项风险事件本身是合法的风险且法律上也允许转移时,才被视为可保风险,且风险转移必须遵循监管的框架。例如,曾经由保险公司推出的"世界杯遗憾险",投保价格为8元,投保之后,投保人可获得1万元的人身意外险保障,以及对应不同球队的"遗憾补偿"。若投保人支持的球队在投保阶段被淘汰,未能进入十六强或八强,就可获得相应的"集分宝"补偿。而"集分宝"是由支付宝提供的积分服务,每100个集分宝可抵扣1元。对应不同球队的"遗憾补偿",投保人可获得最低14元、最高49元的补偿。"世界杯遗憾险"中的遗憾补偿明显带有赌博或博彩性质，在我国法律中是不被允许的行为。因此保险事故发生后被保险人对保险标的并没有法律上承认的利益，"遗憾补偿"实为不可保风险。

（二）变不可保风险为可保风险

很多风险不可保的原因是数据缺乏，保险公司没有足够的数据认识风险特征，或者没有技术控制风险。

例如卫星风险，人类在一开始发射人造卫星时，保险人由于对发射卫星的风险认识不清，因此无法为卫星发射提供保险。如今，随着世界各国发射的不同类型的航天器越来越多，在这种情况下，由于可以通过大数定律计算风险概率和损失程度，并确定保险费率，因此发射人造卫星的保险也风行全球。

阅读材料　带病体投保

（三）细分风险，吸引更多优质客户

细分风险，降低逆选择，以吸引更多优质客户。例如，死亡风险是影响定期寿险价格的主要参数。那些健康状况优于正常水平的投保人，风险保障成本要低很多。为了增加定期寿险的吸引力，保险公司可以把这些优先体从投保人群中分离，给他们费率上的折扣，这样便可以吸引更多的健康人群投保，降低整个投保人群体的死亡风险。

同样，年金产品也可以将客户按长寿风险细分。传统年金产品基于人群的平均死亡率定价，那些寿命比平均值短的被保险人，领取的年金精算现值小于交纳的保费，长寿的人则获得更多收益。健康状况差、预期寿命短的人群不愿意购买年金，加重了年金产品的长寿风险。为了吸引这部分客户，保险公司开发了非标准体年金和次标准体年金，为那些预期寿命低于平均水平的人群提供更优惠的给付额度。

二、服从于公司战略和产品发展战略

公司战略给出了公司的总体发展目标和达到目标的总体行动框架，例如，中国国寿集团的战略定位是打造世界一流的金融保险集团；平安保险公司的战略目标是坚持稳定、可持续发展的经营理念，致力于成为全球领先的科技型个人金融生活服务集团；华贵保险的战略目标是成为产品和服务领先的互联网平台型保险公司，成为客户满意、员工幸福、社会价值高、商业价值高的新型寿险公司。

产品发展战略是公司整体战略的一个模块，它必须配合公司整体战略目标的实现。例如，在成为特色保险公司的战略目标下，产品发展战略可能是未来两年内，通过开发一系列定期保险产品，扩大定期保险市场的占有率。或者，公司通过加大研发资金投入，深耕医疗养老领域，开辟养老年金市场。如公司的战略目标是成为大型金融保险服务集团，产品发展战略可能是覆盖各类险种，开发面向所有市场的保险产品。

三、与公司的销售人员和内部管理的能力匹配

与储蓄、股票投资这些投资性的金融工具相比，保险合同中可保风险的定义、保险事故的判别、除外责任,涉及专业知识,不是简单的金融产品。保险公司的销售人员和内部管理能力,决定了产品的复杂程度。

一般来说,保险事故的判别标准越简单,逆选择和道德风险越小,产品条款越简单。例如只保障死亡风险的定期寿险和终身寿险、兼具保障和储蓄功能的两全保险、保障长寿风险的年金险等,销售人员不需要过多解释,公众就能够理解产品功能和除外责任,不容易产生理赔纠纷或销售误导。

而健康、疾病、失能或第三者责任这些风险,保险事故是否发生就需要比较复杂的判别条件,例如癌症的诊断标准、失能的定义等。对于这些疑难风险,为减少逆选择和道德风险,保险合同上会设置一些特殊条款,如等待期、免赔额、过往症限制等。销售人员和公司管理人员不仅要具备专业知识,而且要经过培训后,才能够清晰地讲解产品的范围和限制。带有投资属性的保险产品,如万能险和投资连结险,更是要对客户坦诚产品的投资风险、保险公司和投保人各自承担的责任等。这些产品,对销售人员的职业操守提出了更高的要求。产品的管理,涉及每日盯盘、账户价值测算等,产品管理系统比保障类产品更复杂。

案例

我国糖尿病保险销量不佳的分析

糖尿病是以慢性高血糖为特征的终身代谢性疾病。糖尿病无法根治,患者血糖水平长期上升,还会产生并发症,如心脑血管和肾脏病变。据统计,糖尿病并发症高达一百多种,是目前已知并发症最多的一种疾病。另一方面,如果糖尿病患者能够通过用药和调整饮食,控制血糖,就可以有效地避免引发并发症,即使带病也能正常生活。为了预防糖尿病并发症的发生,有必要对患者进行长期、深度的支持和干预,对糖尿病的"慢病管理"成为糖尿病患者的刚性需求。

借助科技进步和互联网技术的发展,2011年美国出现了首个用于糖尿病日常管理的手机App——"WellDoc糖尿病管家系统"。糖尿病患者通过使用该软件实时记录和上传饮食摄入、血糖波动和药物治疗等信息,后台的医护人员在对这些数据进行分析后,会给予患者个性化的反馈和建议。试验结果表明,坚持使用该软件对生活方式和治疗进行有效、及时干预的患者,血糖控制情况比单纯用药治疗的对照组优1.2%。WellDoc软件通过了美国食品药品监督管理局(FDA)的认可,成为美国第一个被纳入医疗保险报销的移动应用App。2016年,美国糖尿病协会(ADA)发布了新版糖尿病诊疗指南,首次明确肯定了移动App作为技术辅助工具,在糖尿病患者生活方式干预中的价值。

中国糖尿病管理App发展迅猛,各大应用市场上线的"糖"字头App有数百款之多,达到一定下载量和活跃度的也有数十款。2015年,有多个一线糖尿病管理平台分别展开了与疾控中心、医学专业学会、三甲医院等单位的学术合作,尝试用严谨、客观的临床研究来验证糖尿病管理App的合理性和有效性,尤其有多家糖尿病管理平台和保险公司合作推出了针对糖尿病患者的健康险种,为患者提供多种糖尿病并发症保障。2015年,国内互联网保险服务平台大特保发布了首款全线上糖尿病保险"退糖鼓"，并与国内三大糖尿病健康管理平台掌上糖医、微糖、血糖高管合作，向用户推出综合服务包。另外，众安保险联合腾讯、丁香园，泰康联合糖护士，招商信诺联合糖医生，纷纷推出了糖尿病并发症保险。这种"产品+服务"形式的糖尿病并发症保险产品能够满足客户的实际需求，填补了市场空白，但销售情况并不理想。通过分析，中国人寿再保险公司发现销售环节中的"信息不对称"问题或是影响糖尿病并发症保险产品销售的最大制约因素。

"信息不对称"指的是在特定的销售场景下销售人员和潜在客户对于"糖尿病并发症"这一特定医学概念的理解存在较大差距。有句俗语叫"久病成医"，对于有购买糖尿病并发症保险潜在需求的客户，可以分为3类：一是家中有亲属患糖尿病的客户，从日常生活接触中了解到糖尿病疾病的相关知识并对糖尿病并发症的严重危害有所知晓；二是血糖指标高于正常值但尚未达到糖尿病诊断标准的糖耐量异常和空腹血糖受损的客户，他们由于"一只脚已经迈进了糖尿病的大门"，所以对糖尿病的相关知识也有或多或少的了解；三是已被诊断为"糖尿病"但尚未出现糖尿病并发症的客户，这类客户由于已经处于糖尿病初期，在糖尿病被诊断时接受过医生的密集教育，因此对糖尿病的相关知识有所了解。以上3类客户由于各种原因获得了关于糖尿病及其并发症的相关医学知识，相比之下中介代理人则欠缺基本医学知识，介绍具体承保责任和保障范围时，难以清晰解释客户针对产品提出的相关问题，容易引发客户对产品的不信任，从而影响销售。

资料来源：糖尿病并发症保险产品开发简介[EB/OL]. (2016-03-15)[2023-10-15]. https://www.chinalife.cn/zhzsx/khfw/szkt/yjbg/2022010703492281354/index.html.

四、满足监管要求

保险是强监管的行业，我国的保险监管体系全方位、多覆盖。从1999年到2021年，原保监会和银保监会针对人身保险产品发布了监管规定，这些规定涉及产品形态、名称、定价等各个方面（见本章附录），保险公司要时时关注最新的规定，对监管的未来趋势也要预先研判。

第三节 保险产品开发的流程[1][2]

产品开发工作通常由专门的产品开发部门负责，部门设立精算、销售、核保核赔、会计、合规、法务和投资等技术岗位。如果没有单独的产品开发部门，保险公司也会由固定的人员组成产品开发小组，小组成员来自相关部门的高级或中级经理，或者组建特别工作小组临时承担产品开发任务。无论何种方式，产品开发都是由一群了解市场和公司运作的专业人员共同参与的团队项目，不是某一个或几个人能独立完成的。

---

[1] 单凤儒. 企业管理[M]. 北京：高等教育出版社，2004.
[2] 斯通. 保险公司的运作[M]. 北京：中国财政经济出版社，2004.

一、选择目标市场

（一）市场细分的标准

只有满足客户需求的保险产品，才有可能被市场接受。在开发产品之前，保险公司需要对客户有全面的了解，对客户进行分类，从中找到目标客户。客户分类又称为市场细分化。分类后的细分市场具有相似特征。市场细分的标准有地理、人口、心理和行为 4 类标准。

（1）地理标准，指按照人们生活的地理区域来分类，如按照行政区域、城市或乡村、地形、气候等标准。按地理标准细分市场在财产保险中较为常见。

（2）人口标准，包括性别、年龄、职业、收入、受教育程度、民族、宗教信仰、家庭规模和家庭生命周期阶段等，这些因素决定了人的自然属性、社会属性和经济特征，在保险需求上有显著差异。例如，按家庭生命周期可以将投保人家庭分为有子女的双职工家庭、无子女的双职工家庭、子女已成人的退休家庭等。

（3）心理标准，指生活方式、性格、商品价值判断等。心理标准分类的例子有吸烟和非吸烟，有冒险爱好和无冒险爱好等。

（4）行为标准，指客户在购买行为上的特征，如消费者所追求的商品利益、对品牌的忠诚度、购买方式等。习惯于网络购物的人群的行为特征与偏向于面对面消费的人群，就有不同的购买偏好。

（二）选择目标市场的标准

在确定市场细分标准后，保险公司就需要确定自己的目标市场，并通过市场调研、销售人员问卷等方式考察目标市场的需求。目标市场是指在细分市场中选定的消费人群。保险公司可以选择一个或几个细分市场作为其产品的目标市场，也可以不选择细分市场而选择整体市场作为目标市场。在选择目标市场时，应遵循 5 项标准：

（1）目标市场的市场容量要足够大。只有市场容量足够大，才能分摊固定成本，获取更多利润，这是所有行业都要遵循的原则，对保险行业尤其重要，只有业务批量大才能运用大数法则，保证稳定经营。

（2）市场具备充分的发展潜力，业务能够持续发展。

（3）保险公司能够进入该市场，并获得客户认可。

（4）该市场上保险公司有能力取得竞争优势。在一个已经成熟，胜者如林的市场上，后来者很难超越。

（5）在该市场上，本公司可以获得稳定、长期的收益。

（三）针对目标市场的产品开发策略

针对目标市场的产品开发策略有 3 种：

（1）无差异化市场策略。这种策略是指企业选择多个子市场作为目标市场，根据每个子市场的共性，只推出一种产品。由于是单一产品，因此大批量生产可以降低成本。但是，没有差异化的产品很难满足多个子市场的不同需求，销售不一定达到预期目标，存在高风险。

（2）差异市场策略。保险公司针对各个细分市场的需求特点，开发有针对性的产品。这一策略将使产品更具有竞争优势，但产品种类增加，加大了开发成本。

（3）集中市场策略。它意味着集中资源和力量，选择一个或几个类似的子市场作为目标市场，在一个小市场中建立强大的竞争优势。这种专业化经营战略，适用于中小企业构建竞争优势。缺点是客户群过于狭小，一旦发生变化失去市场，公司将面临损失。

二、产品定位

（一）定位理论

1969年艾·里斯（AL Ries）和杰克·特劳特（Jack Trout）提出了定位（Positioning）的概念，定位是指产品在客户心中的合适位置。他们认为定位始于产品、服务、企业或个人，但强调企业不必改变产品服务本身，只是改变名称和沟通方式，通过影响潜在客户的心理，确定产品在客户心目中的位置。

定位理论的出现对美国广告业产生了巨大的影响，成为当时一种重要的营销理念和技术，并迅速风靡全球。艾·里斯和杰克·特劳特共同撰写了几本关于市场营销理论的经典著作，如《定位》和《市场营销战》，两本书以14种语言在全球发行。1988年，杰克·特劳特也推出了《营销革命》。经过多年的发展和实践，定位概念逐渐成熟和完善，演变为市场营销理论的一个重要分支。

营销大师科特勒为定位所下的定义如下：公司设计出自己的产品和形象，从而在目标顾客中确定与众不同的有价值的地位。这里有两个关键词是"与众不同"和"有价值"。前者是指该产品有独特的个性，从而与竞争产品有明显的差异；后者是指产品的这种个性和差异与目标顾客的需求相吻合，以达到定位的有效性。二者互相统一，缺一不可，所以定位并非单纯等同于标新立异，还要考虑市场的需求特征。例如，人寿保险产品的定位有高档、中档和低档，也有复合功能定位和单一功能定位的差异，公司如何定位取决于目标市场的需求。如果以刚走入社会的年轻人为目标客户，那么就可以选择中低档和单一功能定位。大多数保险公司推出的互联网保险产品，客户群为熟悉网络生活的年轻人，可以采用此种产品定位。如目标客户群为中老年人，那么费率高低对客户的选择影响就不大，可将产品定位为复合型和全面金融服务型。

从定位的目的出发可将其诠释为：定位是企业确定自身品牌的特定形象与个性，并传递给消费者选择该品牌的理由，使消费者趋向于偏爱自身品牌，最终占据有效的细分市场空间的一种战略思路和活动。

从图1.1可以看到，企业通过市场调研，选择目标顾客群或引导潜在顾客群，针对竞争对手的优势和劣势，运用SWOT分析，确立自身产品的定位。通过定位，产生差异，引发联想，引起消费者的购买欲望。如果使用后与联想一致，就会形成消费者对自身品牌的偏好。成功的定位会使自己与竞争者区别开来，引起消费者的注意，使之对产品产生兴趣和购买欲望，从而有理由从众多的品牌中选择该产品；使用后感到满意，消费者会对产品定位表示认同，长此以往就会培养顾客对品牌的忠诚度。

目标顾客群 ⟶ 定位 ⟶ 差异性 ⟶ 品牌偏爱
竞争者 ↗   ↘ 联想 ↗

图1.1 企业确定定位的流程

（二）定位的形成

定位是营销战略的要素之一，它通过指导营销体系中的全局计划和决策发挥主导作用。SWOT分析和目标市场选择与定位形成之间有着密不可分的联系。

1. 定位形成过程中的 SWOT 分析

企业进行战略决策时,往往需要用到 SWOT 分析。定位是营销中的战略要素,企业需要从战略层面为自己的产品进行定位。由此可见,定位的形成离不开 SWOT 分析。SWOT 分析工具运用到企业的定位中,有其特殊性,需要经过三层过滤和凝结。SWOT 分析的三层选择过程是一个不断过滤、高度集中,最后形成中心点的过程。这 3 个环节相互联系、相互承接,是一个不断变化的动态过程。

首先,寻找产品的优势。这是企业最基本的部分,要认识到产品在哪些方面是自己的强项。其次,评估企业的独特优势。只有独特的优势才能构成竞争优势。如果竞争对手也有这种优势,那么自己的竞争优势就会被削弱。如果没有独特的优势定位,就不能充分发挥定位的作用。由于竞争对手是不断变化的,因此这一步也遵循了动态的原则。最后,从独特的竞争优势中,选择消费者需要关注和敏感的优势。如果这种优势定位缺乏卖点,那么之前所有的努力就都会变成徒劳。例如,舒肤佳通过寻找自身相对于当时市场领导者力士的优势,推出了一种杀菌肥皂。这是因为在市场调研中发现,消费者越来越关注环境污染对健康的危害,而舒肤佳在杀菌方面的定位自然会引起消费者的注意。

2. 定位与目标市场的关系

定位与目标市场的互动关系对定位的形成具有重要的指导意义。目标市场的定位和选择是相辅相成的,二者之间没有绝对的分离和优先。通过对目标市场的特点进行分析,有针对性地发现并确认产品的某些特点;同时,从自己的产品出发,确定满足了某一部分消费者的需求。二者相互完善、相互优化、相互修正、相互促进。

把目标市场作为定位策略的前提是一种方式,即首先了解现有的需求,然后努力去满足它,如牛仔裤的出现,发明者首先发现淘金者需要一种耐穿的衣服,然后想到把帆布裁剪下来做成牛仔裤这种真正的产品。随身听的发明也是如此,索尼老板首先意识到人们需要边走边听音乐,发现随身听是有市场的,于是就有了创造随身听这个产品的想法,并产生了产品定位。另一种方式是先定位,然后开发和引导目标市场的新需求。例如,公司先将目标市场确定为老年人,再引导老年人对养老社区的需求。

阅读材料　营销的发展历史

三、提出产品构思

产品构思是指针对目标市场的需求,定义产品的核心价值,设计产品形态和产品外延。

在设计产品的核心价值时,要注意产品有全保和单保两种类型。综合担保产品承保的风险较多,产品的保险责任范围过广,精算难度加大,所需的保险费也会增加,客户的支付能力有限,支付意愿不强。如果保险责任范围太窄,保险产品就难以充分满足客户的保险保障需求。可行的方法往往是细分保险范围,推出不同种类的新产品,包括主险和附加险。主险可以满足客户的基本保险需求,各种附加险可以灵活满足客户的进一步保险需求。

大部分产品构思需要脑洞大开的创新思维,哈佛大学商学院教授德鲁克曾揭示创造性思想的 7 个来源，分别如下：

第一，意外事件。例如，万豪酒店最初成立时是一家连锁餐厅。有一年，他们在华盛顿州开了一家餐馆，生意出奇地兴隆。原来当时的飞机不提供食物，当得知餐厅在机场对面时，很多乘客来到餐厅买快餐并带到飞机上。于是，万豪意外地发现了一个新的机遇，开始与航空公司合作开发航空餐厅，并取得了成功。

第二，不协调事件，指实际结果不符合逻辑的事件。集装箱的发明就是这样。在 20 世纪 50 年代之前，航运公司争先恐后地购买好的货船，雇用好的船员，因为他们认为更快的船只和更熟练的船员会提高航运效率，公司也会更赚钱。这听起来很合理，但事实证明它是无用的，成本仍然很高，整个行业正在失去动力。原来，当时影响效率的最大因素不是船和船员，而是船在港口闲置，在装货前等待卸货的时间太长。为了提高货物处理的速度，人们便发明了集装箱，使运输的总成本下降了 60%，整个航运业也因此复活了。

第三，程序需求。它是关于发现现有流程中的弱点和发现创新。例如，巴西的 Azul 航空公司票价低廉，但乘客不多。后来，他们发现这是因为乘客去机场不方便，出租车很贵，而且没有合适的公交或地铁线路。换句话说，"从家到机场"是客户旅行过程的一部分，但没有得到有效满足。因此，Azul 航空公司开通了前往机场的免费巴士，业务开始起飞，成为巴西发展最快的航空公司。

第四，行业和市场的变化往往会带来创新的机会。例如，数字技术的出现使成像行业发生了巨大的变化。柯达没有认真对待这种变化，很快就没落了。其实早在 1975 年，柯达就发明了第一台数码相机，但它只想保护自己的传统优势，没有看到行业变革带来的创新机会，结果是悲剧性的。

第五，创新的机会来自人口结构的变化。人口规模、年龄结构、性别构成、就业状况、教育状况、收入状况等变化将带来新的机遇。这很容易理解。例如，中国的人口老龄化将带来许多创新机会。

第六，创新来源，是认知上的变化。前面我们提到，意料之外的成功和失败能产生创新，就是因为它能引起认知上的变化。比如计算机，最早人们认为只有大企业才有用，后来意识到家庭也能用，这才有了家用电脑的创新。反过来，如果认知上没有变化，就可能失去创新。比如福特公司当年取得成功以后，对消费者的认知一直没有变化，一直以为买车的都是男人，汽车声音大，开起来才带劲。结果丰田生产出乘坐舒适度更高、噪声更小的家用轿车后，福特就不行了。

第七，创新来源，就是新知识。德鲁克发现，在所有创新来源中，这个创新的利用时间最长。因为新知识创新往往需要好几个因素。比如，德鲁克提到，喷气式发动机早在 1930 年就被发明出来了，但应用到商业航空上是在 1958 年波音公司研制出波音 707 客机，中间隔了 28 年。因为新飞机的研发不仅需要发动机，而且需要空气动力学、新材料以及航空燃料等多方面知识技术的汇合。

为了保证有持续性的创新来源，保险公司必须建立稳定的机制，定期从这 7 个方面寻找创新机会。保险产品构思不仅可以来源于公司组建的产品开发部门或公司管理层，如果有固定的反馈机制和鼓励措施，客户、销售人员、公司总部其他员工也能贡献很多金点子。

产品构思经过筛选后，才能进入下一个环节。筛选的标准通常包括：产品构思是否与公司的整体战略目标和产品战略目标一致？能否满足目标客户的实际需求？能否直接完善现有产品,即可符合新产品需求?公司的销售人员和内部管理系统能达到产品管理要求吗?新产品是否能给业务带来增量,是否会减少现有产品的销量?新产品如果能取代现有产品,对公司会产生怎样的影响,如何解决?产品是否具有市场潜力,能否增加公司价值?新产品能否使用目前的营销渠道,如果不行,公司能否快速建立销售渠道和销售队伍?回答这些问题,需要对公司战略目标和经营状况有全盘了解。开发小组成员应具备不同专业背景和丰富的经验,或者至少有一名小组成员具备足够的经验和洞察力,以便快速判断产品构思是否值得进一步考虑。为了保证筛选的质量,常见的做法是将以上问题编制成筛选调查问卷,每个构思都用这些问题筛选一遍。有些公司还会采用观念测试法(Concept Testing),向销售人员或客户介绍产品创意,收集听众的意见与建议,以测试市场对新产品的接受程度。

四、可行性分析与产品设计方案

通过了筛选的产品创意,可以进入可行性分析阶段。产品开发小组设计产品的具体形态,并对市场潜力和盈利进行详细研究。可行性分析报告中考察的内容与构思筛选标准类似,但更注重产品盈利能力、产品形态等细节。可行性分析需要大量的研究,涉及销售、定价、核保核赔、风控、资本管理等各个经营环节,产品开发小组成员必须与组外人员通力合作。可行性分析涉及的职能部门和各部门的职责包括:

(1) 营销部,对市场进行调研和分析,了解消费者的真实需求,预测销售量。市场调研的内容应包含:同类产品的信息(如保险费率、现金价值、佣金和附加条款);确定目标市场;评估新产品对公司现有产品的影响;确定适合新产品的销售渠道;新产品的佣金设置,广告及营销策略。营销部还要与合规部门共同确定在哪一个地区率先推出新产品。

(2) 精算部,在营销部、核保部和合规部的支持下,设计产品形态和规格,如核保标准、保额或生存金领取金额、现金价值、附加条款。精算师将进行初步定价,判断新产品是否能同时满足价格具有竞争力和达到利润目标这两项要求。

(3) 核保部,在精算部的帮助下,为产品划分风险等级和制定核保方针。

(4) 核赔部,检查精算部的索赔假设,确定当前的理赔系统和人员是否达到新产品的管理要求。

(5) 法律事务部,帮助撰写产品条款。

(6) 合规部,确保产品形态、名称等各方面符合监管规定。

(7) 信息技术部,评估公司现有操作系统是否适合新产品,计算设备升级、软件购置和人员培训的费用。

(8) 客户服务部,评估新产品所需的行政资源和程序。

(9) 营业部,负责编制培训教材,培训代理人。

(10) 投资部,与精算部合作,为产品定价提供支持。投资部将确定适合于新产品的投资策略,确定投资收益率假设,测试产品现金流是否充足。

(11) 财会部,确定产品的财务报告标准,以及如何反映在公司的财务报告中。

如果可行性分析显示产品值得开发,开发小组就可以撰写一份产品设计方案,提交给上一级管理层审批。一份典型的产品设计方案包括:产品核心功能、监管和税收环境、产品形态描述、合规分析、成本效益分析、IT系统要求、市场调研资料、核保核赔标准、关键特征列表、保单服务等内部管理事项、初步定价结果(利润率、销售策略、初步精算假设、佣金率、保额或给付水平、附加条款）、销售渠道、预期销售量、销售情况的预测。项目发起人或上一级管理层将对产品方案进行审批，不符合要求的产品将被否决，审批通过的产品方案将成为产品开发、测试和上市过程的全方位指南，因此产品方案的内容应尽可能详细和全面。

产品方案还可能建议新产品在整个市场范围内推广之前提前进行试销，即在限定区域出售一种产品，以此评定产品是否值得大面积销售。试销有助于保险人在产品大批量销售前解决产品营销或操作中的问题。当新产品的吸引力不确定，产品销售失误将会导致很高的财务风险，或产品的设计品质对客户是否持续购买非常重要时，试销环节必不可少。

五、技术设计和产品实施

上一环节的创意筛选和产品设计方案，可以称为概念设计阶段。技术设计阶段将形成最终推向市场的产品，如投保建议书、保单条款、费率结构、佣金结构、核保与核赔标准等。技术设计阶段涉及的部门与产品设计方案一致，有精算部、营销部、营业部、IT部、法律部门、合规部、投资部、行政部、核保核赔部、客服服务部。这些部门的工作内容比产品设计阶段更加细化。

产品成形后，保险公司就可以进入产品实施阶段，这一阶段的工作包括产品材料报备、宣传材料编写、代理人培训和IT系统建设等。

这一阶段有两点需要注意：产品名称和宣传材料。保险产品种类繁多，对大部分民众来说是复杂的金融产品。保险产品的名称应该体现其核心价值，使客户看到名字就能理解产品的功能。2000年，我国保监会曾经印发《人身保险产品定名暂行办法》（保监发〔2000〕42号）的通知，以规范人身保险产品的命名，帮助公众认识保险产品的实质功能，避免发生销售误导行为。目前，该办法已经废止，但它对规范保险市场，明确保险责任起到了积极的作用，值得在实务中参考。

例如，该办法第九条规定，人寿保险产品名称应当采用"保险公司名称＋说明文字＋承保方式＋产品类别＋（设计类型）"的格式。保险公司的名称由保监会统一制定，说明性文字不超过10个字。例如，平安保险公司的"平安世纪理财投资连结产品""平安福临门终身寿险（利差返还型）"，中国人寿的"生命绿荫疾病保险"。

"好酒不怕巷子深"，这条谚语并不适用于保险产品。保险产品必须通过精心设计的宣传才能得到市场的认知和接受。产品推出时，公司内部的相关部门首先要了解，特别是销售人员要充分了解产品的功能和优势，内部宣传的常用方式是领导的视频和培训资料；同时，根据目标客户群体的特点，专门设计对外宣传材料和文案，宣传材料内容包括保险范围、保险责任、保险利益论证、注意事项等。

本章小结

保险产品的开发与设计，通常始于高级管理层，是在公司战略和产品发展战略指导下的重要经营活动。在新产品开发的各个环节中，市场调研和销售支持尤为重要。美国全国工会（National Labor Union of The United States）公布的统计数据显示，市场上推出的新产品中，约有30%不成功。其中与市场和销售相关的因素有4项：市场分析不当、产品投放时机不对、竞争的阻碍、销售力量不好，占比达63%，而技术原因如产品本身有缺陷、产品功能不及预期只占36%。可见，市场原因是失败的主因。

另一方面,产品开发并不是万能药。虽然不断推出新产品,有利于塑造保险公司开拓创新的市场形象。但事实也不尽然,产品开发是一个综合的、系统性的工程,需要动用几乎所有业务部门参与。没有对市场深刻的了解和足够的技术支持就盲目推出新产品,失败的代价往往是公司无法生存。保险行业的持续经营最终依靠的是信誉和口碑。沉下心来精耕细作,把现有产品扎扎实实地做好,等积累的数据和经验足够多时,再着手开发新产品。这样反而能获得更多的客户认同,得到更加稳固的市场地位。

本章思考题

1. 2015年6月底,某校学生团队推出了校园创新金融小产品——"挂科险"。保费设定为一份5元;如挂科,则得到赔付30元;如积点达到4.0,得到赔付20元。请分析该险种的合理性。

2. 互联网平台曾售卖驾考挂科保险。年保费100元,保障期限为3年。该产品的保障内容主要包括学车意外保障和重考报名费用补充。按照相关保险条款,投保学员科目二、科目三考试5次不通过,导致已考试合格的其他科目成绩作废,在6个月内被保险人向驾驶培训机构重新报名学习,对于学员重新报名且已交纳并无法退回的驾驶培训费用,保险公司按约定补偿最高6 000元(以实际报名费用为准)。意外保障方面,学员在培训学习、考试过程中或者培训机构车辆接送途中发生意外,可获得意外伤害身故/残疾最高30万元,意外伤害治疗5 000元、意外伤害住院津贴30元/天的赔偿。请分析该产品的核心价值,并从风险的可保性分析驾考挂科保险的合理性。

3. 产品开发策略必须服从公司发展战略。请选择至少两家保险公司,对比它们的整体发展战略以及产品体系的差异。

本章附录

本章参考文献

[1] 单凤儒. 企业管理[M]. 北京:高等教育出版社,2004.
[2] 王宪章. 人身保险产品管理与开发[M]. 北京:中国财政经济出版社,2002.
[3] 李倩茹. 新产品开发、定位与销售[M]. 广州:广东经济出版社,2002.
[4] 斯通. 保险公司的运作[M]. 北京:中国财政经济出版社,2004.
[5] 张洪涛,时国庆. 保险营销管理[M]. 北京:中国人民大学出版社,2005.
[6] 朱铭来,柴化敏. 自然灾害风险可保性分析及其损失分散机制[J]. 生态经济,2013(6):24-29.
[7] 孙德良,王丽. 市场定位、产品定位与品牌定位的认识误区及互动关系[J]. 赤峰学院学报(自然科学版),2010,26(7):72-74.
[8] 贾艳瑞,曾路. 定位理论研究中的几个关键问题[J]. 商业研究,2002(2):15-17.

第二章

定期寿险产品

本章要点

1. 理解定期寿险的功能和产品特点。
2. 了解定期寿险产品的创新途径。
3. 了解各国定期寿险的发展状况。

定期寿险以被保险人在保单约定期限内死亡或全残为给付条件,是最早出现的人寿保险产品。定期寿险的结构非常简单,特征之一是有确定保障期限,如1年、10年、20年,或者保障到六七十周岁。特征之二是定期寿险的责任单一,通常只涵盖身故或全残,其中身故包含疾病身故和意外身故,意外身故无等待期,非意外身故通常有90~180天的等待期。定期寿险属于消费型险种,发生保险事故,受益人将获得保险金赔偿,没有发生保险事故则满期后合同终止,已交纳保费一般不会返还给投保人(也有设计为返还保费的定期寿险)。定期寿险虽然结构简单,但在设计上可以通过改变保险金额在保险期限内的分布、增加选择权等方式,丰富产品形态,增加其功能。

以下分别分析定期寿险的功能、产品设计思路和产品实例,第四节介绍定期寿险在我国和其他国家的发展情况。

第一节 死亡风险及定期寿险的特点

死亡是人寿保险产品保障的主要风险。死亡会给投保人带来损失,这是人寿保险产品得以存在的主要原因。因此,分析死亡风险产生的损失是人寿保险产品开发和设计的起点。

从人寿保险的起源来看,死亡风险的评估目的不光彩,甚至可以说非常残酷。最早的定期人寿保险产品,保险标的是被贩卖的黑奴,死亡风险是指黑奴死亡给人口贩子造成的利润损失金额。从15世纪开始,欧洲奴隶贩子就将黑人作为奴隶贩运到南美洲和加勒比地区,为当地的种植园提供廉价劳动力。[1] 这些被贩卖的奴隶被作为"货物",可以与其他运输货物一起列入海上保险保单的保险标的中予以承保。此后,船员也可以投保,在遭遇意外死亡时受益人可以获得保险人的赔付。如果说为黑奴

---

[1] 龚刃韧. 论跨大西洋奴隶贸易的废除及其原因[J]. 人权研究,2021(4):24-47.

投保还只是把他们当作物品标价来投保,属于财产保险范畴,那么对于船员和船长的保险则是真正意义上以生命价值为保障标的的保险,这是人身保险的雏形,也就是在这个时期,以人的生命和身体作为标的的人身保险的早期形式开始诞生,不过这时的人寿保险还相对简单,费率的计算也缺乏科学依据,因而人们开始了对死亡风险评估的探索。

死亡风险的评估涉及两个参数:死亡率和死亡损失。死亡率依据人寿保险经验生命表确定,通常分为男性生命表和女性生命表。1693年,世界上出现了第一张生命表,由英国著名数学家、天文学家埃蒙德·哈雷(Edmond Halley)编制,这是第一张精确表示每个年龄死亡率的生命表,为寿险计算提供了依据,大大促进了人身保险的发展。对于死亡率表,如果数据充足,还可以针对不同险种、吸烟和非吸烟人群分别编制对应的生命表。我们先分析死亡风险给被保险人带来的损失金额,再来分析死亡率的特征。

一、死亡风险造成的损失

除了感情上的伤害外,被保险人的死亡还会给家庭带来两类财务损失:一类是丧葬费用,另一类是家庭收入减少。如果被保险人是家庭的顶梁柱,死亡的影响就更严重,家庭因收入锐减而无法保持原有的生活水准甚至陷入贫困,房贷、车贷等负债无法偿还而面临财务困境,子女的教育失去财务支持而影响前途和整个家庭的未来生活状况。如何将这些损失定量地进行估呢?美国宾夕法尼亚大学保险学教授所罗门·休布纳(Solomon S. Huebner)于1924年提出的生命价值法是一个广泛使用的理论模型。这一理论的依据是,一个人在世所拥有的资产分为两类:已获得资产和潜在资产。已获得资产是指通过过去的努力或继承得到的资产;潜在资产是指个人的人力资本,用个人赚取收入的能力衡量,这种能力可能由性格、健康状况、受教育程度、经验、技能、勤奋、创造力、判断力、耐心和实现理想的驱动力等因素决定。如果一个人继续生存,这些能力就有可能转化为已获得资产。在此基础上,休布纳教授提出了生命价值的量化模型,人的生命价值等于被保险人在退休前的未来收入扣除本人生活费用后的剩余收入的现值。运用生命价值法确定人身保险的保险金额存在一些缺陷,比如并没有考虑社会保险等收入来源、忽略了通货膨胀因素以及影响收入的很多其他因素等。评估死亡风险的另一种方法称为需求法,根据家庭未来的财务需求来估计死亡损失,如丧葬费用、家庭生活开支、子女教育费用、家庭应急基金、配偶的退休需求等。

以下我们用一个简单的例子来说明这两种方法的应用。

> **例**
>
> 张先生,当前年龄40周岁,年收入25万元,预期收入每年增长2.5%直到60周岁退休。个人消费为月收入的40%。妻子有工作,孩子10周岁。
>
> 先用剩余收入估计生命价值,张先生当前的年收入扣除个人消费后的余额为15万元(后续各年收入每年增长2.5%)。
>
> 如张先生死亡,其遗孀拿到保险赔偿金后存入银行,每年可以获得3%的投资收益率。那么张先生剩余收入的现值约为292万元。

> 再用需求法估计,先列出张先生承担的家庭财务需求:
> (1) 孩子24周岁财务独立前,张先生负担的家庭开支为每年10万元,按4%的通货膨胀率和3%的投资收益率,这些开支的现值约为156万元;
> (2) 孩子的教育经费,高中前10万元,大学40万元,共50万元;
> (3) 房贷100万元;
> (4) 家庭应急基金30万元。
> 已有资产:现金及存款20万元,未来财务需求扣除现有资产后的余额为316万元。
> 两种方法综合来看,张先生至少需要300万元的保障。

可以发现,无论用剩余收入还是家庭财务需求,人的死亡保障都会随着年龄增加而降低,60周岁或65周岁退休或子女成年独立以后,保障需求降低到0。

因此,定期寿险的功能可以描述为:给那些有家庭抚养责任的年轻人提供了死亡保障。

二、死亡率

死亡率通常用不同年龄的人在下一年度的死亡概率表示,以下是中国寿险经验生命表CL10-13(保障类业务,男性)的摘要,该表数据来自2010—2013年保障类业务男性被保险人的死亡数据。

表2.1 中国寿险经验生命表CL10-13(保障类业务,男性)

年龄(周岁)	死亡率	年龄(周岁)	死亡率	年龄(周岁)	死亡率
0	0.000 867	35	0.001 111	70	0.027 495
5	0.000 251	40	0.001 651	75	0.048 921
10	0.000 269	45	0.002 639	80	0.082 22
15	0.000 402	50	0.004 249	85	0.131 817
20	0.000 508	55	0.006 302	90	0.203 765
25	0.000 615	60	0.009 161	95	0.309 160
30	0.000 797	65	0.015 379	100	0.446 544

从死亡率上可以发现,死亡率随年龄增加而增加,但70周岁前死亡概率很小,70周岁后才快速增加。对于需要定期寿险保障功能的中青年阶段,20~60周岁的死亡率小于1%。结合前文的死亡损失评估结果,可见死亡对于中青年人来说,是发生概率小而损失金额高的保险事故,可以通过购买保险产品来获得保障。

> 阅读材料　定期寿险产品的用户画像

三、定期寿险产品的特点

将死亡率乘以保险金额得到保险成本,60周岁以前的死亡率不到1‰,也就是每万元保额的保险成本不到100元,保额与成本的比值为100,保险杠杆非常高。由此,我们可以得到定期寿险产品的以下几个特点。

（一）保障杠杆高

按照定期寿险的功能,只对死亡率较低的中青年阶段提供死亡保障,且为纯保障险种,如保险期限内没有发生风险,则没有保险赔付,也没有生存给付,定期寿险的费率比终身寿险和两全保险都要低得多。

（二）保险公司面临较大的逆选择风险

定期寿险的高杠杆对客户来说是产品的优点,对保险公司而言却面临较大的逆选择风险。如果被保险人身体状况不好,死亡率超过正常水平,则保险公司就会面临亏损。而且,健康状况越差的投保人,投保的意愿越强,选择的保额也相对较高。对于高保额保单,保险公司会要求对客户进行健康核保和财务核保。在产品设计上,对疾病身故设置等待期,也可以降低带病投保的概率。

（三）产品给付条件单一,条款简单,不需要代理人过多解释,客户就能够理解

定期寿险产品适合通过网上销售。随着互联网的快速发展,我国保险公司已经在官网和各大互联网平台上推广和销售了多款定期寿险产品。客户可以在官网、保险中介机构、第三方平台等多渠道获取更多的保险信息,对比多个产品后再做选择。互联网保险的发展给定期寿险提供了广阔的平台和应用场景,突破了时间和地点的限制,提高了购买保险的便利性。省去了不必要的手续费用,更加突出了定期寿险产品的高杠杆特性。

（四）纯保障型保险

定期寿险属于纯死亡风险保障产品,即被保险人只有在保险期限内死亡,保险人才予以赔付,当被保险人期满仍生存时,保险人既不给付保险金,也不退还保费,保单也没有现金价值。然而中国的保险消费者往往更加偏好储蓄、分红,因此在我国定期寿险往往不如分红险来的畅销。

在产品除外责任方面,我国内地的寿险产品包括3~7条,分别排除了犯罪行为、道德风险和巨灾风险。与犯罪相关的除外责任有:(1)投保人对被保险人的故意杀害、故意伤害;(2)被保险人故意犯罪或者抗拒依法采取的刑事强制措施;(3)被保险人主动吸食或者注射毒品;(4)被保险人酒后驾驶、无合法有效驾驶证驾驶,或者驾驶无合法有效行驶证的机动车。与道德风险相关的除外责任主要是自杀行为,被保险人在本保险合同生效(若曾复效,则自本合同最后复效)之日起2年内自杀,但被保险人自杀时为无民事行为能力人的除外。涉及巨灾风险的除外责任为两条:(1)战争、军事冲突、暴乱或者武装叛乱;(2)核爆炸、核

辐射或者核污染。

有些公司对死亡和全残分别设置除外责任,如中信保诚的祯爱优选定期寿险(2017年版,已停售)中规定死亡的除外责任为3条:(1)合同生效或复效后的2年内自杀;(2)投保人对被保险人的故意杀害、故意伤害;(3)故意犯罪或者抗拒依法采取的刑事强制措施。全残的除外责任在(2)和(3)条之上再增加9条:(1)服用、吸食或注射违禁药品,成瘾性吸入有毒气体、醉酒或斗殴;(2)药物过敏、食物中毒、医疗事故;(3)酒后驾驶、无合法有效驾驶证或驾驶无证车辆;(4)参加潜水、滑水、跳伞、攀岩、蹦极跳、赛马、赛车、摔跤、探险活动及特技表演等高风险活动;(5)精神和行为障碍;(6)怀孕、分娩或流产;(7)感染艾滋病病毒;(8)战争、军事冲突、暴乱或武装叛乱;(9)原子能或核能装置所造成的爆炸、辐射或污染。

第二节 定期寿险产品的创新

定期寿险产品的创新可以从扩展保险责任、增加被保险人、改变保险金额、改变保险金的支付方式、增加保证条款和可转换条款、细分风险等几个方面进行,但在产品创新时不可放弃高杠杆和条款简单易懂这两个基本特征。

一、扩展保险责任

除了死亡赔付外,定期寿险常常会扩展保险责任,即增加全残赔付。根据我国大部分人寿保险产品条款,全残或重度残疾通常指以下8项残疾之一:(1)双目永久完全失明;(2)两上肢腕关节以上或两下肢踝关节以上缺失;(3)一上肢腕关节以上及一下肢踝关节以上缺失;(4)一目永久完全失明及一上肢腕关节以上缺失;(5)一目永久完全失明及一下肢踝关节以上缺失;(6)四肢关节机能永久完全丧失;(7)咀嚼、吞咽机能永久完全丧失;(8)中枢神经系统机能或胸、腹部脏器机能极度障碍,导致终身不能从事任何工作,为维持生命必要的日常生活活动,全需他人扶助的。

正如前文所提到的,定期寿险保障的是人的生命价值,也就是死亡风险一旦发生后产生的损失。死亡风险会造成家庭收入损失和家庭收入缺口,在这一点上,全残风险与死亡风险是一致的,同样会造成家庭收入的损失和缺口,增加全残赔付可以提供全方位的保障。

二、增加被保险人

单一人寿保险产品,一张保单下只有一个被保险人。考虑丁克夫妻,夫妻双方购买保险的目的都是为另一方留下财务保障。当两人各买一份定期寿险时,第二位死亡人的保险赔偿金,只能作为遗产留给法定继承人,没有起到保障作用。这种情况下,购买联合生命保险更为合适。

联合生命保险的被保险人大于或等于两人,保险金赔偿条件有多种定义,如:

(1)只要有一位被保险人死亡,即触发保险事故,保险金予以赔付。上述丁克夫妻即可购买此种联合生命保险。

（2）所有被保险人都死亡时，最后一个被保险人死亡触发保险事故，赔付保险金。这种险种适合的情形为：夫妻都有高收入，无需对方抚养，但希望给孩子留下财务保障。

（3）联合生命保险也可以将家庭作为投保单位，只要有一人发生保险事故，其他成员就有权力获得保险金赔付。

联合定期寿险在具有一般人寿产品特点的同时，被保险人由一个人变成一个家庭，家庭成员一旦有人发生事故，其他家庭成员就可以得到保险公司相应的赔偿，从而避免了家庭因为某个家庭成员的死亡而陷入贫困。

三、改变保险金额

在前文中，我们用两种模型测算死亡损失，其结果都是被保险人年龄越大，死亡保障的需求越低。针对这一情况，可以设计保额递减的定期寿险，递减速度跟随保障需求变化，例如以单利递减，这样既降低了保费，又不影响定期寿险的保障功能。

实务中，保险公司专门针对贷款人开发了保额递减的定期寿险，每年的保额与未清偿贷款的本金余额挂钩，这样当被保险人死亡而无法继续还贷时，家属可以用保险金赔付偿还贷款，以减轻家庭的财务负担。

四、改变保险金的支付方式

在很多情形下，父母购买定期寿险是为了给子女一份财务保障。但是当意外发生，子女突然获得一大笔保险金赔付时，他们可能无法很好地管理这份遗产。这时，可以将保险金赔付方式从一次性给付变为定期的多次给付，例如一年一次。使得保险金成为子女的稳定生活来源，直到其成年。

五、增加保证条款和可转换条款

为避免逆选择，保险公司对定期人寿保险设置了核保标准以提高准入门槛。当被保险人在保险期限内因疾病或意外身体不再健康时，保险满期后可能就达不到核保标准，无法继续购买保险。针对这一情况，保险公司可以设计有续保保证的定期寿险。在保险满期时，无需被保险人重新核保，即可继续购买保险。国外有许多带有保证续保条款的1年、5年、10年期的定期寿险保单。为了最小化逆选择，可续保条款通常要求被保险人只能在规定的年龄之前进行续保或续保不能超过一定的次数。当然，如何估计保证条款的成本，对保险公司的定价能力也是很大的考验。

可转换条款是指保单所有人可以将定期寿险转换为两全保险或终身寿险而无需提供可保性证明。可转换条款适用于那些低收入但未来前景光明的年轻人。年轻人在低收入阶段没有足够的资金购买有储蓄功能的终身寿险，有了转换权就可以在收入较高时将定期寿险转换为终身保险，从而得到终身保障和资产的累积。可转换条款是投保人的权力，而不是义务，从本质上来看，可以理解为一种"看涨期权"，投保人可以在某个时间点选择是否执行这个权力，并且不需要提供可保性证明，其在一定程度上增加了定期寿险保单的灵活性，比较适合中国消费者的消费心理。

在使用可转换权时，一般还有按实际年龄或初始年龄转换的区别，所谓实际年龄，就是选择转换时的年龄，以此来计算新的保单的保费，而初始年龄转换较为复杂，需要追溯到购买这份定期寿险的年龄,投保人要补足新保单假设从回溯日开始交费与已交保费的差额。客户可以通过计算两种转换方式的费用差异,以及可能的一些合同条款的宽松程度,从而选择适合的方式进行转换。

从结果上看,续保或转换保险,与购买一份新的保单没有差异,但从成本上对保险公司有利。新保单的费率中包含较高的新单销售费用,续保或转换保险不仅可以省下这笔费用,而且保险公司保全了现有客户,业务规模不会受到影响。

六、细分风险

通过细分风险,对不同客户区别定价,是保险产品常见的创新方式。通过细分风险,高风险被保险人支付较高的费率,低风险被保险人可以获得费率优惠,既降低了逆选择风险,又可以吸引更多的低风险人群投保,改善整个被保险人群体的风险状况。定期寿险常见的定价因子是性别、年龄、吸烟或非吸烟、健康状况(优选体、标准体、次标准体等)等。

在互联网技术日新月异的今天,手表、手环、手机等可穿戴设备通过读取每日步数、监测心跳异常等实时数据,可以对被保险人的生活方式和身体状况进行更好的分析和监控,这也帮助了保险公司更为准确地识别被保险人的健康状况,将更多的因素考虑在定期寿险的定价中,更为精细地区分风险。例如,2019年弘康人寿推出了一款智能优选定期寿险,在产品费率上突破以往的单一费率定价,根据身高、体重、吸烟情况、职业类型、年收入以及居住地区6项标准进行风险评估,并将被保险人划分为一般、标准、优选、优选+4个等级,进行多维度智能定价。居住地区在一线城市、从事1~3类职业、不吸烟、身高体重比较标准,则有机会获得优选+的费率,而年收入主要与能投保的保额有关。华贵大麦定寿2022则根据身体健康指标、居住地区、年收入、职业类型等因素分别设置不同的保额。

第三节　定期寿险产品实例

我国商业保险恢复后的很长一段时间里,人身保险业务都以储蓄和投资型产品为主,定期寿险的占比很少,产品种类也很单一。2017年以后,监管机构开始强调"保险姓保"的经营原则,同时2018年兴起的互联网保险极大地降低了人身保险的销售成本,在这两股力量的推动下,定期寿险迎来了爆发期,不仅保费收入快速增长,而且产品种类日益丰富,相继出现了可转换选择权、疾病保费豁免等创新条款,吸烟等因素也被引入定价因子,价格更加合理,市场出现了百花齐放、百家争鸣的局面。以下我们选择部分产品,分析它们的产品形态和特色条款。

一、一次性给付保险金

最常见的定期寿险产品是在保险事故发生后一次性给付保险金,保单即终止。例如,友邦2009年推出的友邦伴我安康定期寿险(目前已停售),其基本保障责任为身故和全残,身故时给付保险金,全残豁免保费,相当于全残时给付的保险金等于后续尚未交纳的保费,且合同仍然有效,身故时可以获得死亡赔付。投保年龄限定在16~50周岁,保险期限截至65周岁。身故的免责条款为常见的7条,包括:(1)投保人对被保险人的故意杀害、故意伤害;(2)被保险人故意犯罪或者抗拒依法采取的刑事强制措施;(3)被保险人主动吸食或注射毒品;(4)被保险人酒后驾驶,无合法有效驾驶证驾驶,或驾驶无有效行驶证的机动车;(5)战争、军事冲突、暴乱或武装叛乱;(6)核爆炸、核辐射或核污染;(7)被保险人2年内自杀。高残的免责条款也是7条,(1)~(6)条与身故免责条款相同,第(7)条为被保险人故意自伤。

二、保险金额递增或递减

根据生命周期理论,人的保障需求会随着结婚、生育子女等事件而增加,家庭财务保障也会因通胀率而逐年增长,保额递增的定期寿险可以满足这一需求。多家保险公司都推出了保额递增的定期寿险。如中信保诚祯爱增额定期寿险,保额按3%复利递增,同方全球都来保(B款)定期寿险也可以选择3%递增保额。

递减保额的定期寿险,通常用于为贷款人提供死亡保障,如中信保诚祯爱减额定期寿险,每年按单利递减。华贵安心住2022定期寿险(互联网专属)按等额还款的房贷剩余本金设置保额(见表2.2)。

表2.2 华贵安心住2022定期寿险(互联网专属)的保额　　　　　　单位:元

保单年度	保险期间						
	10年期	11年期	12年期	13年期	14年期	15年期	16年期
1	10 000.00	10 000.00	10 000.00	10 000.00	10 000.00	10 000.00	10 000.00
2	9 276.22	9 366.43	9 440.98	9 503.49	9 556.55	9 602.05	9 641.42
3	8 501.79	8 688.51	8 842.83	8 972.23	9 082.06	9 176.25	9 257.75
4	7 673.14	7 963.14	8 202.81	8 403.77	8 574.35	8 720.64	8 847.21
5	6 786.48	7 186.99	7 517.98	7 795.53	8 031.11	8 233.14	8 407.94
6	5 837.76	6 356.51	6 785.22	7 144.71	7 449.84	7 711.51	7 937.92
7	4 822.63	5 467.90	6 001.17	6 448.33	6 827.88	7 153.37	7 435.00
8	3 736.44	4 517.08	5 162.23	5 703.21	6 162.38	6 556.16	6 896.87
9	2 574.21	3 499.71	4 264.57	4 905.92	5 450.30	5 917.15	6 321.08
10	1 330.63	2 411.12	3 304.07	4 052.83	4 688.37	5 233.4	5 704.97
11		1 246.33	2 276.33	3 140.02	3 873.10	4 501.8	5 045.75
12			1 176.65	2 163.31	3 000.77	3 718.98	4 340.37
13				1 118.23	2 067.38	2 881.36	3 585.62

续　表

保单年度	保险期间					
	10年期	11年期	12年期	13年期	14年期	15年期	16年期
14					1 068.64	1 985.11	2 778.04
15						1 026.12	1 913.93
16							989.32

三、以年金形式给付保险金

一次性给付保险金的好处是，受益人拿到保险赔付后可以支付丧葬费、未偿还贷款等大笔支出，减缓被保险人死亡给家庭财务带来的冲击。但如果保险金额巨大，扣除这些大笔支出后仍有剩余，受益人就可能无法很好地做财富规划，甚至很快挥霍一空。将一次性给付的保险金转换为年金形式予以给付，可以避免这一风险。例如国寿祥福保定期寿险在其条款中增加了保险金转换年金权益，受益人在领取身故保险金时，可以一次性领取，也可以选择将身故保险金转换成年金，年金领取金额根据领取时公司给定的标准确定，转换的身故保险金有最低限额。

四、意外死亡保额提升

与疾病死亡率相比，意外死亡率不超过总死亡率的10%。即使将意外死亡保额翻倍，保险费最多也只增加20%。提升意外死亡保额，既保持了定期寿险高杠杆的特性，又能增加保额，提高保单的保障能力。例如，华贵人寿2022年在互联网平台推出的大麦2022定期寿险，在基础保额的基础上增加了航空意外和水陆公共交通意外身故或身体全残两类可选责任。投保年龄在18~60周岁，保险期限分为10年、20年、30年、至60周岁、至65周岁以及至70周岁6种，保费交纳期限分为5年交和10年交两种。此款产品通过互联网销售，没有代理人的初步核保过程。为控制风险，产品利用年龄、地域、有无社保和BMI指数限制了最高保额：保额200万元以内要求16≤BMI<33，保额200万元以上要求16≤BMI≤30，具体如表2.3所示。

表2.3　华贵大麦定期寿险的保额设置　　　　　　　　　　　　　单位：万元

分类标准	有社保			无社保		
	18~40周岁	41~50周岁	51~60周岁	18~40周岁	41~50周岁	51~60周岁
超一类	350	200	100	200	150	80
一类	300	200	100	200	150	80
二类	200	150	80	150	100	50
三类	150	100	50	100	50	30

值得注意的是,该款产品的除外责任只有3条:(1)投保人对被保险人的故意杀害、故意伤害;(2)被保险人故意犯罪或抗拒依法采取的刑事强制措施;(3)被保险人自合同成立或者合同效力恢复之日起2年内自杀,但自杀时为无民事行为能力人的除外。与常见的除外责任相比,该产品没有列出其余4条:被保险人吸食毒品,酒后驾驶、无证驾驶或驾驶无证车辆,核辐射、核爆炸或核污染,战争、军事冲突、暴乱或武装叛乱。可见,该款产品在设计上较为激进,这也是大部分互联网定期寿险产品存在的现象。

长生人寿保险公司推出的长生一号定期寿险产品不仅在原保单责任上增加了水路交通公共意外死亡,而且对被保险人在法定节假日期间因驾驶或乘坐非营运乘用车(含单位商务车或单位公务车及租赁车)时的意外给予保障。此外,现代人生活压力大,过劳成为常态,很多人也不注意生活方式,经常熬夜和暴饮暴食,猝死成为危害人类生命最严重的疾病之一,近几年,媒体上也经常看到中青年人猝死的新闻。为此,长生一号定期寿险产品增加了猝死额外给付。如果被保险人在满56周岁后首个保险单周年日零时之前猝死,保险人在给付身故保险金之后,再按保险合同基本保额的60%给付猝死保险金;被保险人在满56周岁后首个保险单周年日之后,且在满66周岁后首个保险单周年日之前猝死,保险人在给付身故保险金之后,再按基本保额的30%给付猝死保险金。

五、引入行为激励机制

无赔款优待系统是车险产品中常见的一种定价机制。无赔款优待是指根据赔付率的高低来确定续保费率,上一年保险期内无赔款或少赔款的车主可获得费率优惠,赔付次数越少,费率折扣越高。无赔款优待系统采用费率上的奖惩来引导投保人,激励投保人主动采用安全的驾驶行为,改善赔付经验。类似的激励机制也被用于定期寿险产品的定价中。如前所述,定期寿险的保险杠杆高,低保费可获得高保额,但也意味着保险公司需要承担较高的死亡率风险,死亡率的微小波动会带来赔付额的巨大变化。死亡率是影响定期寿险产品盈利能力的重要参数。如果能在费率中引入行为激励机制,鼓励被保险人采取健康的生活方式,降低死亡率,保险公司就可以提高盈利能力,被保险人也能减少死亡风险和财务损失。

中信保诚公司的祯爱优选定期寿险(2019版)针对吸烟人群设计了行为激励机制,具体做法是:对于保额超过200万元的吸烟人群,投保时按标准体计算费率。投保3年后,如被保险人能提供戒烟证明,则费率继续按标准体计算,无法提供证明,则按吸烟体计算。已戒烟证明需满足两个条件:申请费率优惠前至少连续12个月未使用香烟、烟草、电子烟或其他尼古丁产品,提供"非吸烟"的阴性医学检验报告。

六、增加转换权和保证条款的定期寿险

为了区别同类产品,加强定期寿险的吸引力,很多公司在定期寿险中增加了保单转换权和可增加保额的权利。这些保证条款适用于收入较低的年轻人,他们可能暂时没有足够的财力购买足额保险、储蓄型或终身寿险等高保费产品,但以后会有这些需求。保证条款允许他们无需复杂核保就可以转换险种。

如上文提及的长生人寿长生一号定期寿险,在保单中增加了两项选择权:一是可增加保险金额,二是合同转换权。投保人因结婚、子女出生或贷款购房时,可申请增加保险金额。

申请时无需体检,只需提交健康证明。申请时需满足的其他条件为:没有发生过保险事故,且没有因其他保险合同而被豁免保险费的情况;被保险人未满 51 周岁;距离合同到期不少于 5 年;本合同未以特别约定或附加条件承保。

合同转换权是指投保人可以申请将合同转换为公司指定的定期寿险或终身寿险,转换时原合同视为解除,新合同按转换时的实际年龄重新计算保险费。原合同的现金价值扣除自动垫交保险费及利息、保单贷款及利息后的净额可用于抵扣新合同的保费。转换保险合同时客户需满足的条件与增加保险金额的要求相同,无需体检,但需要提交健康告知,且被保险人未满 51 周岁;未发生保险事故、未发生因其他保险合同而被豁免保险费的情形;已过第五个保险单周年日;未以特别约定或附加条件承保。转换后的新合同也要满足两个条件:满期日期不得早于原合同的满期日期,基本保险金额不得高于原合同金额。

七、联合定期寿险

联合定期寿险的保单下有两个或多个被保险人,保险金给付条件与所有被保险人的生存状况相关。目前我国保险公司推出的联合定期寿险,以夫妻为被保险人,夫妻双方各自都有死亡保证,在夫妻同时因意外出险时,则增加保额。如华贵人寿大麦甜蜜家 2022 定期寿险,夫妻二人中一人出险,保险公司就给付死亡者的保额,并免除后续保费。若二人同时因意外出险,则向夫妻二人的受益人各赔付双倍保额。如夫妻二人的受益人为同一人,夫妻双方同时意外身故时,受益人将获得 4 倍保额的保险赔付。三峡人寿 2019 年挚爱一生夫妻版定期寿险也采取了类似的设计,除夫妻双方各自享有死亡保障以外,当同一事故造成夫妻同时死亡或全残时,按基本保额分别向两位的受益人额外给付保险金,共支付 4 倍的保险金。任一被保险人意外造成 1~5 级伤残、任一被保险人意外身故或全残时,豁免保费。

理论上联合定期寿险还可以设计为夫妻只要有一人死亡即赔付保险金,保单终止,或夫妻双方都死亡时才支付保险金,此种设计下保险金只能给付一次。而我国市场上的联合定期寿险,夫妻双方各自都有死亡保障,且同时死亡时保额翻倍。从保单给付上看,相当于 3 份定期寿险的叠加:夫妻每人一份的定期寿险,再加上一份对同时死亡提供保障的定期寿险。3 份定期寿险叠加为一种产品,减少了销售费用和管理成本。而夫妻同时死亡的概率很低,费率不会因此而大幅度增加,因此比夫妻二人各购买一份定期寿险更为合算。

第四节　定期寿险的发展现状

一、中国定期寿险的发展历程和现状

我国 1982 年恢复人身保险业务,当时人保开展的人身保险业务有 4 种:养老年金保险、简易人身保险(小额的两全险)、医疗保险、团体人身和意外伤害保险。其中团体人身保险业务中涵盖定期寿险。根据 1986 年中国金融年鉴的记录,在人身险业务发展较快的 1985 年,养老年金保险的收入占人身险业务的 42%,且主要业务为集体经济组织职工养老金保险。

简易人身保险保费收入占人身险业务的22%。团体保险的险种基本上是各类意外伤害保险,保费占比33%。医疗险业务占比3%。可以说,早期人身保险进入普通民众视野时,人们更多关注的是具有储蓄功能的养老金和两全保险。即使有保障功能的意外险,也都是通过单位集体购买,个人对生命价值、死亡损失没有概念。

直到1995年,养老保险和储蓄型保险业务收入占人身险总保费的比例仍高达82%。人身险保费总收入166亿元,养老保险保费收入34亿元、储蓄型保险保费收入102亿元、短期险保费收入30亿元。从1982年到1995年的13年时间里,保险等同于储蓄和养老已成为一个根深蒂固的观念。

1992年友邦进入中国市场,带来了保险营销员制度。随后国寿、平安、太保纷纷组建了各自的保险代理人队伍。保险代理人采用金字塔型的架构,销售佣金在底层业务员、主管、经理和最上层的总监之间层层分配,这种薪酬分配制度俗称"基本法"。保险代理人制度使保险产品的销售费用增加,但同时佣金的激励、人海战术的密集营销也促进了人身保险业务规模的迅速扩大,客观上对推动人身险业务的发展起到了积极的作用。但各家公司的基本法大同小异,都是按照保费收入的一定比例计算佣金。这种制度下,保险代理人显然更愿意推荐保费高的储蓄型险种和养老保险,定期寿险和意外险最多只是作为附加保险或获客的"敲门砖"。结合人们当时对保险的认识偏差,定期寿险自然在市场上无法立足。例如,2006年我国共有寿险公司46家,其中仅有8家经营定期寿险业务。2006年我国有510款人寿保险产品审批或备案,其中定期寿险产品仅有14个。

此后的10年时间里,寿险市场上盛行投资型产品,如分红险、投连险和万能险。在激烈的竞争下,一些中小型公司采取了非常激进的定价策略,出现了高收益率高退保率的中短存续期产品,积累了大量风险。2017年,监管机构大力推动"保险姓保"的理念,强调保险回归本源,突出主业。同时颁布了一系列监管措施,对弱化保障、拼退保金收益率的产品予以严格监管。至此,保险公司才开始停止激进的步伐,沉下心来开发保障类险种。

2018年互联网保险兴起,互联网渠道大幅度降低了保险产品的销售费用,定期寿险的高杠杆特征才得以凸显,市场的购买动机也被逐渐激发,定期寿险业务进入爆发期。根据保险行业协会公布的2018—2020年互联网定期寿险销售数据,互联网定期寿险保单件数从102.4万件增长至131.86万件,增长近1.3倍。保单件数的增加直观上反映出国内居民定期寿险投保意识的增强,人们越来越重视定期寿险的风险保障功能。结合主要消费群体为"80后""90后",且购买渠道多为线上互联网途径,反映出作为家庭收入主要来源者、社会价值主要创造者的中青年们很大程度上已经接受线上购买定期寿险的消费模式。

除销售渠道外,监管机构对定期寿险的监管松绑和规范也是不容忽视的推动力量。2011年10月,保监会颁布了《人身保险公司保险条款和保险费率管理办法》,给出了定期寿险的标准定义,并且明确定期寿险可以包含全残责任。2013年8月,保监会发布《关于普通型人身保险费率政策改革有关事项的通知》,放开了寿险产品定价利率的限制。2016年9月,保监会发布《中国保监会关于进一步完善人身保险精算制度有关事项的通知》,规定定期寿险的身故责任必须包含疾病身故和意外身故责任,对定期寿险的责任设计做了进一步规范。2017年5月,保监会发布《中国保监会关于规范人身保险公司产品开发设计行为的通知》,强调保险公司应重点保障消费者的身故风险,支持并鼓励保险公司在定期寿险产品费率厘定时,区分被保险人健康状况、吸烟状况等情况并进行差异化定价,提高产品的科学定价水平。定期寿险更进一步的差异化设计,在监管层面得到了大力支持。2018年5月,银保监会下发《关于组织开展人身保险产品专项核查清理工作的通知》,要求定期寿险产品理赔材料简化,给付条件简化,并规定身故保险金不得分期给付。进一步规范了产品设计,优化了客户体验。2020年2月,银保监会出台了《普通型人身保险精算规定》,调整了定期寿险的最低现金价值参数,使得定期寿险产品价格进一步下降。

二、典型国家和地区发展现状

(一) 美国

跨时间维度,美国市场近年来保单件数及保险金额均增长放缓,根据图2.1和图2.2,2021年定期寿险保单件数占寿险总保单件数的比重仅增长至2011年的1.07倍,而2021年定期寿险保险金额占寿险总保险金额的比重也仅增长至2011年的1.06倍。对比1998—2002年这段时期美国定期寿险市场的发展变化,可以较为明显地发现市场增速放缓,表明美国定期寿险市场已经在从快速增长阶段向成熟阶段过渡。但定期寿险无论是保单件数还是保险金额占寿险业整体比重都较高,这说明美国人民十分注重基础的人身保障。

图2.1 美国定期寿险保额发展情况

图2.2 美国定期寿险件数发展情况

资料来源:美国人寿保险协会(ACLI)。

根据美国人寿保险协会(ACLI)的统计,在2021年购买的新增人寿保单中,40%(411.9万件)是定期寿险,总额为1.4万亿美元,占人寿保单金额的71%。将定期寿险进一步细分,美国寿险市场主要销售定额定期寿险和减额定期寿险,在新增定期寿险保单中,有402.2万件为定额定期寿险,而减额定期寿险只有9.8万件(见表2.4)。整体来看,由于受到经济环境的影响,以及美国定期寿险市场逐渐成熟,定期寿险市场增长缓慢,趋近饱和,但由于美国国民越来越注重基础的人身保障,因此定期寿险在整个寿险中的占比还在继续上升,其中,最受欢迎的定期寿险仍然是定额定期寿险。

表 2.4　2021 年美国个人人寿保险购买情况

险　　种	保单数(千件)	比例(%)	基本保额(百万美元)	比例(%)
定期寿险				
减额定期寿险	98	0.9	1 540	0.1
定额定期寿险	4 022	38.7	1 308 789	66.3
其他减额定期寿险①	NA	NA	3 577	0.2
其他定额定期寿险②	NA	NA	83 652	4.2
其他定期寿险	NA	NA	3 336	0.2
共计	4 119	39.6	1 400 895	71
终身寿险和养老保险	6 281	60.4	573 522	29
总计	10 401	100	1 974 418	100

注：① 包括配偶和子女的减额定期寿险家庭保单。
　　② 包括配偶和子女的定额定期寿险家庭保单。
资料来源：美国人寿保险协会(ACLI)。

（二）日本

由于日本经济长期低迷，因此近年来，日本的寿险业也逐步进入衰退期。日本人寿保险协会（LIAJ）的数据显示，在 2018—2020 年，日本寿险业总保单件数和保险金额逐年下降，尽管 2021 年出现 3 年来的首次小幅增长，但日本寿险市场仍然低迷。在此背景下，2021 年定期寿险新增保单数为 189 万件，约占个人寿险业务的 15.4%，相比于 2017 年的 206 万件新增保单，2021 年下降了 8.3%；2021 年定期寿险新增保单的保险金额为 25.9 万亿日元，占个人寿险业务的 52%，虽然比 2021 年增加了 1 万亿日元，但相较 2017 年，其下降了 12.2%；从有效保单数量来看，2017—2021 年定期寿险的有效保单数仍在逐年上升，从 2017 年的 2 222 万件增长到了 2021 年的 2 872 万件，可见在经济低迷的情况下，日本人民仍更倾向于购买具有高保障属性的定期寿险产品（见图 2.3 和图 2.4）。

总的来看，日本定期寿险市场情况不容乐观，虽然 2021 年相比于 2020 年，无论是新增保单数还是保险金额都有所增长，但仍未能回到 2019 年之前的水平。

（三）中国香港

1945 年香港保险发展驶入快车道，吸引了不少海外保险公司在港设立分支公司。在西方保险市场先进经营理念的带动下，香港保险市场得到了较快的发展。近年来，香港保险市场仍然保持着高质量的发展。目前，香港保险市场的人身险密度约为人民币 4.82 万元，人身险深度为 16.4%，分别位居全球第一和第二，是全球寿险市场中较为发达的地区。2021 年，中国香港的定期寿险有效保单数为 101.6 万件，占传统人寿业务的 8%，保单保费 56.85 亿元，占传统人寿业务的 1.39%，其相比于 2020 年，有效保单数和保费分别增长了 5.66% 和 6.72%；从新增业务来看，2021 年香港定期寿险新增保单数为 19.5 万件，占传统人寿业务的 21.7%，新增保单保费 7.99 亿元，占传统人寿业务的 0.66%，基本与 2020 年持平。

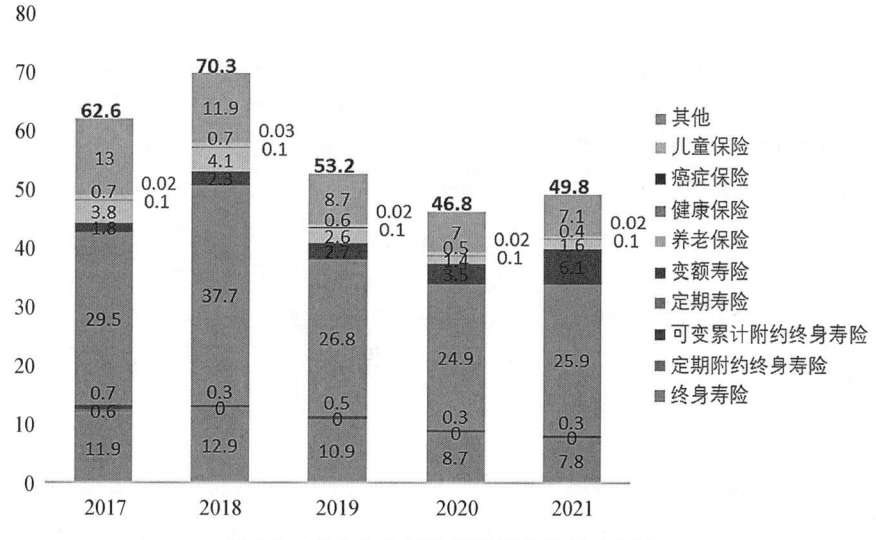

图 2.3 日本个人保险新增保额(万亿日元)

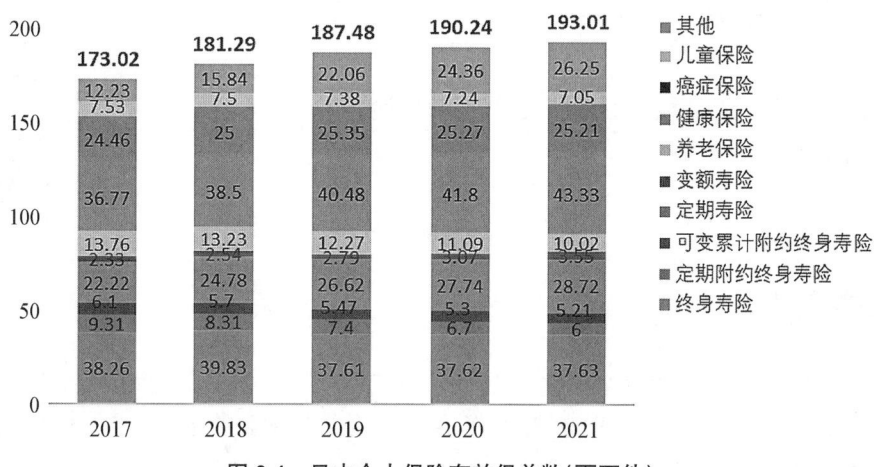

图 2.4 日本个人保险有效保单数(百万件)

资料来源:日本人寿保险协会(LIAJ)。

2017—2021年,中国香港定期寿险市场实现了有效保单数和保费的连续增长,但相较于香港市场的整体个人人寿业务,定期寿险的占比较小,中国香港地区定期寿险市场仍有较大的发展空间。

阅读材料　中国香港地区定期寿险产品特点

（四）新加坡

新加坡 2018 年寿险业的保险密度约为 2.6 万元人民币（全球第六），几乎是发达国家市场平均寿险密度的两倍。近年来新加坡寿险市场总体趋于增长，在 2019 年经历小幅下降之后 2020 年保费规模又急速增加，根据新加坡金融管理局（MAS）的统计，2016—2020 年，寿险整体的保费收入由约合人民币 637 亿元增长至 1 060 亿元，增长 1.66 倍。

如果聚焦定期寿险市场，2016—2020 年保费收入稳步上升，定期寿险保费收入由约合人民币 11.97 亿元增长至 17.42 亿元，增长 1.46 倍。但是定期寿险保费收入占寿险总保费的比例呈现波动下降趋势，这说明新加坡定期寿险的发展速度低于寿险业整体的发展速度。从保额角度来看，2020 年新加坡定期寿险市场的总保额约合人民币 4 280 亿元，在 5 年间几乎实现了 1.77 倍的增长；从保单件数角度看，同年该市场的保单件数为 22.36 万件，实现了 1.65 倍的增长。

由于新加坡定期寿险受到新加坡政府的大力推行，因此其定期寿险费率存在着巨大优势。考虑到人寿保障存在巨大缺口，新加坡政府从 2016 年开始，其金融管理局强制要求所有寿险公司都要推出本公司简单、便宜的定期寿险产品以供消费者选择，并且为了促进整个保险行业的正当竞争，官方还建立了保险比价网站，从而降低了定期寿险产品的价格、提高了全民对于定期寿险的参保率，也从侧面降低了逆选择的风险，使得定期寿险保费又进一步下降，促进了定期寿险市场的进一步发展。

阅读材料　新加坡定期寿险全国性保险计划

本章小结

本章从 3 个方面详细讲解了定期寿险，并介绍了相关的产品设计思路。总的来看，国外的定期寿险发展时间久，目前已趋于成熟，并在发展过程中诞生了许多变形，如可转换、可续保、变额、联合寿险等。而国内的定期寿险由于种种原因，发展较慢，在近几年才得到较大发展。从国内现有的几个产品来看，增加航空意外、水陆公共交通意外身故或全残可选责任条款已经成为定期寿险产品基本的设计理念。与此同时，可转换定期寿险、联合定期寿险等相关变形也开始在国内市场出现，且已逐步受到消费者认可，我国定期寿险市场的发展前景十分光明。

本章思考题

1. 可穿戴设备怎样用于定期寿险产品的设计和管理？

可穿戴设备（Wearable Devices）是指采用独立操作系统，并具备系统应用、可升级和扩展的、由人体佩戴的、实现持续交互的智能设备。从活动追踪器，到智能手环、智能手表、智能血压检测仪乃至智能手机都可称为可穿戴设备。

可穿戴设备不仅能够实时监测佩戴者的体温、血压、心率、心电图、肌电图、乳酸、血糖、pH、钠、钾、血氧、皮肤水合和伤口演变等身体基本参数，而且可通过无线网络将这些信息上传到云端。

2. 定期寿险产品的销售难度在哪里？

3. 可续保条款给定期寿险产品的管理增加了哪些问题？怎样解决这些问题？

4. 次标体能否用于定期寿险保险产品的创新设计？

本章参考文献

［1］ACLI. Life Insurers Fact Book[EB/OL]. 2021[2024-04-01]. https://www.acli.com/about-the-industry/life-insurers-fact-book.

［2］丁益钰. 中国内地与香港地区寿险市场和定期寿险的比较研究[D]. 杭州：浙江工商大学，2020.

［3］华贵人寿保险股份有限公司，对外经济贸易大学保险学院. 2021年定期寿险白皮书[R/OL]. 2022[2024-04-01]. https://wap.huaguilife.cn.

［4］聂方义. 威权主义与定期寿险[J]. 理财顾问，2018(5)：15-17.

第三章

医疗保险产品

本章要点

1. 了解医疗保险的保障范围和除外责任。
2. 理解医疗保险的风险。
3. 理解医疗保险产品的创新途径。
4. 了解医疗保险产品配套服务的创新渠道。

医疗保险用于补偿被保险人因疾病或意外事故接受治疗而产生的费用。由于老龄化程度的加快，药费上涨，人力成本和管理成本上升，因此医疗费用快速增长，重症或严重伤害的治疗费用更是高达数万元。如果这些费用都落在普通民众肩上，就会给病人的家庭带来极大的经济负担，严重影响生活水平。世界上大部分国家建立了惠及全民的社会基本医疗保障体系，商业医疗保险作为基本医疗保险体系的补充，在一个多层次的医疗保障体系中发挥了重要的作用。本章将以商业医疗保险为主题，介绍在我国医疗保障体系下，商业医疗保险的保险需求、险种分类、产品风险、产品服务创新以及国内外医疗保险发展情况。

第一节 我国社会基本医疗保险制度

据《中共中央 国务院关于深化医疗保障制度改革的意见》，我国医疗保障体系由3个层次构成，底层为社会基本医疗保险，是整个社会保障体系的主体。在此基础上，商业医疗保险、医疗互助和医疗救助各司其职，针对不同人群提供保障。我们分析商业医疗保险的保险需求，必须先了解其他几个层次的功能和定位。

目前我国的社会基本医疗保险制度已基本覆盖全民，通过建立职工基本医疗保险和城乡居民基本医疗保险两个体系，实现了全体职工和城乡居民医疗保障的全覆盖。

医疗互助是由部分人群建立的医疗互助计划。如上海市总工会发起的职工互助基金，参加对象为工会成员，基金对住院治疗、急诊观察治疗、门诊大病治疗和家庭病床治疗费用中社保基金支付范围内个人自负的部分提供至少60％的补偿。上海市红十字会、上海教委和上海市卫生健康委联合创立的上海市中小学生、婴幼儿住院医疗互助基金，对住院费用、门诊大病和一些罕见病的治疗费用按比例补偿。上海社区医疗互助帮困计划针对支援外省市的原上海户籍人员及其配偶设立，基金少部分来源于个人交费，大部分由财政补贴，对参与者提供门急诊医疗费的补贴,以及个人现金自付超过 500 元的部分(按 2021 年标准)按比例给予补助。

医疗救助是针对特殊困难人群和贫困家庭的托底计划,目的是防止因病返贫。我国的医疗救助计划依据 2014 年 5 月 1 日颁布的《社会救助暂行办法》建立,救助对象为低收入家庭和特殊困难人群。救助基金专款专用,用于补贴救助对象参加基本医疗保险的个人交费部分,以及基本医疗保险、商业保险和其他补充医疗保险支付后的自付费用。救助资金主要来源于财政补贴和慈善捐赠。

在医疗保障的 3 个层次中,医疗互助和商业医疗保险位于同一层次,但医疗互助计划只能覆盖部分人群,大部分民众需要商业医疗保险来填补医疗费用与基本医疗补偿之间的空白,商业保险是基本医疗保险的重要补充。以下我们以上海地区 2023 年针对基本医疗保险和医疗互助的相关规定,梳理基本医疗保险的保障范围。

一、基本医疗保险的保障范围

基本医疗保险基金的资金来源于企业和个人交费,为了维持收支平衡,支出增长时就要增加交费率。为了不给企业和个人带来更大的交费负担,同时保证参保人的基本医疗需求,我国基本医疗保险从药品、诊疗项目和医疗服务设施 3 个方面规定了基本医疗保险基金的支出范围。为进一步控制医疗费用的不合理增长,2019 年国家医保局在全国 30 个城市开展了按疾病诊断相关分组付费试点,将一项疾病的所有诊疗费直接打包定价,根据病人年龄、性别、病症严重程度等因素进行分组后制定医保支付标准。

医保局对药品的控制方式是编制《国家基本医疗保险、工伤保险和生育保险药品目录》,目录列出了基本医疗保险、工伤保险和生育保险基金报销的药物。药品分为甲类药和乙类药两种。甲类药是临床治疗必需、使用广泛、疗效好,且同类药品中价格相对低的药品。甲类药的费用可以全额报销。乙类药是与甲类药同类、但价格要高一些的药品。乙类药的费用由个人和医保基金共同承担。如上海地区乙类药个人自付 30%,剩余 70% 由医保基金支付。甲类药和乙类药的目录都由国家医保局统一编制,甲类药各省市不能调整。乙类药各省市和地区可以根据当地的经济水平、医疗需求和用药习惯,适当进行调整,调整的数量不超过乙类目录药品总数的 15%。

对于基本医疗保险诊疗项目的范围控制,国家采取排除法。目前的法律依据是 1999 年原劳社部颁布的《关于印发城镇职工基本医疗保险诊疗项目管理、医疗服务设施范围和支付标准意见的通知》(劳社部发〔1999〕22 号,以下简称"劳社 22 号文")。劳社 22 号文采用排除法制定基本医疗保险诊疗项目范围。对非临床诊疗必需、效果不确定的诊疗项目以及属于特需医疗服务的诊疗项目不予报销,对临床诊疗必需、效果确定但容易滥用或费用昂贵的诊疗项目给予部分报销(具体项目见本章附录 1)。不予报销的诊疗项目,各省市、地区可以增加但不得删减,部分报销的项目可以适度调整,但要严格控制范围和幅度。

医疗服务设施是指由定点医疗机构提供的,参保人员在接受诊断、治疗和护理过程中必需的生活服务设施。医疗服务设施费用主要包括住院床位费以及门诊留观床位费。纳入基本医疗支付的医疗服务设施范围由各省市自行制定,但不得将以下项目列入报销范围:就(转)诊交通费、急救车费,空调费、电视费、电话费、婴儿保温箱费、食品保温箱费、电炉费、电冰箱费及损坏公物赔偿费、陪护费、护工费、洗理费、门诊煎药费①、膳食费、文娱活动费以及其他特需生活服务费用。在此基础上，各省市可以根据实际情况列入其他项目。

按病种付费是指国家将一项疾病的所有诊疗费直接打包定价，根据病人年龄、性别、病症严重程度等因素进行分组后制定医保支付标准。如果疾病没有变化，则无论医院开了多少药品和检查项目，医保基金结算给医院的金额都是一样的。由于医保付费固定，因此医院会更加重视医疗资源的分配。这种付费方式还能杜绝乱收费的现象。此前患者就医按项目收费，医院往往重复检查、过度治疗，涉及的服务项目少则十几项，严重损害了患者利益，破坏了医疗行业的形象，给行业监管和社会监督带来困难，也间接地造成了医患间的不信任和紧张关系。2004年起，国家就开始在天津、山东、黑龙江等地试点②按病种收费。2011年4月，国家发展改革委、卫生部发文，要求全面推进按病种收费方式试点，并遴选了104个参考病种。2017年国务院发布文件，要求全面推行按病种付费的预算管理方式。2018年人力资源社会保障部组织专家论证，针对诊疗方案和出入院标准比较明确、诊疗技术比较成熟、临床路径稳定、综合服务成本差异不大的疾病，制定了包含130个病种的推荐目录（见本章附录2）。要求各地至少确定100个病种开展按病种付费。按照目前已经公布付费标准的省市来看，湖北省的最高付费疾病为肾移植，三级医院给付标准为11万元。浙江省的最高付费疾病为胃癌导致的胃全切除术，付费标准为75 200元。

二、基本医疗保险的保险交费和补偿标准（上海市）

保险交费和补偿标准各省可在给定的标准内自行制定。我们以上海市为例，介绍基本医疗保险的交费水平和补偿标准。

上海市的基本医疗保险制度分为城镇职工基本医疗保险和城乡居民基本医疗保险两套体系。城镇职工基本医疗保险的参保人为在上海市企事业单位、国家机关、社会团体就业的职工及退休人员、个体工商户。城乡居民基本医疗保险的参保人为学生（大学生和中小学生）、未参加职工基本医疗保险的本市户籍人员、本市户籍人员无医疗保障的外省市户籍配偶和子女、海外人才和引进人才的未就业配偶及18周岁以下子女、未就业的外国人等。截至2021年年末，城镇职工基本养老保险的参保人数为1 654.36万，城乡居民基本养老保险的参保人数为74.42万。上海市基本养老保险的保险年度为7月1日到次年6月30日。2023保险年度各项标准都有较大的调整，以下按2023年7月1日以后实施的标准分别解释交费和补偿标准。

（一）基本医疗保险的交费

城镇职工基本医疗保险基金来源于企业交费和在职职工的个人交费，交费基数按上一年度社会平均工资的比例设定。单位交费比例10%，个人交费比例2%，灵活就业人员交费比例11%。退休职工无需交费，继续享受保障。单位交费中的8.5%进入基本医疗保险统筹账户，1.5%进入地方附加医疗保险基金。在职职工的个人交费全部（2023年7月1日后）记

---

① 2011年，上海市为贯彻落实国务院关于振兴和发展中医药事业的有关精神，将门诊煎药费纳入本市基本医疗保险支付范围。2019年北京市、2021年浙江省也将中药煎药费纳入医保支付范围。

② 杨炯，方朕，俞传芳，等. 上海市按病种付费现状分析及思考[J]. 中国卫生质量管理，2014(2)：35-37.

入个人账户。退休职工由统筹基金按固定金额记入个人账户。灵活就业人员的个人账户记入标准与职工相同。个人账户分为当年账户金和历年结余金两部分,当年账户金的剩余资金可按一年期定期利息计息,并转入历年结余账户。

城乡居民医疗保险基金来源于个人交费和财政补贴。个人交费按年龄设定,例如70周岁以上,2022年的交费标准为每人520元,财政补贴6110元;19~59周岁每人交费860元,财政补贴5940元。城乡居民保险的参保者退休后仍需每年交费,农村居民、低保户中60周岁以上老人、高龄老人,职工老年遗属和重残人员可减免部分个人交费。城乡居民基本医疗保险的参保人没有个人账户,所有交费直接进入统筹基金。

(二) 城镇职工基本医疗保险的补偿标准

城镇职工的基本医疗保险基金由统筹基金和地方补充医疗保险基金构成,其中地方补充医疗保险基金主要用于补偿超过统筹基金最高限额的医疗费用。补偿标准分为一般普通门诊、门诊大病和住院3类。2023年7月1日后,补偿标准会有较大的调整,以下是调整后的补偿标准。

一般普通门诊的就医费用先从职工当年的个人账户支付,不足部分由个人自负。在职职工个人自负500元后,由统筹基金按比例支付。统筹基金的支付比例依据医疗机构等级有所不同。三级机构补偿比例为85%、二级机构补偿比例为75%、一级机构补偿比例为70%。500元的自负段和与统筹基金共负的部分都可以用账户历年结余支付,如结余用光则用现金支付。统筹基金的支付最高限额每年都会调整,2022年的限额为59万元。退休职工的补偿方式相同,先用当年记入个人账户的资金支付就医费用,不足部分个人自负。2001年1月1日后退休的退休职工自负段为300元,统筹基金的支付比例,三级机构为85%、二级机构为75%、一级机构为70%。2000年12月31日前退休人员,自负段标准为200元。统筹基金的支付比例,一级机构为90%、二级机构为85%、三级机构为80%。一般门诊费用的自负段(500元或300元、200元)以及与统筹基金共负的部分,可用历年账户结余支付。如结余用光,则用商业保险和现金支付。各部分的支付顺序和承担比例见图3.1。

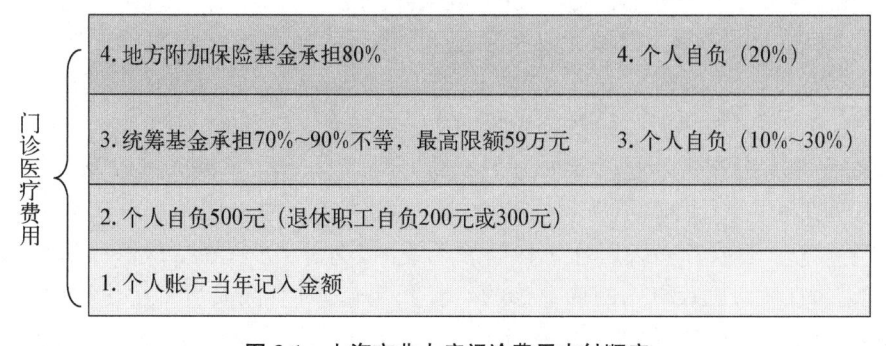

门诊医疗费用	4. 地方附加保险基金承担80%	4. 个人自负 (20%)
	3. 统筹基金承担70%~90%不等,最高限额59万元	3. 个人自负 (10%~30%)
	2. 个人自负500元(退休职工自负200元或300元)	
	1. 个人账户当年记入金额	

图3.1 上海市非大病门诊费用支付顺序

如患有门诊大病,500元或300元的自负段标准不适用的,所有费用统筹基金按85%的比例支付,退休职工按92%的比例支付。门诊大病包括重症尿毒症透析、恶性肿瘤治疗(化学治疗、内分泌特异治疗、放射治疗、同位素治疗、介入治疗、中医治疗)、部分精神病病种治疗(精神分裂症、中重度抑郁症、躁狂症、强迫症、精神发育迟缓伴发精神障碍、癫痫伴发精神障碍、偏执性精神病)。统筹基金支付后剩余的15%或8%,可用账户历年结余支付(见图3.2)。

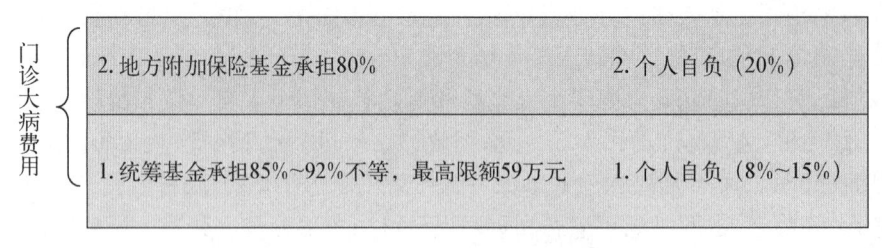

| 门诊大病费用 | 2.地方附加保险基金承担80% | 2.个人自负（20%） |
| | 1.统筹基金承担85%~92%不等，最高限额59万元 | 1.个人自负（8%~15%） |

图3.2　上海市大病门诊费用支付顺序

住院费用的自负段标准为1 500元，1 500元以上的费用统筹基金承担85%，退休职工的比例为92%。与一般门诊住院费用一样，1 500元的自负段标准和共负的15%或8%，可以用账户历年结余支付(见图3.3)。

门诊医疗费用	3.地方附加保险基金承担80%	3.个人自负（20%）
	2.统筹基金承担85%~92%不等，最高限额59万元	2.个人自负（8%~15%）
	1.个人自负1 500元（退休职工自负700元或1 200元）	

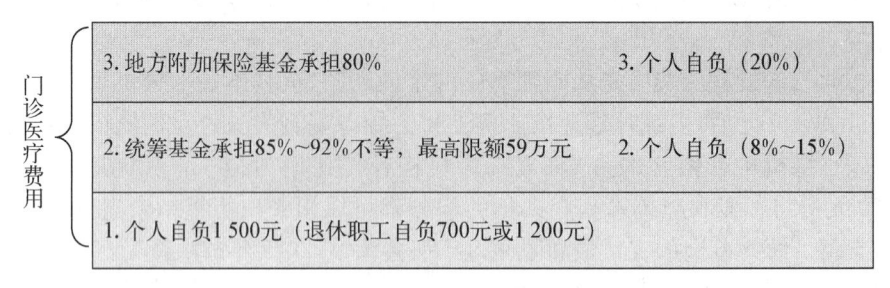

图3.3　上海市住院费用支付顺序

除了以上规定之外，上海市还在2016年和2021年分别制定了两项减负措施：《上海市职工基本医疗保险综合减负实施办法》(沪人社医发〔2016〕46号)、《本市尿毒症透析、肾移植术后抗排异和精神障碍等参保病人门诊大病和住院自负医疗费实行减负的通知》(沪医保规〔2021〕12号)。按照2016年的减负办法，对于工资收入在平均工资3倍以下的家庭，自负医疗费用超过年收入的一定比例后，超过部分减负90%。2021年的规定是对于尿毒症透析、肾移植术后抗排异病人，门诊大病费用、住院费用和最高支付限额以上费用都会降低3%~10%不等。

(三) 城乡居民基本医疗保险的补偿标准

城乡居民基本医疗保险起付标准为：60周岁及以上人员、重残人员以及中小学生和婴幼儿为300元；超过18周岁、不满60周岁人员为500元。城乡居民医保基金支付比例为：在社区卫生服务中心或者一级医疗机构门诊急诊的，支付70%；在二级医疗机构门诊急诊的，支付60%；在三级医疗机构门诊急诊的，支付50%。对参保人员每次住院(含急诊观察室留院观察)所发生的由城乡居民医保基金支付的医疗费用，设起付标准。超过起付标准的部分，由城乡居民医保基金按照一定比例支付，剩余部分由个人自负。起付标准为：一级医疗机构50元，二级医疗机构100元，三级医疗机构300元。城乡居民医保基金支付比例为：60周岁及以上人员、重残人员，在社区卫生服务中心或者一级医疗机构住院的支付90%，在二级医疗机构住院的支付80%，在三级医疗机构住院的支付70%；60周岁以下人员，在社区卫生服务中心或者一级医疗机构住院的支付80%，在二级医疗机构住院的支付75%，在三级医疗机构住院的支付60%。

第二节　商业医疗保险

商业医疗保险用于弥补实际医疗费用与基本医疗保险、互助计划补偿后的空白。如前所述,基本医疗保险报销范围内超过自负标准段的费用由医保基金和个人共同负担,乙类药品和乙类诊疗项目个人也需要承担大部分费用。此外,基本医疗保险在用药、诊疗项目和服务设施方面都有严格的限制,对一些疾病规定了费用上限,超过基本医疗保障范围和费用上限的医疗费用,患者都需要自己承担。因此,从填补空白的功能看,商业保险的功能至少体现在两个方面:一是可用于补偿基本医疗保险报销范围内的个人自负费用,二是对乙类药物和乙类诊疗项目的自负部分以及医保目录以外的药物、诊疗项目或服务费用给予补偿。

一、保障范围

不同商业医疗保险所覆盖的保障范围不同,保障范围常见的有住院医疗保险金、门诊医疗保险金、特殊门诊医疗保险金,保障范围更广的还包含了特定疾病医疗保险金、全球紧急救援服务、预防保健服务等,以下是平安尊尚人生医疗保险[1]对上述保障范围的解释:

"住院医疗保险金是指被保险人因疾病或意外伤害经医院确诊必须住院治疗的,对于被保险人住院期间发生的必须由被保险人个人自行承担的合理且必要的住院医疗费用,保险人扣除免赔额后在限额范围内按约定比例给付的保险金。"

通过查看条款释义部分可以发现,该保险金将基本医疗保险不予报销的陪护费、膳食费、救护车费纳入了保障范围,对药品费的要求也不限于基本医保药品目录中的甲、乙两类药品,对于手术费的保障范围也比基本医疗保险更广,器官移植不再限于特定的几种器官。

门诊医疗保险是指当被保险人因疾病或意外伤害需要门诊急诊治疗时,保险人扣除免赔额后,对每次在医院治疗发生的合理且必要的门诊急诊医疗费用在限额范围内按约定比例给付保险金。保险范围内的门诊急诊医疗费用主要包括医生诊疗费(其中包括挂号费)、治疗费、药品费、门诊手术费、检查检验费、救护车费等。门诊医疗保险为基本医保不予以报销的挂号费提供了保障,并在各个项目上有着比基本医保更广的保障范围,比如平安尊优人生全球医疗保险,将糖尿病治疗用品费、艾滋病治疗费等项目纳入了门诊医疗保险金保障范围。

特殊门诊医疗保险多指当被保险人在医院进行特殊门诊诊疗,例如门诊肾透析、门诊恶性肿瘤电疗、化疗或放疗等诊疗项目时,保险公司在扣除免赔额后,对于被保险人每次在医院治疗发生的合理且必要的特殊门诊费用在限额范围内按约定比例给付保险金。

特定疾病医疗保险金是指在保险合同的保险期限内,被保险人因遭受意外伤害事故或在等待期后,自其出生以来经保险公司认可的医院的专科医生确诊初次罹患符合本保险合同所附特定疾病清单定义的特定疾病,并在医院接受治疗产生医疗费用的,保险公司首先在一般医疗保险金的赔付范围内赔付一般医疗保险金。当累计赔付金额达到一般医疗保险金

---

[1] 参见平安尊尚人生医疗保险,平保健发〔2009〕46号。

的赔付限额后,再依照约定赔付特定疾病医疗保险金。特殊门诊医疗保险包含了特定疾病住院医疗保险金、特定疾病指定门诊急诊医疗保险金和特定疾病住院前后门诊急诊医疗保险金3个责任项目。

与上述保险金不同的是,全球紧急救援服务以及预防保健服务重在提供服务,在承担相应费用的同时,提供安排就医和紧急医疗转送、为未成年被保险人安排监护人陪同住院、医疗送饭、免费健康体检以及口腔保健等特色化的服务。

二、医疗险的险种分类与条款

对于医疗险下的险种划分,可以按照多个标准进行:

按是否对医疗费产生原因进行限制来划分。其中,我们熟悉的百万医疗不限制病种的划分,因疾病和意外产生的医疗费用均在保障范围内。对医疗费产生原因进行限制的医疗险通常也被称为专项医疗险。例如,针对老年人设计的防癌医疗险,其只报销针对因恶性肿瘤产生的医疗费用,并对病种进行了限制。

按照保障程度来分,可分为低端、中端和高端3种医疗保险。其中,百万医疗和惠民保的保障程度处于低端和中端医疗险之间,百万医疗的火爆也对出现更早的中端医疗产品的设计产生了影响。不同资料中对它们的归类也有差异,在后面的章节会将它们单独列出进行介绍。低端医疗险的保额和免赔额都相对较低,只能解决小额的医疗费用开支,代表产品有小额住院险和普通门诊险等。中端医疗险的保障范围从只承保公立医院普通部扩展至公立医院的特需部和国际部,保费一般达到千元级别。高端医疗险的保障范围在中端医疗险的基础上增加了私立医院,并且不再仅限于在中国大陆的医院治疗。除此之外,其他险种列为除外责任的部分费用也被列入了保障范围之内。在保障范围之外,高端医疗险的保额更高,有的产品甚至达到千万元的级别。所以,它的保费也更加高昂,从几千、上万到几十万元不等。

按照保障期限来分,医疗险可以分为短期和长期两种医疗险。短期医疗险指一年期且不保证续保的医疗险;长期医疗险是指除本身保险期限超过一年的产品,并包括一年期的保障续保产品。

三、医疗险的责任免除

医疗险的责任免除项目相比寿险要多很多,本章对责任免除条款的分析以太平洋人寿的百万医疗险的责任免除条款[①]为样本。医疗险的责任免除主要分为以下几类:

(1)在寿险条款中也比较常见的典型责任免除条款,如被保险人故意犯罪等。

(2)对性病、精神类疾病、遗传病等疾病的排除,并且对高风险活动进行责任免除。

(3)等待期内患病和既往症的责任免除。

(4)对特定项目医疗费的免除,如生育相关的部分手术检查、健康检查、理疗、心理咨询、非意外伤害导致的整形美容、非意外伤害导致的牙科治疗、近视矫正等。

(5)对保障范围描述外责任的进一步强调,如医院范围、合理且必要的医疗费用等。

---

① 太平洋人寿易享百万医疗保险(H2021)条款,详见本章附录,附录中序号为原条款序号。

四、医疗险的指定医疗机构范围

同样以太平洋人寿百万医疗险产品条款中对指定医疗机构的释义[①]为例进行分析,释义中需要注意以下3点:

首先,指定医疗机构为中国境内的医疗机构。

其次,指定医疗机构为二级以上(含二级)公立医院。

最后,指定医疗机构不包含疗养院、康复中心(康复医院)、护理院、精神心理治疗中心以及不符合要求的联合医院或联合病房。

百万医疗险的条款中对指定医疗机构范围限制比较严格,在中端和高端医疗险产品中则适当放宽。

五、医疗险的健康告知

以众安的百万医疗险为例,医疗险的健康告知的内容:一是对就医行为和保险情况的告知,即过去一年内是否有医学检查结果异常或被医生建议进一步检查、复诊、随诊或者诊疗。过去两年内是否有非正常承保的情况。二是对职业的告知,即是否为定义的特殊职业,如矿工、建筑焊工、营业货车司机等。三是健康状况的告知。健康状况的告知要求比较详细。首先,被保险人要告知以前的患病史,包括一定程度的高血压和高血糖、脑血管疾病、部分心血管疾病、神经系统和精神疾病、肾脏疾病、风湿免疫类疾病、消化系统疾病、血液疾病、呼吸系统疾病和其他类似法定传染病、HIV等。其次,要告知被保险人一年内出现的某些症状,如不明原因持续超过一个月的持续或间歇性疼痛,体重指数异常等。还有一些是女性和2周岁以下的被保险人特有的需要注意的症状,如乳腺结节、早产、发育迟缓等。同时,对一年内的一些检查异常和两年内的一些住院情况也要进行排除。

第三节 医疗险的管理风险

一、核保风险

核保端的风险,尤其是对于次标体的核保。如果核保标准太宽松,将很多以目前技术无法控制的高风险体保进,后期赔付率太高会影响保险公司的利润。而核保标准太严格,又没办法满足带病体人群的保险需求。实务中,被保险人的身体状况往往十分复杂,即使患有同种疾病,患病的严重程度也有差异(见表3.1)。通过健康问询筛选风险相对可控的人群,最小化核保端的风险,这是保险公司和第三方在努力做好的事情。次标体核保应该做到以下几点[②]:

第一,简单清晰的健康告知规则。尽量用通俗易懂的症状或者疾病名称来代替专业的医学名词,降低因被保险人无法理解而发生误报的概率。

---

① 详见本章附录。
② 中再寿险. 2020—2021年度健康险产品研究报告[R/OL]. (2021-12-07)[2024-04-01]. https://maipdf.cn/est/?e=anN/scP0HTaUw6.

第二,把控好人工核保和智能核保的尺度。把一些复杂的、通过直接的问询难以判断的疾病纳入人工核保的范畴。

第三,把控好常规健康告知和智能健康告知的尺度。如果负面清单中提到的症状存在,则进入智能核保阶段。智能健康告知是针对某个特定带病情况列出可保范围的正面清单。

如果负面清单和正面清单设置得不全面,则很容易被因某种小病需要智能健康告知,却故意忽视自身罹患的负面清单中严重疾病的人钻空子。因此,有些疾病适合在负面清单中问询,有些疾病则适合在正面清单中明确。

表 3.1 带病体保险核保门槛:"三高"版

高 血 压	高 血 脂	高 血 糖
对日常血压的要求: 原发性高血压二级以下/未被确诊为继发性,最高血压范围符合要求/最高血压范围符合要求可能除外、加费或标体承保	指标要求: (未经药物控制)近半年/1 年 TC 与 TG 在规定范围内	妊娠糖尿病: 分娩已结束半年;分娩至今血糖各指标正常,满足一般标体承保条件
其他要求: 未伴有心、脑、肾病;某个年龄后发病;生活健康、无不良嗜好(过度吸烟、喝酒等)	其他要求: 有些产品要求没有肥胖、心绞痛、心肌梗死、脑血栓等其他症状	其他要求: 未确诊糖尿病且近 3 个月指标正常;空腹血糖值<××mmol/L。有些产品愿意承保糖尿病前期、没有出现肝器损伤或并发症的情况,一般要加费

二、道德风险

在保险事故发生前,参保人由于存在"患病后可以得到保险补偿"的预期,因此会增加不健康行为或者减少预防性投入;在保险事故发生后,参保人往往存在过度医疗、过度报销的行为。以上两点都会恶化赔付率数据,造成医疗资源浪费。关于这个问题,目前主流的解决思路有两条:一是通过保费政策干预,改变被保险人的就医行为,降低赔付率。以新加坡的长期医疗险为例,新加坡的长期医疗险在全国范围的认可度很高,截至 2020 年,大约有 68%的新加坡居民投保了长期医疗险产品,但因为私立医院的医疗费用快速上涨、医疗附加险的 0 免赔和 100%报销的产品设计天然导致的医疗资源的滥用,保费节节攀升,直到 Prudential 保险公司推出 CBP 定价方法,长期医疗险才开始扭亏为盈。该方法根据被保险人既往的理赔情况来决定下一年的保费档次,本质和车险业务常见的 NCD 无理赔优待是一样的,鼓励被保险人减少不必要的理赔、多使用公立医院。二是构建管理式医疗模式,通过改革原有的后付型报销模式,增强保险公司的费用控制权,缓解过度医疗的问题。在客户服务方面,通过建立互联网医院和健康管理系统,为承保人提供线上家庭医生 24 小时问诊、复诊服务,将线上的流量定向引导至线下保险公司的合作或者投资的医院,干预患者的治疗过程,从而达到控费的效果,并且通过科学的健康管理,将健康管理的执行效果与保费挂钩,帮助、引导参保人做好疾病防控工作。让客户、医院、保险公司变成利益共同体,推动客户和医院主动控制医疗费用的支出。

三、死亡螺旋

死亡螺旋对于有保证续保条款的一年期医疗险以及长期医疗险十分重要,由于保证续保的经营逻辑和长期医疗险类似,之后统称为长期医疗险。和采取均衡保费的寿险类产品不同,目前国内外主要的长期医疗险采用的都是自然保费的形式,新的保单年开始时,保险公司可以根据历史的赔付情况适当调整保费。刚开始健康状况都差不多的投保人,随着时间的推移,一部分人仍然保持健康,另一部分人由于身体状况恶化,可能发生数次理赔。与此同时,随着产品的迭代更新,更便宜、保障更全面的产品问世,对于健康体,最优选择必然是退保,然后去买其他更好的保险,而身体差的人退保之后很可能买不到保险,就会更愿意待在现有的风险池里。当健康的人群离开,第二年保险公司的赔付率就会自然上升,这势必触发费率的调整,费率的调高又会引起新一批风险相对较低的人群退保,从而形成恶性循环,这样一个过程也叫作"死亡螺旋"。监管有规定,不可以因为投保人身体健康状况的恶化而区别加费,要加的话只能所有风险体一起加,结果导致低风险人群自动补贴了高风险人群,可是没有人会愿意去补贴一个素不相识的人。此时就产生了另一个解决思路:如果让健康体觉得,自己补贴的不是陌生人,而是自己的家人呢?例如,通过费率优惠鼓励全家一起投保,只要家里有一位老人发生了赔付,年轻人就不会觉得亏,毕竟是一家人,家人的保险获得理赔就好像是自己的保险获得理赔了一样。如果保险公司的服务做得很好,还可以让年轻人意识到保险的作用,增加客户黏性。另外,出于对医疗通胀、医保改革、选择性退保等不可抗力因素的考虑,长期医疗的调费是不可避免的。为了长远发展,保险公司可以适当牺牲当期利益,缩小调费幅度,随着医疗的发展不断优化服务,留住更多的保单。其他的解决方法还有很多,比如政府提供补贴、征收退保惩罚、强制参保,但这些都只能用在政策性保险上,对于纯商业的医疗险参考意义不大。

第四节　我国医疗险产品分析

作为后续理解产品保费和保险金额设置的基础,对我国的医保费用支出数据进行简要介绍。根据《中国2021医疗保障统计年鉴》数据,2021年城镇职工参保人的次均门诊费用为267元,人均门诊就诊次数为5.59次;次均住院费用为12 948元,住院率为17.7%。

一、低中端医疗险

低端医疗险的主要特点是保额低、免赔额低。中端医疗险则对可报销医院的范围进行了进一步的拓展,增加了特需部、国际部和VIP服务,其中部分产品甚至不设置免赔额,保障得更加充分。这里以百万医疗和惠民保为例进行简单介绍。

(一)百万医疗

百万医疗作为低端医疗险的典型产品,其最普遍的保障内容是医疗保险金和重大疾病(或特殊疾病)医疗保险金。不同公司的保额设置有差异,寿险公司的百万医疗产品一般设置在100万元到300万元,而财险公司的产品保额一般设置得较高,重大疾病(或特殊疾病)医疗保险金的保额可以达到600万元。百万医疗的免赔额一般为1万元,很多产品在降低免赔额上做了设计,比如可选降低免赔额到 5 000 元、家庭共享免赔额或者因重疾或特殊疾病产生的合同范围内的医疗费用不计免赔等。

从保障细节来看,费用基本包含门诊手术、特殊门诊和住院前后急诊费用,但对住院前后急诊责任的时间设置存在差异。除了一般医疗保险金和重大疾病(或特殊疾病)医疗保险金以外,各公司的百万医疗险普遍设置为质子重离子和院外特药责任,其中对于院外特药责任,各产品包含的特药数量和名目有所不同,取决于合作的第三方机构或对接药企的不同。当然,在较为普遍的保障责任之外,也有一些突出个性化的保障。比如,重疾或癌症的住院津贴、意外身故责任、重疾或者特疾的津贴。也有一些小众的保障被开发出来,比如众安的恶性肿瘤特定器材、未成年罕见药品、未成年特定器材耗材等。

从增值服务和可选保障来看,部分产品的百万医疗产品可选责任包括对特定疾病的特需医疗①的拓展,以及拓展亚洲的其他特定医院的治疗服务。在增值服务方面,医疗费用垫付、就医绿通、慢病药品服务、恶性肿瘤的二次诊疗、康复护理等服务较为常见,将在后面的章节对这部分内容进行展开介绍。

(二) 惠民保

惠民保在百万医疗的基础上更添了普惠的色彩,一方面体现在对参保年龄没有限制,另一方面体现在既往症人群可保,大部分产品既往症费用可赔。虽然既往症的赔付比例较低,但也为既往症人群增添了一份保障。它的保费形式大多采取均一保费,部分采用阶梯保费。

惠民保的产品设计与当地的基本医保和大病医保的情况息息相关。首先,要求投保人必须是当地基本医保的参保人,这样才可投保。其次,对于产品责任和免赔额的设置也以对社保和大病医保进行补充为主。

以 2022 版的沪惠保为例,由于上海的基本医保和大病医保的保障程度较高,因此沪惠保的保障范围集中在医保范围以外的部分,包括住院医疗费用、国内特药、国外特药以及质子重离子、CAR-T② 等高额新疗法的保障。价格为 129 元/年。

为控制保险费以体现普惠型,免赔额设置较高,而保额相对百万医疗来说较低,并且对赔付比例进行了限制。医保外住院医疗费用的责任中,非既往症人群仅报销 70%,既往症人群仅报销 50%(见表 3.2)。

表 3.2 2022 版沪惠保保障范围

保障责任	医保范围外住院医疗保险金	国内特药 25 种	质子重离子医疗保险金	15 种海外特药费用	CAR-T 治疗药品费用保险金
保险金额	100 万元	100 万元	30 万元	30 万元	50 万元
免赔额	2 万元	0	0	0	0

---

① 特需医疗:前身多为外宾门诊或高干门诊,在满足基本医疗费用的基础上,服务会更好,提供包括点名手术、加班手术、全程护理、特需病房、专家门诊等服务。

② CAR-T 疗法,又叫"嵌合抗原体 T 细胞免疫疗法",是一种治疗肿瘤的新型精准靶向疗法。CAR-T 暂未被纳入医保,需要完全自费,在面对"120 万元一针"的高昂费用时,不少患者只能望而却步。

续表

保障责任	医保范围外住院医疗保险金	国内特药25种	质子重离子医疗保险金	15种海外特药费用	CAR-T治疗药品费用保险金
赔付比例	非既往症人群70% 既往症人群50%	非既往症人群70% 既往症人群30%	非既往症人群70% 既往症人群30%	非既往症人群70% 既往症人群30%	非既往症人群100% 既往症人群100%

重庆的2021版渝快保的保障范围设计则呈现不一样的风格，它的保障范围涉及医保内的住院和特定门诊费用的报销，但其赔付比例设置得较低，非既往症人群仅报销55%，既往症人群仅报销10%（见表3.3）。由于先进疗法的资源在当地较少，因此重庆的渝快保并不涉及质子重离子疗法等的保障。关于渝快保的价格，基础版本（不包含特药保障）的价格为69元/年，升级版本（包含院外特药保障）的价格为169元/年。

表3.3 重庆渝快保保障范围

保障责任	医保内住院和特定门诊	医保外住院和特定门诊	院外特药（42种肿瘤和罕见病特药）
保险金额	150万元	150万元	50万元
免赔额	1.5万元	5 000元	0
赔付比例	非既往症人群55% 既往症人群10%	非既往症人群80% 既往症人群30%	非既往症人群80% 既往症人群30%

二、高端医疗险

首先，高端医疗险的保费十分高昂，但其就医地区不限于中国大陆，根据不同产品的设置，亚太地区、全球的支付合作医院均可报销。在中国大陆的医院中，除了除外名单中的昂贵医院外，无论公立、私立、特需还是国际都可以报销。在年度限额上，能达到1 000万元以上，免赔则有0元免赔可选。

其次，在保障范围上，像精神疾病和心理治疗这类被其他产品列为除外责任的费用也可保，但用等待期对道德风险进行限制。在住院津贴的额度、康复治疗、家庭看护等方面的保障也更加完全。

最后，高端医疗还特有紧急医疗运送转运、24小时紧急救援服务，是比较昂贵的服务类型。比如，被保险人在外旅行途中发生意外，被保险人报案之后，当地的医院诊疗条件有限，需要到其他城市的大医院治疗，那么中间的飞机转运的费用都是由保险公司承担的。

三、专项医疗险

针对各病种的专项医疗险种类繁多,其中针对恶性肿瘤的医疗险居多,大到整个恶性肿瘤范畴,小到专门针对乳腺癌、肝癌等的产品。这类针对特定癌症的保险,对投保要求的限制更宽松,如防癌医疗险"三高"人群、糖尿病和类风湿人群可以投保,给予了被百万医疗险等健康告知较严的险种拒之门外的人们防癌的保障。除了针对特定癌症的专项医疗险,也有针对口腔治疗费用等的专项保险。

四、小结

本章主要从是否区分医疗费用产生原因来对医疗险产品进行分类,并对不限病种医疗险和专项医疗险各做了举例介绍。其中,不限病种医疗险从低、中、高端医疗险进行了介绍,它们分别在保额、免赔额、报销范围、可报销医院和保费等维度有着不同的特点(见表3.4)。专项医疗险以针对癌症的医疗险为主,也包含诸如齿科保险的针对特殊医疗费用支出的保险。

表3.4 不限病种产品对比

险种名称	低端医疗	惠民保	百万医疗	中端医疗	高端医疗
保额	几千到几万元	一般100万元左右	百万元	百万元	百万至千万元
免赔额	几百元	1万到2万元居多	一般1万元	一般1万元	可选0免赔
报销范围	一般医保范围内	一般医保范围内,部分涵盖医保外费用	不限医保	不限医保	不限医保
可报销医院	公立二级及以上医院普通部	公立二级及以上医院普通部	公立二级及以上医院普通部	增加特需医疗、国际部、VIP部	国内基本不限制医院,国外医院网络
保费	几百元	一般100元以内	几百元	几千元	一般1万元以上

第五节 医疗险产品创新[①]

一、保障范围的拓展

基本医疗保险和各地的补充医疗保险,如惠民保产品,只能满足基本医疗需求,无法囊括先进医疗和特需医疗。在这样的背景下,保险公司发展出了"向上拓展"和"向下补充"两个应对策略:一是重视自费项目,以及社保覆盖较少的特需/私立机构,医疗险产品向高端

[①] 本节参照中再寿险《2020—2021年度健康险产品研究报告》编写。

化发展,即"向上拓展";二是补充"高频低损"的责任设计,与具有"百万保额,低频高损"的惠民保形成差异化竞争,即"向下补充"。

(一) 向上拓展

医疗险的向上拓展主要是将保障范围聚焦到医保外的优质医疗项目上。对于医保内的医疗项目,其发生场景过于单一,主要集中在公立医院的普通部;而对于医保外的医疗项目,在公立医院的公益属性和医保的强管控作用下,医疗资源可能外溢到公立医院特需部、独立于医院的药房以及非公立的医疗机构等,这些地方的治疗体验和服务往往更好,能够在一定程度上解决普通部就诊挂号、候诊、收费队伍长,看病时间短的问题。

由于非公立医疗机构品质的不确定性,行业首选的拓展方向是公立医院的特需部,针对恶性肿瘤、良性脑肿等特疾的特需医疗责任已经逐渐成为互联网百万医疗的标配。但特需医疗责任的推广仍面临严重的局限性,首先是费用较高,导致保险杠杆低,很难大规模推广。2020年及2021年,特需医疗险占百万医疗销售件数的比例不超过5%。中再寿险在《2020—2021健康险产品发展》报告中提出,保险公司应该将开发特定病种或手术的医疗险产品作为产品创新的基点,这样不仅价格更普惠,而且能够接近客户的核心诉求。另外,近几年来,百万医疗也在不断纳入一些高精尖的创新疗法和药品,而这些都需要去专科医院就医才能获得,比如上海的质子重离子肿瘤医院、首都医科大学三博脑科医院、上海冬雷脑科医院等,在癌症、脑和神经类疾病的医疗险中,保险公司往往会将这部分医院的创新疗法纳入可报销的范围。

除了医疗项目的拓展,药械的拓展也是新趋势之一。以"镇痛泵"责任为例,这是一种治疗癌痛的器械,由体外向全身神经末梢输入镇痛性药物,可以很好地缓解癌症带来的疼痛,有时也会用在术后镇痛、分娩镇痛等场景。在药械的来源方面,保险公司也在积极拓展。2018年,海南博鳌乐城国际医疗旅游先行区正式成立,近几年发展迅速,其在吸引各领域的专家和医学院士入驻的同时,获得了国家药监局特批,拥有很多还未被批准在国内上市的进口药品和器材,不断寻求与乐城的合作成为各保险公司产品拓展的新方向。2020年3月,友邦推出"守护安康"境内外特药险,首次在72种境内癌症特药的基础上,额外囊括了5种临床急需的进口药品,这些药品都来自海南乐城;2020年8月,乐城全球特药险(岛民版)上市,针对海南基本医保的参保人,正式开放了49种临床急需的进口特药保障,11月,太平人寿跟进开发了全国版乐城特药险,整体销量达到了170万件;2021年9月,太平人寿进一步拓展原有特药险的药品保障范围,升级为含有79种进口特药和10种进口器械的新产品。对于乐城的新趋势,其他保险公司和平台也有跟进,腾讯微保、众安、水滴筹等产品的主力百万医疗中,进口药已经成为标配。

(二) 向下补充

在2021年,保险公司在"向下补充"这一方面,将互联网医院的门急诊费用和药品花费纳入保险责任。互联网医院将全国的医生和患者聚集到一个平台,一名患者可以和来自不同医院的多名医生进行交流,享受来自全国的医疗机构的优质资源,解决优质医疗资源难以触及的问题,实现小病线上诊疗,大病线下预约,开启"互联网+"医疗的新模式探索。由于互联网医院采取疾病线上预约、咨询、问诊、买药、各种费用的支付,线下检查、化验及线上分诊后对接线下医院进行面诊的方式,这些项目刚好契合"高频低损"的特点,因此多家保险公司联合互联网医院,推出互联网门诊险,或者将互联网门诊纳入普通门诊险的责任范围。

二、保障人群的拓展

（一）老龄化引发的商业思考

根据国家统计局发布的第七次全国人口普查数据，2021年60周岁以上人口为2.64亿人，占18.7%，而在老年人群中糖尿病患病率约为15%，高血压、血脂异常、关节病等慢性基础疾病患病率达40%以上，我国33.5%的老年人同时患2种或2种以上慢性病，从某种程度上来说，老年人等同于带病体。因此，老年人医疗负担的加重是老龄化危机在医疗险市场的主要表现，其具体体现在：第一，老年人群慢性病占比高；第二，老年人群住院花费多，住院病人中，占比40%的老年人消耗50%以上的医疗卫生支出。

在老龄化程度加剧背景下，国家要求促进老年人商业健康险供给，2021年中国银保监会办公厅也相应发布了关于征求《关于进一步丰富人身保险产品供给的指导意见（征求意见稿）》，其中提到："提高老年人保障水平，要求进一步提高投保年龄上限，加快满足70周岁及以上高龄老年人保险保障需求。适当放宽投保条件，对有既往病和慢性病的老年人群给予合理保障。"在这种背景下，如何将保障人群进一步拓展，成为医疗保险产品创新的关注点。

（二）带病体商业医疗险可持续供给引发的思考

如何设计出针对老年人、带病体等群体的新型保险，以满足这部分群体的健康和保障需求，并且让这部分业务能持续发展，是保险公司亟须思考的问题。具体到每一个环节，其实就是如何从带病体中确定可保人群、如何放宽健康告知的核保条件，在接纳这部分高风险人群后，如何通过责任设置来降低风险，又不过分削弱保险的作用，后续如何对带病体进行健康管理，通过良好的前期监督预防或降低他们的后续发病风险，如何保证慢性病人群的用药、治疗需求。因为疾病是一种非常复杂的生理机制，现代医学层面还有很多解释不清楚的病因，所以带病体医疗险本身的赔付风险相对于健康体来说是呈几何级数增长的。

在责任设置方面，保险公司会通过免赔额的设置来降低赔付风险。根据中再寿险的测算，1万元的免赔额能够避免健康体90%的索赔事件，但这一免赔额对于带病体不适用，2万元的免赔额可以避免轻度带病体95%的索赔事件，再高又会增加顾客的自负医疗负担。因此，2万元的免赔额刚好可以让带病体顾客以较低水平的价格购买高杠杆的医疗保障。

三、保障期限的拓展

2021年1月11日，银保监会发布《中国银保监会办公厅关于规范短期健康保险业务有关问题的通知》，对短期健康险业务的监管力度升级，短期健康险从此步入了"重规范""严监管"的时代。该文件严格划分了短期健康险和长期健康险的边界，对两类不同的产品实施不同的监管要求。在文件出台之前，短期健康险往往在宣传资料中使用"到期自动续保""承诺续保"等容易让投保人产生保证续保印象的词句，实际上，这些产品到期之后，要重新审核评估被保险人的身体状况，并不能保证续保。有保证续保条款的产品应该视为长期健康险，财产险公司不可经营此类保险。通知的出台，规范了短期医疗险市场的部分乱象，也敦促市场逐渐转向长期医疗险。

围绕在保险期限上如何进行创新，中再寿险在《2020—2021年度健康险产品研究报告》提出了几点参考意见。它们认为医疗险体系应该包含3种产品，一年期短期医疗险、费率保证的中期医疗险以及费率可调的长期医疗险,不同期限的产品应该保障错位,针对不同需求。

短期医疗险:短期医疗险由于随时可停售的灵活性,一旦出现风险可立即止损,因此可用于最大限度地增加客户数量。可以真正将其回归短期,聚焦获客,增加各类先进疗法的保障(新风险、不稳定的风险),也可考虑开发聚焦人群的医疗险(如老年医疗险、次标体医疗险)、老年和带病体医疗险(慢性病、专病)。我国带病体多,而往往带病体、生过病的人保险需求会更加旺盛。

费率保证的中期医疗险:其相对于短期医疗险和费率可调长期医疗险的严格管理机制,约束要少很多,保险公司的管理和经营难度相对降低,目前的经验数据也能够支持这一类产品保证费率5~6年的定价基础。

费率可调的长期医疗险:这类产品往往有着15~20年这样更长的保证续保期间,在消费者看来这样的保障吸引力毋庸置疑,但长期经营和风险管控对保险公司的考验也更大,寿险公司经营医疗险应该以长期医疗险为基本,发挥寿险牌照的优势,加强其与财险公司的区隔壁垒。但长期医疗险的保障范围应该是稳定的风险,对于新疗法、新药品这类新风险,应该用一年期医疗险来覆盖。

第六节　医疗险服务创新

一、概述

保险的创新途径有很多种,服务创新就是其中非常重要的一种创新方式。在医疗险发展的早期,由于条款中基本没有附加任何健康管理服务,责任内容只是把医保没有报销的部分进行报销,所以早期的医疗险并不被消费者所推崇,人们更愿意购买以理财为卖点的寿险。后来随着生活水平的提高以及人口老龄化的加剧,人们对健康的需求越来越强烈,直到2014年,国家出台《关于加快发展商业健康保险的若干意见》,商业健康险才正式被纳入国家发展战略规划,市场开始重视健康险,健康险的保费收入开始增加。在这个过程中,保险行业逐渐意识到,对于健康险而言,核心竞争力在于医疗网络搭建及健康管理服务的提供,也就是服务的创新。

"医-药-险"闭环就是近几年来保险公司比较青睐的服务创新模式,即生病前的预防、生病后去看病、买药送药、疗后恢复辅导一条龙服务。但是要想做到闭环,保险公司就需要打通各个环节,帮助患者链接所需要的医疗服务提供商,因此需要花费更多的人力、物力才能实现庞大的布局。

二、健康险第三方公司

庞大的闭环布局只有头部的几家公司做得到。对于中小型保险公司来说,最优的方法不是自己建立自营的医疗机构,而是直接和现有的医疗机构合作。比如要实现保险公司应用软件内的在线诊疗、线下帮忙预约功能,就需要保险公司整合线下的医疗资源,和公立、私立医疗机构达成合作,说服它们把医疗资源(比如医生、快速预约门诊)放到保险公司应用软件上,形成线上线下的联动;而在买药送药方面,就需要保险公司去打通药企、药店这条链条,传统的药物流通渠道是药物从药厂出货,再到市面上流通,进入药店,中间会经过很多中介流程,产生不必要的花费,药价也会因此攀升,如果保险公司和药企、药店直接达成合作,省去中间流程,药品出厂之后直接被送到保险公司合作的药店,药物就会以更快的速度、更低的价格被送到患者手中。如果保险公司是这些医院、药企的投资人,或者商业保险的需求量很大,那么保险公司就自然能在谈判桌上拥有较大的话语权,但是实际情况与之相反,对于保险公司来说,这并不是一件容易的事情。

于是,健康险第三方公司应运而生,全称 Third Party Administrator for Group Medical Insurance(简称"TPA"),又称医疗保险第三方管理公司,是医疗保险行业内向健康险公司或者经营医疗保险特别是医疗费用保险的保险公司提供第三方管理服务的公司。它的人员构成主要来自保险业和医疗行业,首席执行官不是医学博士就是某家头部保险公司的高管。它们的业务范围很广,不只局限于帮忙打通医院和药企,还包括帮忙市场调研、产品开发、核保创新、理赔创新、帮忙搭建医疗服务网络等。保险公司推出的一些创新服务,基本是外包给 TPA 完成。简而言之,因为保险公司不是专业的医疗和健康机构,所以它们把不会做的业务就全部委托给 TPA。很多医疗创新业务是 TPA 在开展,保险公司可以直接购买它们开发的系统(比如新型的智能核保、智能理赔系统)、设计的服务包,或者合力开发并营销推广新的产品。保险公司将部分或全部非核心的管理服务性工作委托给其他擅长于管理的 TPA 进行实体经营,自身只承担最基本的风险赔付责任。

三、美国与中国的 TPA 对比

TPA 发源于美国,诞生的使命是帮助保险公司做医疗健康管理的服务。从诞生到现在,TPA 历经九十多年的发展,如今已经很成熟了。图 3.4 是 2011—2021 年美国 TPA 市场的规模和增速,从 2016 年开始,美国 TPA 市场的年平均增长率一直稳定在 4.5% 左右。据测算,2019 年中国的 TPA 市场规模大约只相当于美国的 6.28%,中国 TPA 市场规模仍有很大的上升空间。

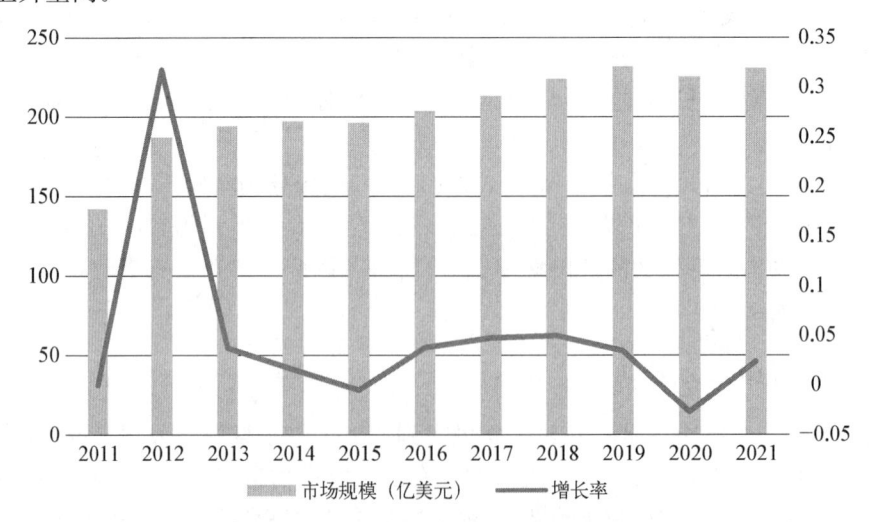

图 3.4　2011—2021 年美国 TPA 市场规模及增长率

资料来源:深智恒际. 美国健康险 TPA 市场,能否给国内借鉴,需要了解[EB/OL].(2022-03-02)[2023-10-05]. https://baijiahao.baidu.com/s? id=1726179056308643871.

国内最早的 TPA 建立于 2005 年,早期 TPA 的业务主要是为健康险公司提供基础的外包服务,包括数据治理、贴票报销、控费管理及在保额允许的范围内向保险公司提供治疗建议方案和赔付建议方案服务等外包工作,受到市场需求、技术基础不足等因素的限制,较少涉及相对专业、复杂、高端的医疗管理服务。随着健康险等大健康领域业务的快速发展、技术水平和市场需求的不断提升,TPA 业务发展重点开始逐渐转向为医疗服务提供者(如医疗机构、药店等)、保险人和被保险人提供综合型的技术服务,健康管理服务,精算、核保、理赔管理等第三方管理服务,从产品创新、主动健康管理等角度看,国内 TPA 还有进步的空间。

第七节　国内外医疗保险发展概况

一、国内商业医疗保险发展情况

中国商业医疗保险起步于 21 世纪初。历经二十余年的发展,商业医疗险的险种不断丰富,引入和开发了高端医疗保险、中端医疗保险、百万医疗保险等险种;保障范围不断扩张,从最初的仅限于社保保障范围到社保所不保;随着长期费率可调医疗险监管规定的出台,商业医疗保险的保险期间不再限制于 1 年,开发出了长期医疗险。

保费收入上,根据中国保险行业协会《2020 年度及 2021 年一季度商业健康保险发展形势调研报告》(见表 3.5、表 3.6),2020 年至 2021 年一季度,人身保险公司医疗保险保费占其商业健康险保费比重略有上升,保费增速良好且较为稳定,但财产保险公司中由于受到《关于进一步规范保险机构互联网人身保险业务有关事项的通知》的影响,互联网公司医疗险保费收入在 2021 年一季度有所下降,但总体上来看财产保险公司的医疗险保费仍在快速增长,短期医疗保险保费增速较为稳定,长期医疗保险续期保费也保持了较高的增速,意味着在长期费率可调医疗险监管规定出台后,我国健康险市场逐渐朝保障长期化方向发展。

表 3.5　2020 年度及 2021 年一季度人身保险公司商业健康险保费收入结构

各险种保费结构			
	2020Q2	2020Q4	2021Q1
医疗保险	22.98%	27.27%	29.92%
疾病保险	66.05%	71.17%	68.46%
护理保险	10.92%	1.48%	1.51%
失能收入保险	0.02%	0.04%	0.04%
医疗意外保险	0.03%	4.00%	0.07%

资料来源:中国保险行业协会. 2020 年度及 2021 年一季度商业健康保险发展形势调研报告[R/OL]. (2021-07-09)[2024-04-01]. https://wenku.baidu.com/view/5e520c45f321dd36a32d7375a417866fb94ac020.html?_wkts_=1719193787665.

表 3.6 2020 年度及 2021 年一季度人身保险公司商业医疗险保费增速

险　　种	2020Q2	2020Q4	2021Q1
医疗保险	16.62%	13.70%	15.32%
疾病保险	13.79%	13.60%	18.33%
护理保险	9.69%	97.60%	−13.44%
失能收入保险	−9.93%	33.86%	5.24%
医疗意外保险	9.66%	5.75%	87.90%

资料来源：中国保险行业协会. 2020 年度及 2021 年一季度商业健康保险发展形势调研报告[R/OL]. (2021-07-09)[2024-04-01]. https://wenku.baidu.com/view/5e520c45f321dd36a32d7375a417866fb94ac020.html?_wkts_=1719193787665.

二、社会互济模式——德国

德国社会互济模式的主要特点在于国家通过立法采取社会保险的形式，通过分摊风险的机制以及社会互助的原则，将少数社会成员随机产生的各种疾病风险分摊到全体社会成员。社会法定医疗保险是主体，商业医疗保险处于补充或替代的位置。

德国是全球社会医疗保险制度框架的开创者，赋予商业医疗保险参与社会医疗保险体系的法定资格，随着德国工业化进程的加速，商业医疗保险的福利范围和覆盖规模随之扩张，演变至今已经形成以法定医疗保险为主体、商业医疗保险为辅助的全民医保体系。

对于法定医疗保险，德国政府规定强制参加法定医疗保险的个人收入封顶线和保底线两项标准，并逐年调整，收入低于标准的德国居民则必须参加法定医疗保险，经费来源由雇主和雇员交纳的保险费累积形成，按保险机构确定的一定工资比例进行交纳，雇主和雇员各承担 50% 的保费，同时政府予以补贴，对购买保险的个人提供门诊、手术和必要的住院及护理费保障。

相较于法定医疗保险，替代型商业医疗保险的保障范围更广、服务水平更高，主要覆盖 3 类人群：第一，所有在职或退休的公务员，要求强制加入替代型商业医疗保险，但政府为其承担 50% 的保费；第二，除艺术家和农民之外的个体经营者，一般需要加入，若其曾属于法定医疗保险体制内，则可自愿选择是否变更为替代型商业医疗保险；第三，连续 3 年收入超过封顶线的职员，可自愿选择是否变更参加替代型商业医疗保险。对于参与替代型商业医疗保险的人员，政府会给予税额减免优惠，参保费用可在规定限额内予以免税。

补充型商业医疗保险完全由居民自愿选择是否参加，为被保险人提供被法定医疗保险排除在外的医院护理服务、牙科诊疗服务、康复治疗费用、医疗辅助设备费用等医疗保障项目。

替代型医疗保险和补充型医疗保险共同构成了德国的商业医疗保险体系，通过向高收入人群提供更个性化、多样化、高效化的医疗保健服务来获取经济效益。从上面的介绍中可以看出，德国政府对本国商业医疗保险给予了充分的政策支持与发展空间。

三、社商保双轨模式——美国

美国的社商保双轨模式由政府主办的社会保险项目、非保险性质的公共医疗救助项目以及私营保险公司经营的商业保险项目组成。美国的医疗保障制度是发达经济体中唯一没有实行全民医疗保险的国家,从覆盖人口上来看,美国医疗保障体系以商业保险为主,社会医疗保险为辅;从医疗保险基金支出角度看,商业医疗保险和社会医疗保险的支出占比相当,共同撑起了美国这一全球最大的健康保险市场。

美国的社会医疗保险主要为65周岁以上公民以及残疾人提供医疗保障,主要提供门诊、住院医疗等保障,而美国的商业医疗保险主要由雇主筹资的团体医疗保险和个人筹资的商业医疗险组成。

从雇主团体医疗险的保障险种来看,传统的按服务付费的模式(Conventional/Indemnity)渐渐被管理式医疗护理(Managed Care)所取代。传统的按服务付费的模式采取实报实销的方式,不参与医疗过程管理,而在管理式医疗护理模式下,被保险人通过交纳保费成为会员,保险公司与特定医疗机构签约、支付相应费用,并要求特定医疗机构向被保险人提供医疗服务,通过一系列规则以控制开支,比如医疗机构为了获得稳定的患者人群,愿意向保险公司提供折扣价,从而控制开支。美国的商业医疗保险主要包括健康维护组织计划(HMO)、优先医疗提供者组织计划(PPO)、定点服务计划(POS)以及携带储蓄选择权的高自付额医保计划(HDHP/SO)。

美国的个人商业医疗险市场一直受奥巴马平价医疗法案监管,但在奥巴马医改后,个人强制参保,通过医疗保险市场购买保险的个人可以根据收入得到税收优惠和补助,商业保险公司不得拒保与设置限额,但在特朗普医改之后,则取消了个人强制参保而改用价格杠杆激励参保,并允许保险公司拒保与设置限额。

阅读材料　美国商业保险计划

本章小结

本章从医疗保障体系、医疗保险需求、险种分类、产品风险、产品服务创新以及国内外医疗保险发展情况等方面对医疗保险进行了深入的介绍,从本章的介绍中可以看出,我国现行的医疗保障体系与德国最为相似,都通过立法的形式推出了社会医疗保险为公民提供基本的医疗保障,由政府、企业、个人共同出资,并以商业医疗保险为辅助。

随着经济的发展和技术的进步,公民医疗费用的支出还将持续增加,商业医疗保险在我国医疗保障体系中的作用也将越来越重要,各保险公司之间医疗保险的竞争将不再限于价格竞争,产品创新、开辟新赛道将是医疗保险必由之路。

本章思考题

1. 医保外的住院费用的主要风险点在哪里?保险公司如何控制这部分费用风险?
2. 我国医疗险还有哪些产品设计的创新空间?市场的创新重点在老年群体居多,年轻群体有什么可以挖掘的医疗险需求？

本章附录

本章参考文献

[1] 冯鹏程. 从1921到2021：中国医保和商业健康保险百年掠影[J]. 上海保险，2021(7)：16-22.

[2] 中再寿险. 2020—2021年度健康险产品研究报告[R/OL].（2021-12-07）[2024-04-01]. https://maipdf.cn/est/?e=anN/scP0HTaUw6.

[3] 吴楠. 小型发达经济体应对人口老龄化的医疗保险改革实践——来自中国香港和新加坡的启示[J]. 北方经济，2021(10)：49-53.

[4] 王毓丰，陈永法. 商业保险衔接基本医疗保险的国际经验及启示[J]. 卫生经济研究，2019,36(9)：60-64.

[5] 周静. 德国医疗保险制度的经验借鉴[J]. 今日海南，2020(2)：49-51.

[6] 邹武捷. 美国医疗保险改革分析——以奥巴马医改与特朗普医改对比为例[J]. 中国保险，2020(3)：61-64.

第四章

重大疾病保险

本章要点

1. 掌握重大疾病保险的保障范围、除外责任和健康告知。
2. 掌握重大疾病保险的定价因子。
3. 了解重大疾病保险的创新思路。
4. 了解重大疾病保险在我国和其他国家的发展历史。

重大疾病保险(简称"重疾险"),是指被保险人确诊患有特定重大疾病(如脑出血、恶性肿瘤、心肌梗死等)后,保险公司进行赔付的健康保险产品。目前我国市面上的重疾险产品保障内容较为丰富,条款也比较复杂,有多项可选责任供投保人选择。在目标人群的区分上,除了利用保障程度和可选责任区分高低收入人群外,还有针对老年人和少儿定制的一些针对性的重疾险产品。未来在国民的健康意识和保险需求的推动下,重疾险产品需要同保险科技相结合,在核保和客户健康管理中做出更多的创新。本章从重疾险产品设计的角度出发,介绍重疾险的风险特征、保险条款与定价因子。本章还将探讨重疾险未来创新的方向与国内外重疾险的发展现状。

第一节 重大疾病风险

重大疾病是指治疗费用昂贵,但有机会治愈或生存的疾病,如脑出血、恶性肿瘤、心肌梗死等。[①] 重疾风险符合可保风险的特征。首先,重疾风险是纯粹风险,很难被提前预知;其次,重大疾病会威胁到所有人的身体健康,但是同一种疾病不会同时发生在所有人的身上;最后,重疾产生的医疗费用等损失可度量。

除了可保风险的特征之外,重疾险还有其独特的风险特征。首先是严重性,相比其他健康风险,重疾会严重危害生命,而且患者需要长时间接受治疗,还会产生高昂的医疗费用与经济损失。其次是复杂性,疾病种类庞杂,同一种疾病在不同个体上会有不同的表现;而且随着医疗条件的进步,药物滥用的现象可能使得病原体的耐药性进一步恶化。最后,人类对已知疾病的认知还有待进一步提高,而且全球变暖、气候恶化等环境因素会给医学的发展带来更多的不确定性。

[①] 中国保险行业协会与中国医师协会于2007年和2020年先后发布了《重大疾病保险的疾病定义使用规范》(简称"2007年规范")和《重大疾病保险的疾病定义使用规范修订版》(简称"2020年规范")。2007年规范给出了25种重大疾病的名称和定义。2020年规范给出了28种重大疾病的名称和定义。

现代社会重疾越来越高发、身患重疾者越来越年轻化。重大疾病不仅对身体伤害程度大，而且会带来高昂的治疗费用，因疾病无法工作造成工资损失，对于经济条件有限的年轻人来说，无论是对自己还是对家庭都是一笔巨大的损失。国家卫生部2008年公布的数据表明，人的一生中患重大疾病的概率高达72%。据世界银行统计，2007年中国男性的预期寿命为71.8周岁，女性的预期寿命为75.5周岁。如果我们用预期寿命前的累计发病率来估计人一生患重疾的概率，根据2007年规范中25种重疾的发生率表，我们可以绘制一个刚出生的人在以后年度的累计患病概率（见图4.1）。可以看到，男性和女性在平均寿命之前的患病概率介于30%~37%，比整体人群的72%患病率要低。但60周岁以后，被保险人群的患病率仍然超过20%。以2020年规范的28种重疾患病率来看，男性平均预期寿命75周岁、女性79.4周岁对应的累计罹患重疾概率提高到40%~43%，可见长寿的同时疾病风险也随之增加（见图4.2）。

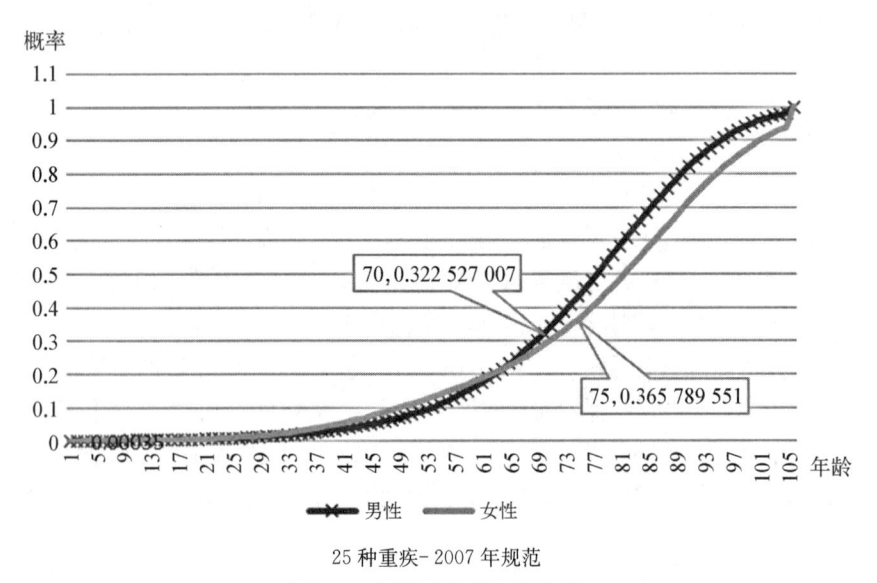

图 4.1 累计重大疾病发生率

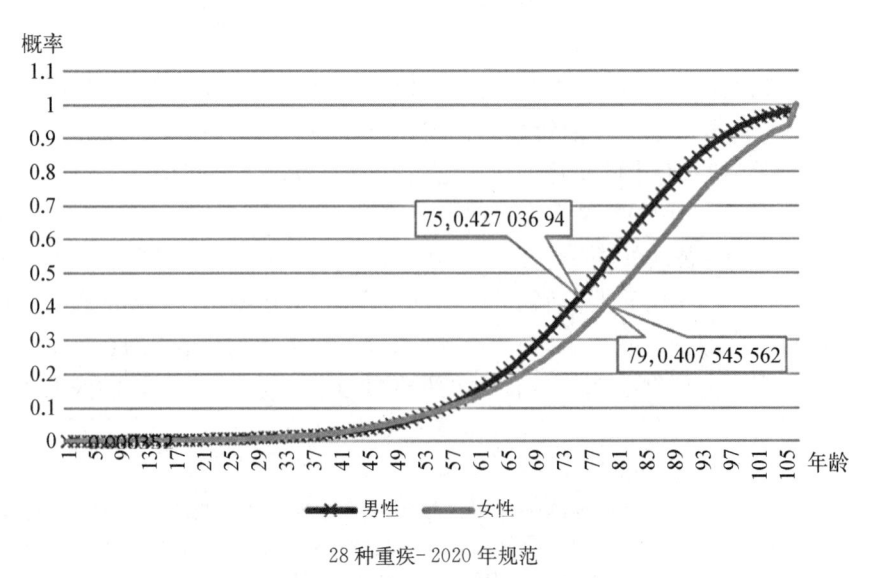

图 4.2 累计重大疾病发生率

结合年度患病率(见图4.3)我们还可以看出,一个人在50周岁时的年度患病率不到0.5%。50周岁后其重疾发生率显著上升,每年的发病率快速上升到60周岁的1.5%,70周岁以后不低于3%。从这个角度我们也可以解释为什么重疾险在承保过程中对年龄非常敏感,且随着年龄的增长,费率上升速度非常快,甚至对50周岁以上年龄段的投保人直接拒保。

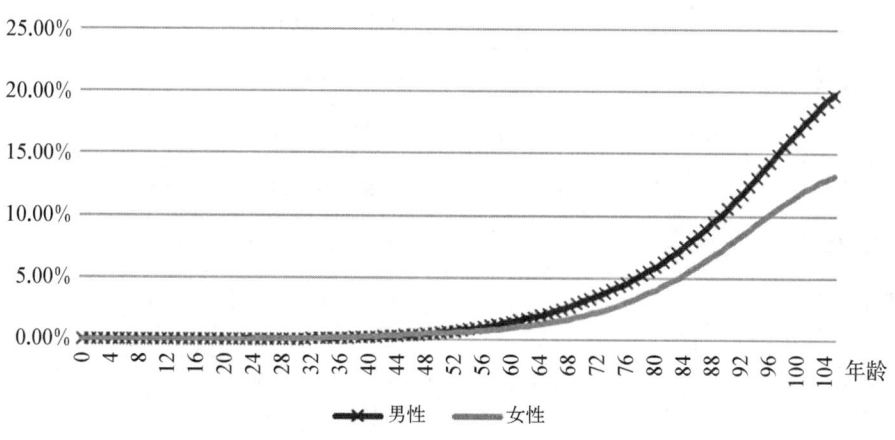

图 4.3　2020 年 28 种重疾年度患病率

第二节　重疾险的产品设计

一、重大疾病的定义

重疾险的保险事故以被保险人是否达到重大疾病状态为标志。为了保障被保险人的权益,重疾险通常对重大疾病采用标准化定义。最早对重大疾病进行标准化的是英国,1999年英国保险协会(ABI)对一些基本的重大疾病提供了标准化的定义,保险公司可以在标准的基础上加入其他非标准化的疾病。此后,马来西亚和新加坡也分别于2002年和2003年推出重疾标准定义。我国是第四个采用重疾标准定义的国家。

我国于1995年最初引入重疾险时,并没有采用标准化的重疾定义,重大疾病范围由保险公司自行划定。随着重疾险市场发展,参与主体增多,不同产品对重疾定义不同,不仅增加了消费者的选择困难,而且产生了许多理赔纠纷。2005年年底,为了保障消费者权益,保监会要求中国保险行业协会制定行业通用的标准化重疾定义。在此背景下,我国第一份标准化的重疾险定义在2007年出炉了。为了保证现行规范的时效性、适应临床医学诊断标准和医疗技术的发展,中国保险行业协会于2020年对重疾定义进行了修订,发布了《重大疾病保险的疾病定义使用规范(2020年修订版)》(以下简称《规范》)。如表4.1所示,相比于2007年重疾旧定义,《规范》增加了3种重大疾病(严重慢性呼吸衰竭、严重克罗恩病、严重溃疡性结肠炎)和3种必保轻症(轻度恶性肿瘤、较轻急性心肌梗死和轻度脑中风后遗症)。《规范》对特定疾病的表述更为规范、客观。例如恶性肿瘤分级参考了世界卫生组织《国际疾病分类肿瘤学专辑》第三版(ICD-O-3)的肿瘤形态学标准,定义更加规范准确。《规范》根据最新的医学实践,放宽了部分疾病的赔付条件。如对心脏瓣膜手术,取消了旧标准中的必须"实施了开胸"这一条件,改为了"实施切开心脏"。

表 4.1 中国保险行业协会 2007 年规范及 2020 年规范定义的重大疾病

病种(年份)	病种(年份)
恶性肿瘤(2007、2020)	严重阿尔兹海默病(2007、2020)
急性心肌梗死(2007、2020)	严重帕金森病(2007、2020)
脑中风后遗症(2007、2020)	严重三度烧伤(2007 规范、2020 规范)
重大器官移植或造血干细胞移植术(2007、2020)	严重原发性肺动脉高压(2007、2020)
冠状动脉搭桥术(2007、2020)	严重运动精神元病(2007、2020)
终末期肾病(2007、2020)	重型再生障碍性贫血(2007、2020)
多个肢体缺失(2007、2020)	深度昏迷(2007、2020)
急性或亚急性肝炎(2007、2020)	瘫痪(2007、2020)
良性脑肿瘤(2007、2020)	脑炎后遗症或脑膜炎后遗症(2007、2020)
慢性肝功能衰竭失代偿期(2007、2020)	严重脑损伤(2007、2020)
双耳失聪(2007、2020)	语言能力丧失(2007、2020)
双目失明(2007、2020)	严重慢性呼吸衰竭(2020)
心脏瓣膜手术(2007、2020)	严重克罗恩病(2020)
主动脉手术(2007、2020)	严重溃疡性结肠炎(2020)

经过较长时间的发展,我国市场上的重大疾病保险产品的保障范围逐渐扩大,内容也渐趋复杂。以下我们以互联网重疾险产品为例,介绍重疾险的基本保障和可选责任。

二、基本保障

(一) 重症保障

重症保障即条款中的重大疾病保险金,是重疾险中最基础的条款。通常,重症保障的条约会表明,被保险人因意外伤害以外的原因,经本公司认可医院的专科医生确诊,初次发生合同约定的重疾,保单按本合同已交保费赔偿重疾保额。这里有几点需要注意:

1. 确诊需要"本公司认可的医院的专科医生"

认可医院一般指中华人民共和国卫生部门评审确定的二级及以上的公立医院,不包括精神病院,专供护理、康复等医院。简单而言,乡镇卫生院、街道医院是一级,县区医院是二级,省市还有高等院校的直属医院是三级。此外,专科医生也需要持资格证书,例如执业证书、资格证书、职称证书等,同时还需要一定的工作经验,方能达到要求。这在保险合同中有详细注释,但在一般情况下,在三甲医院的主治医师处进行诊断都是符合标准的。

2."初次发生的约定的重大疾病"

重大疾病的种类在保险条款的附录中会有比较详细的介绍。初次发生是自被保险人出生之日起,而不是指自合同生效或复效之后。如果过去被保险人确诊过同种重大疾病,保险公司对此种重大疾病就不会进行赔付,但一般这种被保险人也很难通过重疾险较为严格的健康告知,无法进行投保。

随着时代的发展,重大疾病保险产品不再满足于仅有一次的重大疾病赔付,继而开发出多次赔付的重大疾病保险。这种产品通常对重大疾病进行分组,如心脏类疾病、神经系统疾病。每组重疾只赔一次,不同组疾病可多次理赔。也有少数不对疾病分组,且允许多次理赔的产品,但赔付次数一般不超过两次,而且两次理赔之间的时间间隔至少1年。

(二)中轻症疾病保险金

2020年的重疾险规范里只规定了重症和轻症,而中症是处于轻症和重症之间的程度,没有统一的疾病定义,得到的理赔费用则会高于轻症。中症保障的出现是重疾险保障力度的优化和完善,对于患者来说,获得的保障范围更广。

中症保险金一般占基本保险金额的60%左右,而轻症保险金比例一般不超过30%。在中症和轻症保险金赔付后,合同仍然有效。一般,中症和轻症疾病的保险金都有多次赔付的机会,即使赔付过一次,对应的责任也不会消除,后续确诊其他种类中症和轻症时依然可以得到赔付。

此外,应当注意的是,在等待期内因非意外事故原因患中症疾病和轻症疾病,保险合同也不会终止,而是不承担对应病种的保险金和豁免责任,同时免除对应项目的后续责任,合同继续有效。

(三)身故/全残责任

现在的重疾险产品大多带有身故责任,既有将其作为可选责任的重疾险,也有作为必选责任的重疾险。身故/全残责任的赔付比较复杂。在18周岁的首个保险周年日前身故,不会赔付合同基本保险金额,而是赔付基本保费,从合理性角度上说,这也是为了避免道德风险。未成年人容易受到侵害,为了防止未成年人被谋害以骗取保险赔偿,国家金融监督管理总局规定了18周岁以下和10周岁以下的儿童各自的最高身故保险金额,而已交保费不在此限制内,也方便保险公司以此为基础设定赔偿责任。

18周岁的首个保险周年日后身故,则和一般的重大疾病保险金的赔付标准一样。有些重疾险在赔付上会更加简化,18周岁前赔付已交保费,其后赔付基本保额,甚至有些重疾险不论年龄,只赔付已交保费。同时,重大疾病保额和身故全残保额不可兼得,当罹患重疾时并获得赔偿后,身故保险金责任就会结束,其他的基本保险责任一般也终止了,只有多次赔付和部分可选责任依然继续。

(四)被保险人保费豁免责任

基本保险责任中一般会涵盖被保险人豁免保险费责任,当被保险人罹患病症时,治疗所需费用可能就可以拖垮一个家庭了,继续交纳高额的保险费无疑给投保方带来了巨大压力,也不利于保险合同的继续。因此重大疾病保险常常附有保险费豁免责任。其常见条款一般会表明,当被保险人初次罹患重症、中症、轻症后,不需交纳合同的后续保费,且合同继续有效。一些单次赔付的重疾产品的条款中没有重度疾病保费豁免,因为确诊重大疾病后合同也就结束了,不需要再交纳保费了。

以上就是互联网重大疾病保险产品中常见的基本保障——除重大疾病保险金外，都可以作为可选责任存在，但大部分重疾险产品中这些保障是不会缺少的。也可以看出，重大疾病保险产品的保障比较全面。但随着市场竞争的加剧，重疾险需要更多的保障内容来满足投保人的需求，这就衍生出许多可选责任和附加条款。

三、常见附加可选责任

（一）投保人保费豁免责任

部分重疾险有可以附加的投保人保费豁免责任，即投保人患病或身故后，可以豁免所投保的重疾险保费。投保人豁免责任一般有单独的附加条款，且需要投保人通过健康告知，根据投保人状况计算保费。在投保人和被保险人是同一人的情况下无需附加投保人豁免责任。

（二）特定重大疾病多次赔付责任

恶性肿瘤、重度和特定心脑血管疾病，作为最高发生率的重大疾病，也有较高的复发性，重大疾病保险金对于一种疾病一般只会赔付一次，为了提供更多的保障，保险公司可能在重疾险中给予这两种疾病特殊的可选保障。最常见的是二次或多次赔付责任。

（三）特定疾病额外赔付

这里的特定疾病指保险合同中约定的某几种疾病，重度、中度或轻度疾病都有可能被列入特定疾病。除此以外，也有一些针对老年人和儿童的特定疾病保障。重大疾病额外赔付的比例一般在50%～100%保险金额不等，但由于时限上的要求，60周岁前患病的可能性还是比较低。此外，不同特定疾病的种类在合同中会有载明，要求也有所不同，需要具体情况具体分析。

以上就是常见的附加可选责任，许多重疾险包含这些责任，因此统一讲述，除此以外，还有可附加的两全保险，用于返还保费；可选的医疗津贴责任等，可以根据具体产品具体分析。总体而言，重疾险产品主要在基本保障的基础上，针对高发疾病加强了保障内容，投保人也可以根据需求自行选择可选责任。

四、除外责任

重大疾病保险的身故除外责任与人寿保险产品相同，包括以下9种情形（见2007年规范和2020年规范）：

（1）投保人对被保险人的故意杀害、故意伤害；

（2）被保险人故意犯罪或抗拒依法采取的刑事强制措施；

（3）被保险人故意自伤，或自本合同成立或者本合同效力恢复之日起2年内自杀，但被保险人自杀时为无民事行为能力人的除外；

（4）被保险人服用、吸食或注射毒品；

（5）被保险人酒后驾驶、无合法有效驾驶证驾驶，或驾驶无有效行驶证的机动车；

（6）被保险人感染艾滋病病毒或患艾滋病；

（7）战争、军事冲突、暴乱或武装叛乱；

（8）核爆炸、核辐射或核污染；

（9）遗传性疾病，先天性畸形、变形或染色体异常。

除此之外，每种疾病都有特殊的除外责任。如2007年规范中，冠状动脉搭桥术，不包括冠状动脉支架植入术、心导管球囊扩张术、激光射频技术及其他非开胸的介入手术、腔镜手术(见本章附录1)。

五、健康告知

大部分重疾险的免责条款是以上9条,主要针对的是身故责任,这些除外责任在定期寿险中也能看到,而疾病方面的道德风险主要通过健康告知来进行约束。

重大疾病保险作为与疾病相关的保险,在健康告知方面相比非健康险要严格得多,不同保险公司对于风险的认知不同,在健康告知中也会有细微差异,对次标体和非标体的态度也有所不同,但健康告知的内容总体还是有很多相似之处。例如,国富人寿的达尔文6号重疾险的健康告知内容,包括是否曾经被其他公司拒保,或加费承保;是否已投保重疾险满100万元保额;是否曾经出现明显的健康异常;是否曾经患过某些疾病或有某些症状;是否有过检测异常;以及针对少儿、孕妇的和生活习惯方面的问题。在市面上的重疾险产品中,能在"三高"、超重、携带乙肝病毒、结节等方面减少或不询问的,可以说是健康告知比较宽松的重疾险了。也有加费承保的做法,以便次标体能有所保障。

第三节 重疾险产品分析

一、重疾险产品分类

重疾险产品可以按照保障期限、赔付次数、是否返还等标准进行分类。按保障期限,重疾险产品可分为定期和终身产品。定期重疾险保障期限通常为30年,或者约定保障到特定年龄。按照赔付次数,可以分为单次赔付型产品和多次赔付型产品。

单次赔付型产品即一次赔付后保险合同终止。多次赔付型产品会将重疾进行分组,被保险人得到某组重疾赔付后该组重疾责任终止,但其他组别重疾责任持续有效。不过现在的产品大多是多次赔付型重疾产品且已经取消分组,因为一个人在多次赔付型重疾产品中,通常约定患不同组别重疾之间的间隔期以及第二次、第三次患病后的生存期,只有在一定期限内存活才能获得赔付。

按照是否返还保费,可以分为消费型重疾保险和返还型重疾保险。投保人如果在保险期间没有发生合同约定的重大疾病,消费型重疾险就不返还保费,返还型重疾保险则将按照合同返还相应的保费及利息。在相同的保障下,返还型重疾保险由于包含返还条款,因此保费大幅高于消费型重疾保险。

二、产品介绍与案例分析

(一)单次赔付型——人保 i 无忧

如表4.2所示,人保财险的这款 i 无忧重大疾病险是比较典型的重疾险,单次重疾赔付,涵盖了重大疾病、中症疾病、轻症疾病和身故保障。其中中轻症皆为可选责任。轻症保障可作为可选责任来涵盖。这款重疾险的身故保险金很简单,只赔付已交保费。等待期为90天,而市面上重疾险的等待期一般也是90天和180天两种。保障期限也比较常见,保至70周岁或保至终身。这款产品保障内容比较基础,只涵盖上文所提到的基本保障,适合保障需求较低的人群。

表 4.2　人保 i 无忧重大疾病险保险责任与保障

保障责任		保险方案
投保规则	被保险人年龄	出生满 28 天～55 周岁
	被保险人职业	1～4 类
	投保人与被保险人关系	被保险人＜18 周岁时,投保人须为父母 被保险人≥18 周岁时,投保人可为本人、父母、配偶、子女
	基本保障	最高 50 万元
	保险期限	保至 70 周岁(仅能选择 10 年交费)、终身
	交费年限	10 年/20 年/30 年
	犹豫期	15 天
	等待期	90 天
基础责任	最大疾病保险金	120 种重疾,赔付 1 次,第十个保单年生效对应日(不含)前,赔付 150% 基本保额 第十个保单年生效对应日(含)后,赔付 100% 基本保额
	身故保险金	被保险人身故,赔付累计已交保费(不计利息)
可选责任 (整体可选)	轻症疾病保险金	40 种轻症不分组,累计最多赔 3 次(无间隔期),每次赔付 30% 基本保额
	中症疾病保险金	20 种轻症不分组,累计最多赔 2 次(无间隔期),每次赔付 60% 基本保额
	豁免保险费	被保险人确诊初次患本合同约定的轻症疾病或中症疾病,免交后续剩余保险费,本保险合同继续有效

(二)多次赔付型——和泰人寿超级玛丽 7 号

如表 4.3 所示,和泰人寿超级玛丽 7 号重大疾病保险的等待期为 180 天,重症、中症和轻症作为必选责任比较常见,疾病关爱保险金就是常见的额外赔付,对于中症和重症,在 60 周岁前可以额外赔付 100% 和 20% 基本保额。

表 4.3　和泰人寿超级玛丽 7 号重大疾病保险责任与保障

保障责任	保障方案
基本保障	最高 50 万元
保险期限	保终身

续　表

保障责任		保障方案
基本责任	轻症疾病保险金	50种轻症不分担,累计最多赔3次,每次赔付30%基本保障
	中症疾病保险金	25种中症不分担,累计最多赔2次,每次赔付60%基本保障
	重大疾病保险金	110种重疾,赔付1次,赔付100%基本保障
	保费豁免	被保险人首次确诊并赔付轻症保险金或中症保险金后,豁免确诊之日起剩余应交保费,保单继续有效
可选责任	疾病关爱保险金	年满60周岁后的首个保单周年日之前(不含当日)首次确诊中症,额外赔付20%基本保障,赔付1次;年满60周岁后的首个保单周年日之前(不含当日)首次确诊重疾,额外赔付100%基本保障,赔付1次
	第二次重大疾病保险金	年满60周岁后的首个保单周年日之前(不含当日),首次确诊本合同所规定的重大疾病,自该重大疾病确诊之日起3年后,被保险人确诊再次患有本合同所约定的重大疾病,赔付80%基本保障
	恶性肿瘤-重度医疗津贴	首次确诊重疾为"恶性肿瘤-重度"时,间隔365天后,被保险人仍处于恶性肿瘤状态,每个保单年度给付40%基本保障,累计给付次数以3次为限,每次给付间隔为365天。被保险人首次确诊重疾,豁免后续应交保费,该保障仍然有效
	身故或全残保险金	年满18周岁的保单周年日前(不含当日),赔付累计已交保费与现金价值中的较大者;年满18周岁的保单周年日及之后,赔付100%基本保障
投保规则	被保险人年龄(投保时)	出生满28天～55周岁
	被保险人职业	1～4类
	与被保险人关系	本人/父母/配偶/子女
	犹豫期	15日
	等待期	180日

在可选责任中,需要介绍的有两点:第一是第二次重大疾病保险金,可以看作多次重大疾病赔付和恶性肿瘤多次赔付的结合。不过此项要求较高,既要求第一次确诊必须在60周岁前,又要求间隔期有3年之久。但第二次重大疾病可以和第一次是同一种,只要并非第一次重大疾病的持续状态即可。第二是恶性肿瘤-重度医疗津贴,也是针对最高发的重大疾病的恶性肿瘤-重度所做出的保障。

在恶性肿瘤-重度的治疗过程中,每隔365天就会按照40%基本保额给付保险金,最高赔付3次。这种保障也算比较常见,恶性肿瘤-重度状态指的是新的恶性肿瘤-重度或者前一次的复发、转移和持续,和恶性肿瘤-重度多次赔付也有一定相似之处。

这款产品保障内容丰富,作为单次赔付的重疾险产品,基本保障和可选保障涵盖较多,适合需要高度保障的人群,价格上也会比多次赔付的重疾险要更加便宜。

(三)全面保障+豁免责任:国富人寿达尔文6号

国富人寿的这款重疾险产品涵盖了比较全面的基本保障和常见可选保障,虽然表4.4中没有标明,但这款重疾险也是有投保人和被保险人保费豁免责任的。这款产品额外的保障分别是:(1)重疾复原保险金。这是重大疾病多次赔付的变形,给付比例系数分别为每满1年增加20%,最高5年后为100%,但限制较多,除了间隔期1年外,第二次重大疾病必须在60周岁的首个保单周年日前,也就是说,60周岁前患了两次约定的重大疾病,才能得到这两次赔付,要求苛刻。(2)特定重疾保险金,针对约定的几种重疾,在30周岁前,会额外给付100%保额。

表4.4 国富人寿达尔文6号重大疾病保险责任与保障

保险公司		国富人寿
产品名称		达尔文6号
投保条件	投保年龄	28天~55周岁
	保障期限	至70周岁、终身
	交费期限	趸交/5年/10年/20年/30年
重症保证	种类	110种
	赔付金额	100%基本保额
	次数	1次
特定重疾	种类	25种
	赔付金额	60%基本保额
	次数	2次
轻症保障	种类	50种
	赔付金额	30%基本保额
	次数	3次
其他保障	重疾复原保险金(不同种)	60周岁保单周年日前,首次重症确诊之日起,每满1年重疾保额恢复20%,最高恢复至100%
	特定重疾保障金	20种特定重疾,30周岁保单周年日前,额外赔付100%基本保额,1次
可选责任	身故/全残保障	18周岁保单周年日之前,100%已交保费与现价较大者;18周岁保单周年日后,100%基本保额
	重疾关爱金(额外赔)	60周岁保单周年日前: (1)第五个保单周年日前(不含),重疾额外赔80%基本保额 (2)第五个保单周年日后(含),重疾额外赔100%基本保额

续 表

可选责任	仅能二选一	重度恶性肿瘤额外保险金	100%基本保额/次,无限次: 第一次,新发/复发/持续/转移:(1)非癌-癌,180天间隔期; (2)癌-癌,3年间隔期 第二次,第二次及以后,新发/转移:癌-癌,3年间隔期
		特定心脑血管疾病额外赔保险金	10种,120%基本保障,赔付1次: 心脑特疾-同种,间隔期1年 非心脑特疾-心脑特疾,间隔期180天

总体来看,重大疾病保险产品的设计比较同质化,在现有的产品中,都是在之前所说的基本保障和常见可选保障的基础上增加一些可选保障,这些可选保障也大多是前述可选责任的变形扩展,只是更加复杂化、精细化,以此来增加保障。

(四)其他重大疾病险产品

市面上的重大疾病保险产品大多是长期和终身的重疾险,迎合了市场的需求。除此以外,也有一些不同的重疾险。

1. 短期重疾险

如表4.5所示,平安健康的i康保是1年期重疾险,保障非常简单,只有重症轻症保障和特定重疾的额外赔付。此产品的保障时间为1年,保费也比较低,30周岁男性50万元保额保费在1000元,相比之下,终身重疾险,30年期限,只含重中轻和对应豁免的基本责任,50万元保额一年也要5000元以上,因此1年期比较适合预算较低的人群,其可以自由选择续保。但1年期重疾险的问题在于后续续保也需要健康告知,没有均衡保费的情况下后续保费也会不断增加,高龄人群的保费就不止5000元了。这种产品市场上较为少见,主要针对收入较低的年轻人群,为他们提供较为基础的保障。

表4.5 平安i康保产品介绍

保险公司		平安健康
产品名称		平安i康保
投保条件	投保年龄	18~50周岁
	保障期限	1年
	等待期	90天
重症保障	种类	100种
	赔付金额	100%基本保额
特定重疾	种类	20种
	赔付金额	100%基本保额

续 表

轻症保障	种类	30%
	赔付金额	20%
其他保障	智能核保	有
	保证续保	否

2. 少儿重疾险

许多重疾险的保障年龄涵盖了 0～17 周岁,因此儿童也可以投保一般的长期重疾险,但市场上也有专门针对少儿的重大疾病保险。这里列举的是招商仁和人寿的青云卫 2 号少儿重疾险(见表 4.6)。少儿重疾险的基本保障和一般的长期重疾险相似,其中比较突出的是少儿特定疾病保障和少儿罕见疾病保障。少儿重疾有比较高的保障,除重大疾病保险金外,依然有额外 1.2 倍和 2 倍基本保额的赔付。保障期限可以选择 30 年,在多出少儿特定保障的情况下,也比长期重疾险要便宜不少。这种重疾险产品,顾名思义,主要针对少儿被保险人,在有投保人保费豁免的保障下,适合父母为未成年的孩子投保。

表 4.6 招商仁和人寿青云卫 2 号少儿重疾险介绍

保险公司		招商仁和
保险产品		青云卫 2 号
投保年龄		28 天～17 周岁
保障期限		保 30 年、保至 70 周岁、终身
最长交费期		30 年
等待期		180 天
必选责任	重疾赔付	128 种,赔 1 次,100%保额 重疾赔付后,若轻中症责任尚在,各限赔 1 次
	中症赔付	22 种,不分组赔 2 次,60%保额
	轻症赔付	51 种,不分组赔 5 次,30%保额
	少儿特疾	20 种特疾额外赔付 120%保额 10 种罕疾额外赔付 200%保额
	疾病关爱金	(保至 70 周岁/终身可选)60 周岁前首次重中轻症额外赔 60%/20%/10% (保 30 年必选)前 15 年首次重中轻症额外赔 60%/20%/10%
	身故保障	(必选)二选一:18 周岁前赔付已交保费 18 周岁后赔已交保费或基本保额
	被保人豁免	重症/中症/轻症

续 表

可选责任	癌症二次赔付	非癌-癌：间隔180天 癌-癌：间隔3年,赔付120%保障
	重疾多次赔	120%保额,不分组赔1次,间隔期1年
	投保人豁免	重症/中症/轻症/身故全残
	重疾津贴	0.1%保额/天,年免赔3天,年上限50天,累计300天

3. 防癌险

防癌险分为给付型和报销型两种。报销型属于医疗险范畴,而给付型和重疾险相似,也是针对重大疾病进行定额给付,但疾病范围缩小到了癌症。在重大疾病保险规范中要求,标名为重大疾病保险的产品必须符合规范,防癌险显然不符合必须包含6种重大疾病的要求,但和重疾险也有相似之处。这里选取的例子是中国人寿的康爱E生防癌险(见表4.7),保障内容非常简单,针对恶性肿瘤-重度和原位癌分别给付100%和30%基本保额,身故责任也和重疾险相似。保障期限为终身,等待期为180天,0～50周岁均可投保。防癌险更多针对中老年人,市面上也有保障年龄更广的防癌险,保障内容简单,但对于高龄人群而言更为友好。

表4.7　中国人寿康爱E生防癌险介绍

癌症保障	确诊恶性肿瘤,赔付100%基本保额
原位癌保障	赔付30%基本保额,最高赔付10万元
身故保障	18周岁前,赔付已交保费、现金价值,二者取大 18周岁后,赔付130%已交保费、现金价值,二者取大

第四节　重疾险创新思路

与百万医疗这些低中端医疗险相比,重疾险的价格较高。因此,客户只有在收入足够高的时候才会考虑购买重疾险。为增加重疾险的吸引力,可从经营模式与目标客户、保险科技应用两方面突破。

一、经营模式与目标客户

随着保险行业数字化进程的快速推进,保险产品的信息壁垒不断被打破,消费者可以快速在网上查询到产品信息,并针对自己关注的产品特征进行快速比较。目前,互联网保险平台发展迅猛,吸引了大批"80后"与"90后"的年轻客户,线上与线下销售相结合的模式更加符合年轻客户的消费习惯与数字化的趋势,包括水滴保在内的众多网络保险科技平台也相继开始招聘线下经纪人。传统保险公司的经营模式呈金字塔结构,层级设置众多且等级分明,上下层保险代理人之间有着较为明显的收入差距。在新型的线上线下相结合的模式之下,代理人组织结构扁平化,管理层级更少。同时,网络平台通过流量获得大量客户,远比传统的靠人情拉单的销售方式更加高效。

目前的重疾险中,消费者需要通过风险测评、体检、健康告知等筛查程序才能够购买保险,因此大量患有慢性疾病的人或者亚健康人群可能无法获得保险保障。如何改进核保流程、确保更多的消费者享受保障,是重疾险值得继续探索创新的方向。另外,目前重疾险的受众人群以中年群体为主,未来重疾险的设计者应着力吸引更多老年人和年轻人投保,比如针对老年人增加长期护理服务或费用补偿,针对年轻人增加对重疾造成的收入中断或损失的补偿等。网络平台可将复杂的重疾险产品进行模块化处理,允许客户按照自己的需求组合搭配,触及传统重疾险无法覆盖的人群,增加对价格敏感人群的投保积极性。比如,近年来水滴保推出的"mini版重疾险",简化了重疾险条款的同时,降低了保费与投保门槛,受到了客户的欢迎。

二、保险科技应用

保险科技在寿险和健康险中的应用,比较常见的表现是对核保过程的优化。汉诺威再保险公司推出了自己的数字保险平台hr|QUIRC,将重疾险与线上核保相结合。hr|QUIRC支持客户在线进行承保,能够当场签发保单。该平台还具有保单管理、保费计算、客服、信息存档、与第三方平台对接等功能,从承保到理赔的全过程都可以在平台上进行。hr|QUIRC在承保过程中使用了汉诺威再保险公司独特的自动化引擎URE,可以根据产品领域、产品功能和相关销售渠道动态定制核保问题集并量身定制答案和结果。对于需要人工评估的第二阶段核保,hr|QUIRC自动就进一步的承保要求提供建议,当与综合病理收集服务相结合时,可以进一步优化承保流程。该平台有权使用第三方数据作为申请流程的一部分,并补充申请人在自动核保评估期间披露的信息。结合hr|QUIRC的智能算法,可以更好地进行风险评估,提高自动化水平,并有机会将负担得起的保险产品推向更广阔的市场。

此外,智能穿戴设备、基因技术等保险科技在重疾险中同样有广阔的应用空间。智能穿戴设备不仅有助于用户监控、改善自己的健康状况,而且可以帮助保险公司构建完整的用户档案,全方位了解用户的健康信息。基因技术通过对遗传信息的读取,使疾病防控更有针对性、医学诊断更加准确。适度的基因技术应用,有助于辨别用户的重疾风险,使得产品定价与承保更加精准,并可以向用户提供个性化的预防检测服务,以降低医疗成本。

第五节 我国重疾险发展情况

一、发展历史

中国保险业的复苏过程是在改革开放之后逐渐展开的,保险业随着国民经济回升而逐渐复苏。重疾险在我国出现较晚,目前仅仅发展了二十多年时间。中国重疾险的发展经历了4个阶段:

(一) 起步期(1995—2002年)

此阶段的重疾险主要以附加险的方式出现,保障程度较低,仅包含恶性肿瘤、心肌梗死、冠状动脉搭桥术、脑中风、尿毒症、瘫痪,以及重大器官移植术7类病种。1996年,中国人民保险公司在全国首次发行以主险形式存在的重疾险,但因为缺少重大疾病发病率的历史数据,所以公司不得不通过控制保险金额和严格的核保措施来控制风险。这一时期不同公司的合同中对疾病和理赔条件的规定有较大不同,不少重疾险产品被设定成分红型,导致人们并非重视保障反而更重视分红利益,在索赔时也极易产生纠纷。严格来说,这一时期的重疾险还没有完全发挥保障功能。通过多年的发展探索,初步确定了重疾险的发展目标。

(二) 成长期(2003—2006年)

这一时期重疾险的保障范围明显扩大。监管层也在针对市场需求调整各类产品规定,同时考量到分红型重疾险的问题隐患,于2003年发布新规定要求保险公司不得将健康保障类保险设计成分红型,让重疾险再次回归保障本质。

2005年,我国重疾险保费收入达到380亿元,市场需求日渐旺盛,有巨大的发展潜力。但在重大疾病保险迅速发展的同时,由此引发的理赔纠纷也日益增多。焦点主要集中在对重大疾病的理解上,客户与保险公司各执一词。对于投保者而言,购买了重大疾病保险就意味着,一旦罹患了保险保障范围内的疾病,自己应当无条件得到保险赔偿,不应该再受到其他附加条件的约束。而从保险公司的角度来讲,被保险人经医院确诊后的重大疾病还应符合保险条款中对该病的其他具体规定才能得到保险金。

为减少因为合同条款中的疾病定义不同而引起的纠纷,保监会制定了统一的行业标准。2006年,保监会宣布成立"重疾定义制定办公室",全国性的重疾定义制定工作就此启动。此后,保监会于同年出台了《健康保险管理办法》。该办法统一了健康险监管尺度,极大地保护了消费者的利益。

(三) 规范期(2007—2012年)

2007年,中国保险行业协会与中国医师协会共同发布了《重大疾病保险的疾病定义使用规范》。至此,中国保险业的重疾险保障范围有了统一标准可供参照。统一的定义使得理赔界限更加清楚,也很大限度地减少了保险人和消费者之间的争议,有效维护了消费者的利益。

(四) 发展成熟期(2013年至今)

2013年,保监会推出了适用于普通型人身保险的费率改革,将定价权交给了保险公司和市场。此次改革后,各家保险公司迅速反应,相继发行了新的产品。由于预定利率都是保险公司自己制定,因此大部分保险公司上调了预定利率,对客户来说,在相同保额和保障范围的情况下,产品所交纳的费用更少了。

2021年2月开始,中国各大保险公司陆续推出新型重疾险品种。一方面,保险公司努力开发性价比更高的新品种,从保障的病种以及保险金额、赔付次数和保障责任等方面不断创新;另一方面,不少公司加入了健康管理等增值业务,提高了产品附加价值。2020年重疾新规开始实施之后,保险行业继续在创新领域做出巨大投入,并呈现以下特征:

(1) 特定疾病的额外给付责任成为保险公司差异化竞争的重点,一些公司通过对高发病种的高额赔偿,提高了消费者对重疾险的需求。此外,保险公司还增加了其他特定疾病的赔付责任,例如有些保单规定如果被保险人患了特定恶性肿瘤,则可另外获得50%的保额赔付。

(2）在重疾险产品的设计过程中，会按照年龄、性别、地域等因素进一步细化疾病发生率。每个地区都有各自适用的大数法则，提高了重疾产品定价的准确性与针对性。粤港澳重疾险就是一个积极的案例。该产品基于大湾区专属的重疾表进行定价，扩大了保障责任，增加了给付责任的针对性。在运营第一年后，该产品业绩良好，累计覆盖人口7.41万，保费收入4.08亿元，提供重疾保障246亿元。同时，费用相对同等水准的全国性产品优惠了5%～10%，成为粤港澳大湾区市民投保的主要选择。

（3）产品责任与服务模式上的创新。"新冠"疫情之前，专门用来给重症心肺功能衰竭患者维持生命的"人工肺"（ECMO）一般不属于赔偿责任范围。疫情发生后，ECMO成为治疗"新冠"疫情重症患者的有效手段。因此部分保险公司紧跟热点，在赔偿责任中增加了ECMO治疗保险金一项，不仅提高了重疾险需求量，而且体现了保险行业紧跟时代快速响应的创新精神与社会责任感。在服务模式上，一些医疗资源较丰富的公司向投保人提供专家门诊预约、住院手术安排等服务，彰显自身服务模式的特色。

（4）条款复杂性增加

第一，赔付条件的增加。重疾险产品的赔偿比例随着年龄段、保单年度，甚至健康状况而变化。第二，目前大多数重疾产品已经涵盖重中轻症，还有特殊病症等众多保障病种，然而疾病分类标准难以做到统一，使得重疾险市场的病种分级复杂无序。一方面，有层次感的产品设计可以根据被保险人的不同情况，实施个性化方案，定价和索赔更加合理；另一方面，保险人与投保人的信息差距不断扩大，不利于维护消费者权益。

二、消费行为

（一）寿险公司保费结构及增速

从保费结构来看，重疾险占到我国寿险市场的60%以上（见图4.4），并且保持稳定增长（见图4.5）。2020年重疾险长期新单呈负增长，但是在2021年一季度增速猛涨至45.31%（见图4.6），这是因为受到重疾新定义发布后市场调整的影响，当时大家对重疾险较为关注，而且由于新定义下对重疾定义得更加严格规范，导致适用旧定义的产品在当时凸显了较高的性价比，所以当时吸引了非常多的投保人购买长期重疾险产品。

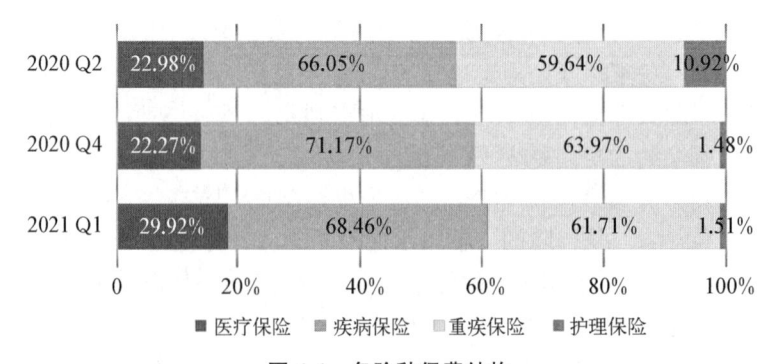

时期	医疗保险	疾病保险	重疾保险	护理保险
2020 Q2	22.98%	66.05%	59.64%	10.92%
2020 Q4	22.27%	71.17%	63.97%	1.48%
2021 Q1	29.92%	68.46%	61.71%	1.51%

图4.4　各险种保费结构

资料来源：中国保险行业协会. 2020年度及2021年一季度商业健康保险发展形势调研报告[R/OL].（2021-12-07）[2024-04-01]. https://maipdf.cn/est/?e=anN/scP0HTaUw6.

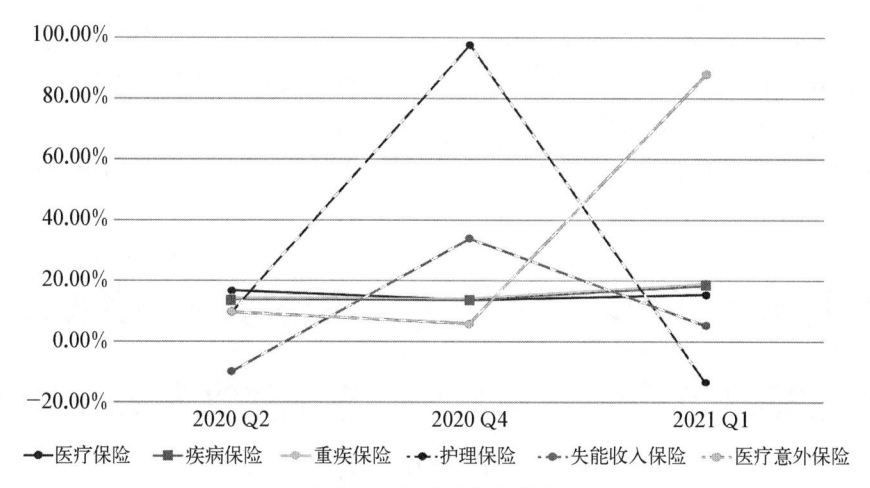

图 4.5　各险种保费增速

资料来源：中国保险行业协会. 2020年度及2021年一季度商业健康保险发展形势调研报告[R/OL].（2021-12-07）[2024-04-01]. https://maipdf.cn/est/?e=anN/scP0HTaUw6.

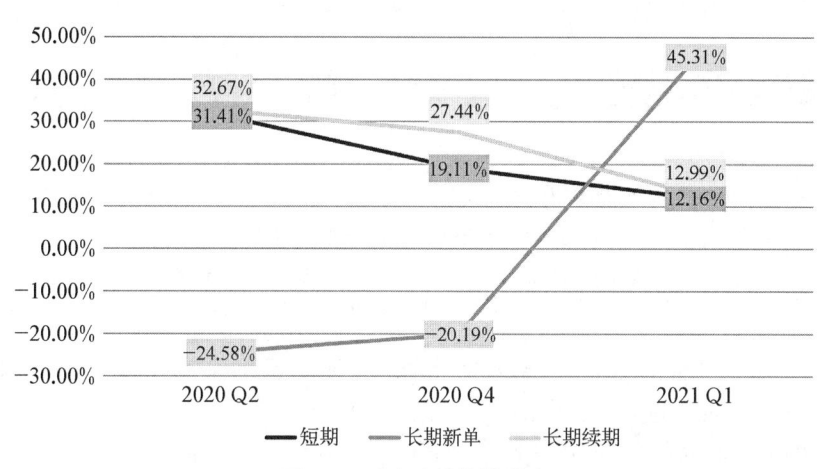

图 4.6　重疾险结构性增速

资料来源：中国保险行业协会. 2020年度及2021年一季度商业健康保险发展形势调研报告[R/OL].（2021-12-07）[2024-04-01]. https://maipdf.cn/est/?e=anN/scP0HTaUw6.

（二）持有重疾险群体分析

瑞士再保险在2022年对中国重疾险市场进行了调研，他们对中国一、二、三线城市中等收入以上消费者进行了分析，发现各年龄段的消费者对重疾险都有较强的需求。其中已持有重疾险的消费者具有以下特征：

（1）家庭责任感较强。已持有重疾险的消费者年龄主要分布在30~49周岁，且77%的消费者为已婚有孩状态。这部分消费者可以归纳为处于中青年阶段，家庭责任感较强，希望通过持有重疾险给家庭提供充分的保障。

（2）财务状况较好。已持有重疾险的消费者收入较高，其中七成以上的消费者年收入处于20万~60万元，也就是大多数重疾险持有者为中产阶级。

（3）对保险产品关注度较高。持有重疾险的消费者中有九成以上日常比较关注或非常关注保险产品。

此外，潜在消费者同样具有强劲的保障需求，且消费能力与重疾险持有人群类似。在未购买但计划购买重疾险的群体中，大部分为保险意识逐渐成熟的中青年家庭，收入水平与已购买重疾险的群体相近。这部分人群随着年龄的增长逐渐意识到为家庭配置重疾险的重要性，因此有计划购买重疾险。50%的消费者收入在40万元或以上，83%的消费者比较关注或非常关注保险产品(见图4.7)。

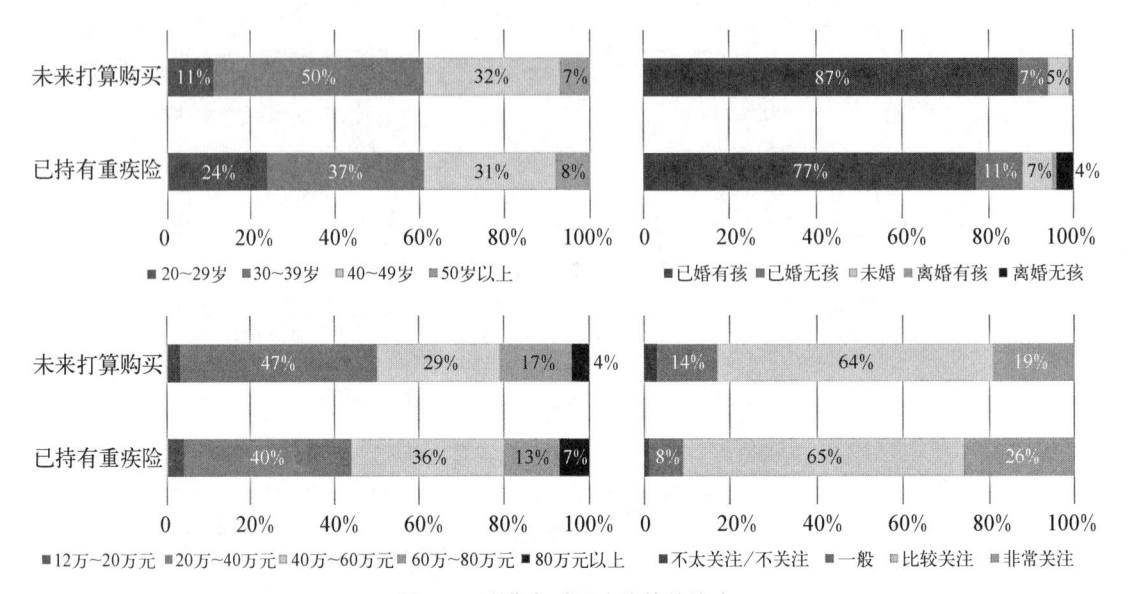

图 4.7 消费者对重疾险的关注度

资料来源：中国保险行业协会.2020年度及2021年一季度商业健康保险发展形势调研报告[R/OL].(2021-07-09)[2024-04-01]. https://wenku.baidu.com/view/5e520c45f321dd36a32d7375a417866fb94ac020.html?_wkts_=1719193787665.

综上所述，处于中年、中高收入家庭是推动近年来重疾险保费增长的主要群体，潜在消费者群体同样具有强劲的重疾险保障需求与消费能力。与已持有重疾险的群体相比，计划购买重疾险的人群相对较年轻，以30～39周岁年龄组为主；已婚有孩的家庭结构占比显著高于其他对比组，使这部分人群具有为家庭可能面临的风险未雨绸缪、寻求保障的基本需求。然而，这部分人群正处于家庭财富积累的早期阶段，家庭收入在较高中产水平(40万～60万元)的比例略低，这也可能抑制了他们主动寻求保障的意愿，因此他们对保险的关注度略低。

(三) 不同年龄段人群购买重疾险考虑因素的区别

处于人生不同阶段的消费者在购买重疾险时考虑的因素不同，我们将消费者分为3个年龄段：20～29周岁、30～39周岁和40～49周岁。

青年(20～29周岁)群体通常刚刚完成学业，或事业处于刚起步阶段，大部分消费者尚未成家，家庭责任负担较轻。同时，由于自身健康状况较好，主观认为患重大疾病的可能性很低，因此通常不会主动购买重疾险；大多数重疾险持有者是受到身边发生重大事件的影响，激发了自身对重疾风险的焦虑感。由于该群体健康意识较强，因此在经济条件允许的情况下，在对重疾险有一定了解后通常会购买重疾险。同时，由于该群体的收入与积蓄都较为有限，因此对保险产品的价格更为敏感。

中青年(30～39周岁)群体通常处于事业发展的上升期，家庭财富日益提升；孩子年幼或尚未成年，同时父母处于即将退休或已退休阶段，家庭抚养压力较大。出于对家庭主要经济支柱患重大疾病可能导致家庭收入中断的担忧,家庭支出往往会更主动地为自己及家人购买重疾险。随着年龄与收入的增长,以及对重疾险认知的提升,大部分已持有终身重疾险的消费者对于加保定期重疾险的接受度较高,通常在经济条件允许的情况下主动加保重疾险。

中年(40~49周岁)群体通常处于事业发展的稳定期,家庭财富已有一定积累,购买力最强;"上有老下有小"的家庭结构已趋于稳定,家庭面临的抚养压力最大。购买重疾险以及可能加保重疾险的考虑因素与中青年群体类似,但通常更在意重疾险保额,而非保费。

(四)消费者对不同类型重疾险产品的偏好

在保障期限方面,相对于定期重疾险产品,消费者普遍偏好终身重疾险产品,对保障期限最短的20年定期重疾险接受度最低。在保费返还方面,由于是否含有保费返还特征对保费影响显著,消费者在保费返还特性与保费价格之间难以抉择,因此选择无保费返还的消费者比例(51%)仅略高于带保费返还的重疾险产品(49%)。在是否含身故赔付和轻症赔付方面,由于这两项对保费的影响较小,因此消费者普遍更喜欢包含轻症赔付和身故赔付的产品。

第六节　国外重疾险发展情况

一、南非

1983年,比较完善的重大疾病保险在南非诞生。这种产品设计的用意,大致有以下几点:首先是让身患重大病症的投保人在生存期可以有更多的现金来进行重大疾病的治疗;二是用来补偿投保人因失去工作能力所带来的收入损失;三是用来使得身患重症的投保人有机会实现未能完成的心愿。因为南非不完善的医疗制度,人们需要商业健康保险的补充,尤其是在发生严重病情时,人们更迫切需要保险公司所提供的资金,于是,重疾险得以在南非发展迅速。南非的重疾险具有以下特点:

(一)作为附加险

起初,重疾险是人寿保险的附加险。后来有部分保险公司尝试把重疾险当作主险出售,但是效果不尽如人意。可能的因素主要有以下几点:第一,保费高昂,被保险人可能无法承担;第二,尽管保险公司可以通过更严格的疾病界定标准来减少逆选择风险,但和附加险相比,重疾险作为主险时依旧存在很大的逆选择风险;第三,重疾险倘若作为附加险销售,依然可以根据寿险的有关监管规定和税法加以设计和定价,这样就相对简单。所以,一般投保人和保险人都倾向于选择价格相对低的大病保险。

(二)分级给付

在南非的重疾险是根据病情的轻重进行给付的,病情的严重程度根据一定的标准在保险合同中规定。例如,癌症根据标准分为5个等级,在第一级,只支付25%的保险金额,如果病情进一步恶化到第二级,则再支付25%,直到支付完全部的保险金额为止。这一规定降低了逆选择的风险,降低了被保险人获得意外收益的机会,也有效降低了保费。尽管这个办法有许多好处,但因为病情的严重性无法在契约上严格划分并事先标明,所以难以实施。

(三)提前给付

在南非,重疾险主要采用提前给付的形式,即假若被保险人在一定期限内生病,保险人将按照一定的比例给付并相应减少死亡保险金额。后来,独立给付的形式也出现了。独立给付型产品是指,被保险人如果被检查出罹患了条款明文规定的严重疾患,就由保险人一次给付所有金额,则死亡保险金为零。而假如在保险期内并没有患上条文中所包括的重疾,则给被保险人的保险金额即死亡保险金。与提前给付型产品相比,独立支付型产品的逆选择风险与费率更高,市场认可度更低。

（四）综合性重大疾病保险

在南非,重疾险最初只覆盖5种疾病,包括心肌梗死、中风、癌症、冠状动脉搭桥术和肾衰竭。后来,保险公司间竞争愈发激烈,保险范围也逐渐扩大,到如今,可保疾病超过20种。但保险范围扩大的情况下,会产生另一个问题：保费的增加,对于一些只希望投保少数疾病的人来说,就产生了额外的负担。因此一种所谓的"Unitized"重大疾病保障模式出现了。它允许客户按需选择保单利益。这是一款综合性重疾险产品,一张保单就可以为全家人提供保险保障,同时可以按照投保人的需要选择购买哪些疾病的保障。但是这款产品比较复杂,被保险人可能不知道如何选择保障范围,因此责任就落到了经纪人身上。为了避免错误解读被保险人的需求,经纪人一般会建议选择全部疾病进行投保。因为这个原因,所以综合大病险的销售情况偏离预期。

（五）经纪人市场

在南非保险市场上,保费较高的重疾险一般通过经纪人销售,代理人主要向低收入群体销售受保障程度较低的产品。

二、英国

英国于1980年引入重大疾病保险。在直接销售模式下,英国的重疾险得到了迅速成长。1999年,英国个人重大疾病保险保单销售数量已超过80万件,约占个人寿险市场的38%,多数保险企业提供了重大疾病保障。英国的个人重大疾病保障具有以下特色：

（一）保障范围不断扩大

早期的重疾险只保障6种大病（癌症、心脏病、脑中风、冠状动脉绕道术、肾衰竭和重要器官移植）。如今,重疾险的保障范围不断扩大,演化出了两类产品：第一类仅保障6～10种基础疾病,另一类则是涵盖30种或更多病种,投保人也可以按照需求自行选择。这两种产品通常保障残疾和收入损失。此外,不同于传统南非按病情严重程度进行的分级给付方式,英国是根据各种病症的严重程度和治疗费用设定了不同的给付数额,对不严重的小病或小手术给予的保险金额相对较小,对严重病症则给予的较多。

（二）统一重疾标准

针对病种如何定义的问题,英国保险人协会为几十种重大疾病制定了统一的标准。这些重大疾病包括了6类核心疾病,以及市场上95%的重疾险都涵盖的病种。这大大减少了由于疾病定义不统一而产生的争议,维护了投保人权益,也提升了保险人在客户心中的信誉,进一步完善了英国保险市场。

（三）重疾险可用来抵押贷款

被保险人生病后,所持有的重疾险保单可以交给银行作质押,这样就减少了病人的偿债压力。重疾险作为财产抵押的做法在抵押市场上也得到了认同,仅1998年,英国大约有2/3的重疾险保单有相应的抵押条款。

(四) 回购式条款

回购式选择条款是英国重疾险的另一特色。回购式选择是为弥补提前给付型重疾险的不足而产生的。提前给付型产品条款规定：一旦被保险人身患重症，在保险人同意提早支付重疾保险金之后，死亡保障保额就随之降低。但通常情况下，被保险人在患过重症之后死亡风险增加，而保险人不再提供死亡保障保险，导致被保险人缺乏死亡保障。英国的回购式条款规定，一旦被保险人患规定的重疾，保险人同意提早给付之后，死亡保障保额就会随之降低，但是倘若被保险人在约定的某一时期后仍继续生存下去，则可按固定费率重新购回原始保险金额；若进行了多次回购，则被保险人的死亡保障保额会恢复到当初购买保险的水准。

(五) 营销手段多样

英国保险公司营销重疾险的手段主要包括3种：直接营销、独立理财顾问和银行保险。截至1998年，这3种模式的市场份额已经基本一致，但是它们的侧重点各有不同：银行保险主要营销定期寿险，份额达到了定期寿险市场的60%以上，而养老保险和终身保险则分别采用直接营销和独立理财顾问营销模式。由于银行保险通常和抵押贷款相关，贷款有一定的期限，因此银行保险营销模式比较适用于定期寿险重疾保障。

三、美国

在美国，购买医疗保险是每个公民应尽的义务，所以人们通常无需另外购买重疾险。从保障群体上来看，美国的社会医保主要针对的是低收入群体以及65周岁以上的老人。一旦这些群体出现某些特定的疾病，社会医保就会承担必要的治疗费用。同时，政府会补贴针对弱势群体的社会医保，并设定了个人支付保费的限额。个人可以根据自身的情况，酌情选择交纳额度，灵活度较大，既享受到医疗保障，又不至于增加自己和家庭的经济负担。

从商业险方面来看，在美国投保商业医疗险的个体可以自行选择保险产品。因为保险产品种类并不多，且产品标准化程度高，各家商业保险公司为了吸引客户只能千方百计地提高服务质量，提升客户满意度。在市场方面，由于美国对境外进入的保险机构不采取过多限制和干预，因此保险市场较为发达与开放。美国会对商业保险公司进行年度考核，评估结果会对民众公开。这种标准化的管理评价体系，有利于引导保险公司规范经营，提升服务品质，为客户带来极大的便利。

四、新加坡

新加坡的健保双全计划是一种低保费的重疾险计划，用于承担公积金制度参与者的大病住院和医疗支出。新加坡医疗费用根据国家定价标准分成了4种级别，政府对诊疗费在500~1 000新元的患者补偿65%~89%的医疗费用。健保双全计划和医疗储蓄计划不同，不存在强制，而是由个人自己选择是否参加。健保双全计划的保费可以从参保者的医疗储蓄中抵扣，虽然保费较少，但可以用于承担部分住院费用或重病治疗支出(不包括如先天性疾病、精神疾病、美容手术等费用)。

在病人的资金来源中，80%由健保双全计划承担，其余20%由病人自付或由医疗储蓄金承担。另外，健保双全计划的参加者必须在所就诊的综合性医疗机构账单达到规定金额时，才能获得相应保障。为应付日益攀升的医疗支出和通胀，新加坡自2006年开始采取大幅提高健保双全项目每月保费的手段，降低了病人所应承担的治疗支出。具体措施主要包括：

（1）增加保额。重大疾病患者一年可请求支付的限制从原先的30 000新元增加到50 000新元,终身可请求偿付的限制从原先的12万新元增加到20万新元。(2) 增加保费。伴随偿付限制进一步提高,保费和自付额也随之增长。根据年龄层测算,保费从每月1.5新元(30周岁以内)增加到11.25新元(74周岁之上),人均增长了10新元。但是,70周岁以上的长者可获得保费的折扣——每投保10年就可得到10%的折扣,折扣最多为40%。(3) 加大自付额。自付额在原有基础上加大500新元,但是,自付额在每一保险年度内只交纳一次。(4) 降低共同保险费。减少患者与健保双全计划所共同负担的保险费,这样使病人能够得到更高的偿付额。

2015年,新加坡正式开始推行"终身健保计划"。该计划是"健保双全计划"的升级,参保费用补贴增加了15%,是所有公民群众的终身强制保障,包括了以前因患有重症被拒保的群体。"终身健保计划"终身不设保障上限,且自付的医疗费比例随着医疗费用的增加而阶梯式减少。

在市场需求上,尽管新加坡社会医疗体系比较健全,但居民对重疾险仍有很大需求。而且新加坡政治制度独特、法律体系严格,吸引着周边国家的人们前来购买重疾险。新加坡金融管理局统一监管规定了三十多种重疾,且同样保额下的保费仅为中国大陆的1/2,保费便宜,保障程度高。另外,由于新加坡投资渠道广、限制较少、回报率较高,因此能吸引更多的消费者购买;且新加坡保险公司采取"严进宽出"的核保体系,严格把关被保险人投保时的健康状况,同时由于核赔宽松,更好地解决了投保人理赔难的疑虑,所以鲜有理赔纠纷发生。

第七节 重疾险面临的挑战

一、重疾发生率的不确定性

重疾发生率长期趋势的不确定性是保险行业需要面对的主要风险之一,这会对相关保险产品的定价带来巨大的挑战。首先,绝大部分重疾是病因复杂的慢性疾病,如何发展和演变尚没有明确结论。其次,随着社会经济和医学技术的发展及生活方式的改变,驱动疾病发生的多种因素可能发生不同方向和程度的变化,使疾病发生趋势难以预测。通常保险公司需要综合多个方面的信息做出重疾未来发生率的判断,其中的不确定性来源于现有信息本身的不确定性以及利用信息做出趋势判断的方法导致的不确定性。

由于中国重疾险市场发展时间较短,因此用于预测的历史重疾数据较为有限,尽管目前各保险公司以及保险行业整体都在加强对重疾数据的收集研究,但要对未来趋势进行合理预测和判断,通常需要结合其他来源的数据。新的重疾发生率表预计将有助于提升重疾险趋势预测的准确性,但现有科学研究尚未能识别全部危险因素。

二、重疾险运营和风险管理难度持续上升

一方面,核保环节中存在众多矛盾与问题,可能影响重疾险的发展。第一,风险控制与业绩增长存在矛盾。我国保险在投保时遵循"有限告知"原则,投保人只需要回答被询问的事项,所以我们目前的健康告知率整体偏低。健康告知作为核赔的重要依据,如果询问的事项设计得不够严密,无法涵盖所有关键信息,其风险漏洞就会加大后端理赔的处理难度。第

二,市场竞争激烈。为了占据市场份额,许多保险公司相继提高重疾险的免体检限额,从而加剧了风险评估和核保的难度。当前,国内市场上各家保险公司结合自身经验的回顾分析,设置了差异化的体检规则,对高风险人群或地区采用较低的免体检限额,同时加大抽检的力度;而对于风险相对较低的人群和机构采用较高的免体检限额,减少甚至免除随机抽检。另外,在各种特殊节点,保险公司为促进业务销售还会推行阶段性的核保政策,典型的如开门红政策、针对某产品的定制化核保政策等。第三,核保规则复杂。各保险公司的核保规则设计趋于复杂化给核保工作带来了许多挑战:多样化、多维度的规则设计要求保险公司核保核心系统的自核规则准确,不同层次的规则具有较强的逻辑性和严密性。

另一方面,理赔环节需要进行优化与调整,以不断适应新的行业趋势。第一,理赔需求趋于个性化。随着重疾险市场的发展和竞争的加剧,投保人对保险服务的质量要求越来越高。消费者对理赔服务的要求已经从过去追求快捷、方便转变到了附加服务上,比如理赔线上办理、医院直付等。第二,重疾险产品形态复杂化。自我国引入重疾险产品以来,重大疾病的产品被保疾病数量从最初的数十种增长到目前的上百种,涵盖了从重大疾病到轻度疾病不同程度的疾病。保险责任上已演变出重大疾病多次赔付、豁免保费、特定疾病等形态。预计市场上重疾险产品形态复杂程度将持续上升,对理赔人员专业知识的要求不断上升,同时需要不断总结和积累理赔实务经验,从而更好地处理理赔实务中面临的各种复杂问题。第三,保险欺诈识别困难化。目前保险行业中所面临的重疾险产品理赔欺诈仍以逆选择和道德风险为主,健康保险一直是保险欺诈的高发领域之一,而重疾险因平均保额较高,很容易成为保险欺诈的主要目标。

三、医疗技术发展给重疾险带来了新的挑战

随着医学诊疗技术的进步,新设备、新仪器的出现,使得很多疾病能够在更早期的阶段被诊断出来,甚至在疾病发生之前就能探查出潜在致病风险或疾病前期状态。早期诊断能够提高疾病治愈概率,并具有从整体上降低医疗费用的潜在价值,但早期诊断也显著拉长了消费者带病投保的时间窗口,导致核保控制环节的逆选择风险有所上升,也为后期理赔工作带来更大挑战。

其中,基因检测技术尤为明显。研究发现疾病与基因片段之间的关联越来越多,而且关联强弱的确定性也更加清晰。阿尔茨海默病、帕金森病等非恶性肿瘤类重疾也被发现与特定基因片段有强关联性。此外,还有研究者在致力于找寻肥胖、糖尿病等慢性病相关易感基因并已有初步发现。与此同时,基因检测的商业化也进展迅速,检测技术的进步使得检测费用快速下降,目前国内报价全基因组测序不到1万元,单项风险基因检测价格在百元以内,人们对基因检测的认知度和接受度也在提升。对于保险公司而言,基因检测是一把双刃剑。一方面,基因检测的结果会直接影响消费者的保险购买行为,推升逆选择风险,从而加剧保险公司的理赔风险。基因诊断技术可以用于癌症早筛,目前已经发现多种与肿瘤发生相关的癌基因和抑癌基因。通过对相关基因的检测,可以提前预知肿瘤患者患病风险。此外,如血液病、代谢性疾病等也可以通过基因诊断来筛查基因缺陷的携带者,预知其未来的发病风险。另一方面,监管方面明确限制了基因检测结果在保险风险选择中的使用。目前无论是在国内还是在国外,基因检测技术应用都已经相当普遍,也无需在医疗机构进行,检测出的高风险人群一旦出险,其基因检测结果就无法作为"未如实告知健康状况"的依据,理赔工作

存在较大挑战。

目前我国市面上重疾险产品的保障内容非常丰富,条款也比较复杂,有多项可选责任供投保人选择,但同质化较为严重。在目标人群的区分上,除了利用保障程度和可选责任区分高低收入人群外,更多的是针对老年人和少儿定制的一些针对性的重疾险产品,但也无法体现较大的差异性。未来在中国人的健康意识和保险需求的推动下,希望重疾险产品也能够同保险科技更加紧密结合,为我们带来更好的保障。

本章小结

本章解释了我国保险市场上重大疾病发生率随年龄变化的规律。以我国互联网重疾险产品为例,介绍了重疾险的基本保障和可选责任,并对具体产品的设计形式和条款进行了分析。重疾险的创新思路可以从经营模式、目标客户、保险科技的运用三个方面突破。最后,本章还分析了我国重疾险消费者的特征,以及南非、英国、美国和新加坡的重疾险市场。随着老龄化社会的到来,保险公司将面临的挑战有重疾发生率不确定、重疾险运营成本增加、风险管理难度加大等。

本章思考题

1. 相互保险的模式在重大疾病保险领域是否可行?具体该怎么做?
2. 如何解决重大疾病保险在疾病理解和理赔纠纷上的问题?
3. 请阐述重大疾病保险高速发展的利弊。
4. 重大疾病保险未来还有什么潜在的创新点?

本章附录

本章参考文献

[1] 戴鑫. 砥砺前行 稳中求进 中国重疾险市场可持续发展研究[R]. 瑞士再保险股份有限公司北京分公司瑞再研究院,2022.

[2] 利圣临,郑苏晋. 从重大疾病保险的风险本源视角看"重疾定义"[J]. 上海保险,2020,418(8):61-64.

[3] 贾厚祥,粟芳. 中国重大疾病保险理赔周期的拟合及影响因素分析[J]. 保险研究,2016(8):81-99.

[4] 保监会. 健康保险管理办法[A/OL]. (2006-08-14)[2023-10-05]. www.gov.cn/flfg/2006-08/14/content.361968.htm.

[5] 银保监会. 健康保险管理办法[A/OL]. (2019-10-31)[2023-10-05]. www.gov.cn/zhengce/zhengceku/2019-12/04/content-5458542.htm.

[6] 宋亚伶. 新重疾表下我国重大疾病保险的定价研究[D]. 长沙：湖南大学,2021.

[7] 周四娟,董欣妍,原彰. 新《健康保险管理办法》对我国健康保险行业发展的影响和启示[J]. 现代商业,2021(18)：38-40.

[8] 杨运龙,时洪洋. 从传统监管走向整体智治——浅析新版《健康保险管理办法》的变化[J]. 现代商业,2021(7)：116-118.

[9] 曹健. 国外健康险什么样[J]. 中国卫生,2016(10)：59-60.

[10] 翟绍果,马妮娜. 国外重大疾病保险概览[J]. 中国医疗保险,2012(10)：69-71.

[11] 马达. 国外重疾险的发展案例及启示[J]. 上海保险,2022(3)：57-60.

[12] 龚贻生. 健康保险新规出台——《健康保险管理办法》出台背景及其影响[J]. 中国保险,2006(9)：8-11.

[13] 李秀君. 走近国外重疾险[J]. 金融博览(财富),2021(2)：52-55.

第五章

长期护理保险

本章要点

1. 理解失能状态的定义。
2. 了解我国长期护理保险制度。
3. 了解长期护理保险产品。
4. 了解我国商业性长期护理保险的发展现状。

长期护理保险,简称长护险,是用于补偿被保险人因年老、疾病或伤残需要长期照顾而产生的护理服务费用。区别于保障疾病治疗费用的医疗险,长期护理保险主要用于保障一般生活照料所支付的护理费用。与疾病治愈初期或中期的康复性医疗护理不同,长期护理是对难以治愈失能疾病的后期维持性护理,长期护理保险则可以看作对长期护理费用的经济补偿。受到"老龄化、少子化"趋势的影响,失能、失智人群规模持续增长,社会化护理需求正出现爆发式增长,长期护理保险制度变得尤为重要。

我国的长期护理保险制度发端于 2012 年,当时青岛率先将长期护理保险引入社保体系。2016 年我国进行了长期护理保险制度的试点,并鼓励保险公司开发商业长期护理保险产品。此后我国不断探索建立多层次长期护理保障制度,以满足爆发式增长的社会化护理需求。截至 2022 年 3 月底,我国社保体系下的长期护理保险已覆盖 49 个试点城市、1.45 亿人,累计有 172 万人享受待遇,年人均减负超过 1.5 万元。本章将以长期护理保险为主题,介绍我国长期护理保险制度和商业性长期护理保险产品的设计思路。

第一节 长期护理保险的需求分析

一、失能状态的判别

由于失能状态存在复杂性,因此如何判别失能状态是长期护理保险产品的设计基础。以下是我国医保局会同民政部于 2021 年拟定的《长期护理失能等级评估标准(试行)》(以下简称"试行评估标准",原文见本章附录)。该标准参考了美国、日本、澳大利亚、英国及我国香港和台湾地区的失能评估工具,从日常生活活动能力、认知能力、感知觉与沟通能力 3 个方面构建一级指标,并在一级指标下构建 17 个二级指标,如表 5.1 所示。

表 5.1　长期护理失能等级评估指标

一级指标	二级指标
日常生活活动能力	进食、穿衣、面部与口腔清洁、大便控制、小便控制、用厕、平地行走、床椅转移、上下楼、洗澡
认知能力	时间定向、人物定向、空间定向、记忆力
感知觉与沟通能力	视力、听力、沟通能力

首先,通过对每个一级指标下的二级指标进行评定,将其得分相加得到对应一级指标总分。对 3 个一级指标分别划分为能力完好、轻度受损、中度受损和重度受损 4 个等级,表 5.2 为长期护理失能等级评估指标得分及对应等级。然后,综合日常生活活动能力、认知能力、感知觉与沟通能力这 3 个一级指标的等级,通过组合法综合确定评估对象长期护理失能等级。长期护理失能等级总共分为 6 个级别,分别是 0 级(基本正常)、1 级(轻度失能)、2 级(中度失能)、3 级(重度失能Ⅰ级)、4 级(重度失能Ⅱ级)、5 级(重度失能Ⅲ级),如表 5.3 所示。

表 5.2　长期护理失能等级评估指标得分及对应等级

一级指标	等级			
	能力完好	轻度受损	中度受损	重度受损
日常生活活动能力	100 分	65～95 分	45～60 分	0～40 分
认知能力	16 分	4～15 分	2～3 分	0～1 分
感知觉与沟通能力	12 分	4～11 分	2～3 分	0～1 分

表 5.3　长期护理失能等级划分

日常生活活动能力	认知能力/感知与沟通能力(以失能等级严重程度判断)			
	能力完好	轻度受损	中度受损	重度受损
能力完好	基本正常	基本正常	轻度失能	轻度失能
轻度受损	轻度失能	轻度失能	轻度失能	中度失能
中度受损	中度失能	中度失能	中度失能	重度失能Ⅰ级
重度受损	重度失能Ⅰ级	重度失能Ⅱ级	重度失能Ⅲ级	重度失能Ⅲ级

> **阅读材料** 日常生活活动能力评定方式

二、老龄化背景下失能保障的需求

我国老龄化进程目前正在加快,根据第七次人口普查结果,65周岁及以上人口为1.9亿,占总人口的13.5%,预计到2050年老年人口占比将高达30%,与此同时,"一人失能,全家失衡"成为中国家庭的真实写照,随着失能、失智人群规模持续增长,以及"老龄化、少子化"趋势影响,长期护理需求正出现爆发式增长。根据《中国养老服务蓝皮书(2012—2021)》,预计2025年我国失能总人口将上升至7 279.22万人,2030年将达到1亿人。①2022年9月9日,据中国保险行业协会与瑞士再保险联合发布的《中国商业护理保险发展机遇——中国城镇地区长期护理服务保障研究》,预计2040年中国长期护理服务需求将达到近6.6万亿元,长期服务保障缺口达3.8万亿元。如图5.1所示,关于中国老人失能人群的占比,目前从我国的人口结构来看,65周岁和85周岁是两个关键节点。65周岁之前,86%的老年人可以达到完全独立的状态,仅有5%会处于中度乃至重度失能状态。但在65周岁之后,老年人的失能问题开始初步显现,将近30%的老人会失去独立的状态。而在85周岁以上,失能问题逐步加剧,54.2%的老人丧失完全独立能力,85周岁以上处于中度甚至是重度失能状态的老人大约占1/4,这些都是长期护理保险的需求人群。

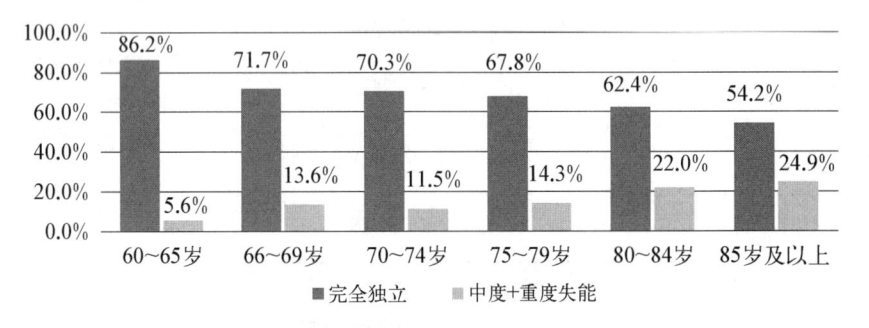

图5.1 中国老人失能人群占比

资料来源:中国保险行业协会,中国社科院,中国人民大学. 2018—2019中国长期护理调研报告[R/OL]. (2020-07-06)[2023-10-15]. http://www.iachina.cn/art/2020/7/6/art_22_104560.html.

在此背景下,长期护理保险成为能满足老年人需求的保险产品。很多国家在社保体系中安排了长期护理保险制度,同时鼓励保险公司开发商业型长期护理保险。对于社保体系中的长期护理保险,政府作为风险共担者和最终责任人,要求居民按照相关法律政策全员参保;而商业型长期护理保险责任的主体是商业保险公司,个人在自愿的基础上自主购买,但

---

① 中国老年学和老年医学学会老龄金融分会,大家保险集团有限责任公司,清华大学银色经济与健康财富发展指数课题组. 中国养老服务蓝皮书(2012—2021)[R/OL]. (2022-03-01)[2024-04-01]. https://www.thepaper.cn/newsDetai/_forward_16915696.

受益范围比较有限,仅仅面向经济实力较强的群体。

我国社保型长期护理保险起步较晚,在 2016 年时才开始试点,资金通过优化职工医保统账结构、划转职工医保统筹基金结余、调剂职工医保费率等途径筹集。商业型长期护理保险起步较早,2007 年国泰人寿推出我国第一款商业型长期护理保险。[①] 但商业型长期护理保险一直缺乏规范,大多数产品虽以长期护理为名,但并未真正实现长期护理应有的保障功能,直到 2018 年在监管机构相继出台多个文件后才使得商业护理保险逐渐回归保障。虽然商业型长期护理保险在我国健康保险市场中占比长期较小,但从长远来看,由于国家层面愈发关注商业护理保险在长期护理保障制度中所起到的作用,因此未来商业性长期护理保险保费规模仍有持续上升的趋势。

三、长期护理保险服务项目

长期护理保险服务项目直接关系到个人在失能时能否获得充足的保障,现以上海市《长期护理保险服务标准与规范》为例,介绍长期护理服务项目。

上海市长期保险护理服务项目主要分为基本生活照料和常用临床护理两类,共计 42 项护理服务项目内容。基本生活照料主要是与护理对象身体护理密切相关的项目,与生活环境相关项目暂不纳入,主要包括：头面部清洁和梳理,洗发,指/趾甲护理,手、足部清洁,温水擦浴,沐浴,协助进食/水,口腔清洁,协助更衣,整理床,排泄护理,失禁护理,床上使用便器,人工取便术,晨间护理,晚间护理,会阴护理,药物管理,协助翻身叩背排痰,协助床上移动,借助器具移动,皮肤外用药涂擦,安全护理,生活自理能力训练,压疮预防护理,留置尿管护理,人工肛门便袋护理。常用临床护理主要包括根据医嘱由执业护士完成的项目,主要包括：开塞露/直肠栓剂给药、鼻饲、药物喂服、物理降温、生命体征监测、吸氧、灌肠、导尿(女性)、血糖监测、压疮伤口换药、静脉血标本采集、肌肉注射、皮下注射、造口护理、经外周静脉置入中心静脉导管(PICC)维护。

对于各项服务,上海市还建立了针对每一项服务的具体标准,坚持专业化、标准化、规范化,明确护理服务人员的专业资质要求,引导长期护理专业化发展。例如头面部清洁,其标准为：(1) 水温适宜,擦洗动作轻柔；(2) 颜面部干净,口角、耳后、颈部无污垢,鼻、眼部无分泌物；(3) 眼角、耳道及耳廓等褶皱较多部位重点擦拭；(4) 尊重护理对象的个人习惯,必要时涂抹润肤霜,防止干燥。通过对每一项服务制定相应的标准,上海保证了长期护理的服务质量,从而在一定程度上满足了失能老人的长期护理需求。

第二节　我国长期护理保险制度的试点情况

一、我国长期护理保险制度试点的回顾

2012 年,青岛市率先开始了长期护理保险的探索。2012 年 6 月,青岛市人力资源和社会保障局等政府部门联合发布文件《关于建立长期医疗护理保险制度的意见(试行)》,决定建立

---

① 国泰人寿首推长期护理险　同时推出防癌医疗账户[N/OL]. 浙江日报,2007-01-10[2023-10-15]. https://www.cathaylife.cn/xwzx2/20090603/4595.html?q=国泰人寿首推.

"以社会化护理服务为主的社会保障制度,对参保人因为年老、疾病、伤残等导致人身某些功能全部或部分丧失,生活无法自理,需要入住医疗护理机构或居家接受长期医护照料的相关费用给予相应的补偿"。所有参加城镇职工基本医疗保险、城镇居民基本医疗保险的参保人都要求参加长期护理保险。护理保险费主要来源于医保统筹基金和个人账户资金。2012年,青岛市财政从福彩公益金中分年度另外划拨1亿元,作为城镇居民护理保险制度运行的启动资金。

2016年,人力资源社会保障部办公厅发布《关于开展长期护理保险制度试点的指导意见》,确定了15个城市和吉林、山东两个重点省份作为国家层面的试点地区。试点阶段,资金通过优化职工医保统账结构、划转职工医保统筹基金结余、调剂职工医保费率等途径筹集,鼓励各地探索建立互助共济、责任共担的长期护理保险多渠道筹资机制,筹资标准根据当地经济发展水平、护理需求、护理服务成本以及保障范围和水平等因素,按照以收定支、收支平衡、略有结余的原则合理确定。

2020年,国家医保局和财政部联合发布《关于扩大长期护理保险制度试点的指导意见》,新增14个试点城市,总计49个城市在建立长期护理保险制度。筹资以单位和个人交费为主,单位和个人交费原则上按同比例分担,其中单位交费基数为职工工资总额,起步阶段可从其交纳的职工基本医疗保险费中划出,不增加单位负担;个人交费基数为本人工资收入,可由其职工基本医疗保险个人账户代扣代交。有条件的地方可探索通过财政等其他筹资渠道,对特殊困难退休职工交费给予适当资助,建立与经济社会发展和保障水平相适应的筹资动态调整机制。

截至2022年年底,各地长期护理保险参保人数达到1.69亿,累计有195万人享受待遇,累计支出基金624亿元,年人均支出1.4万元。①

> 阅读材料　长期护理保险的南通模式

二、我国长期护理保险制度的特征

(一)参保对象与保障范围

我国社保体系中的长期护理保险制度坚持"保基本"的政策方针,保障范围与保障程度都比较有限,大部分试点城市主要是将城镇医保职工纳入保障对象,为参保的重度失能人员提供基本生活照料以及与生活照料相关的医疗护理费用。

现阶段,我国长护险保险试点的参保对象主要分为3种:第一种是交纳城镇职工医疗保险的人群,第二种是交纳城镇职工基本医疗保险或城乡居民基本医疗保险的人群,第三种是以户籍划分的参保对象。同时,试点中对保障范围也存在一定差别,一些试点地区保障范围包括由于身体原因导致生活无法自理,接受正规诊疗机构治疗后仍旧无法恢复,失能时间长达半年的重度失能者,一些地区只对失能时间6个月做出限制而没有对失能状态有所限制,也有地区保障范围限制为"失能时间6个月+中、重度失能"。

---

① 央视网. 国家医保局:推动建立具有中国特色的长期护理保险制度[EB/OL]. (2023-05-18)[2023-10-15]. https://news.cctv.com/2023/05/18/ARTIJnmfLEnfhPuVwX0s8vIm230518.shtml.

目前,各个试点城市确定的参保对象基本达到了《关于开展长期护理保险制度试点的指导意见》规定的标准,即参保人员覆盖了参与交纳职工基本医疗保险的人。对于保障范围来说,大多数试点规定长护险的保障范围是"由于身体原因导致生活无法自理,接受正规诊疗机构治疗后仍旧无法恢复,失能时间长达半年的重度失能者",有些试点在此基础上还有年龄、交费年限等限制。

(二) 资金来源

社会性长护险大多以"医保资金+自交费用+财政补贴"的模式进行运作,即从居民医保基金中按一定比例划拨资金到长期护理保险账户,居民交纳一部分长期护理保险保费,省、市财政对保费进行部分补贴,账户由商业保险机构运作,同时引入专业护理机构提供床位或者上门服务,并由保险公司支付相应费用。

在筹资方面,我国长护险正在逐渐探求一条参与主体更加多元的筹资体系。第一批试点城市,通过划转医保统筹资金账户结余等途径为长护险筹资。第二批试点城市大多以单位和个人作为主要的筹资主体,而单位所需交费的数额可以通过划转单位为员工所交医保基金来满足。经全国49个试点城市经验的梳理,长护险制度的筹资可细化为3个方面:筹资方式、筹资水平、筹资结构与筹资责任。[1]

1. 筹资方式

我国长护险试点实践的具体筹资方式存在多样性和差异性。根据定额制和比例制两种筹资方式,地方试点筹资模式有3类:

第一,定额制。以安庆、齐齐哈尔、苏州、宁波和上饶等城市为例,定额筹资标准每人每年40～108元不等。各地区起始筹资标准差距较大,例如苏州的筹资标准为108元/人/年,安庆市的筹资标准为40元/人/年。

第二,比例制。以广州、成都、重庆、承德、荆门、上海等城市为例,这些城市采用比例筹资方式,各试点城市的交费基数不同。广州和成都按医保交费基数确定交费基数,个人费率随年龄变化。重庆和上海也是按医保交费基数确定长护险交费基数,个人费率与年龄无关。承德按上年度工资总额确定长护险交费基数,其中灵活就业人员按职工医保交费基数确认长护险交费基数。荆门按上年度全市居民可支配收入确定长护险交费基数。

第三,比例制+定额制。南通市的城镇职工参保人员按每人定额100元和医保筹资总额的3‰筹资,居民按每人定额70元和居民医保筹资总额的1.5‰筹资。长春的城镇职工参保人员按比例制筹资,居民医保参保人员按定额筹资。青岛也是采用这种混合制的方式,城镇职工按比例筹资,居民医保参保人员按定额筹资。

2. 筹资水平

正在试点的长护险制度处于低标准起步阶段,无论是定额制、比例制还是二者的混合制,总体筹资水平均显著低于国际水平。以先行建制的德国和日本为例,德国自2017年起,长期护理保险的保费由雇主和雇员各负担一半,有子女的雇员需交纳工资总收入的2.35%,而无子女的雇员需交纳2.6%的保费;日本现行长护险交费来自保费和税收,各占50%;其

---

[1] 佚名. 筹资的实践与难题:长护险能否全面推开的关键[EB/OL]. (2022-11-11)[2023-10-15]. https://new.qq.com/rain/a/20221111A084JT00.

中,2号保险人①交费大约为工资和年度奖金的1.55%。即便如此,日本政府也迫于财政负担过重,进行了多项长护险制度改革。

3. 筹资结构与筹资责任

总结49个试点城市的基本做法,发现长护险筹资主要有5条渠道,分别是基本医疗保险基金、政府的财政补助、个人交费、企业交费以及福利彩票公益金。依据地方实践责任主体的不同,可将长护险制度的筹资分为3个主要模式(见表5.4)。

表5.4 长期护理保险筹资标准(按2023年标准)

试点地区	筹资标准	各地筹资水平
安庆、齐齐哈尔、上饶、苏州、宁波	定额:40~108元/年	【安庆】覆盖范围为城镇职工基本医疗保险参保人员 每人每年40元,其中个人交费20元,随大病医疗救助保险费一并征收,或从个人账户中代扣代交,医疗保险统筹基金承担15元,地方财政承担5元 【齐齐哈尔】覆盖范围为城镇职工基本医疗保险参保人员 每人每年100元,其中个人交费50元,从个人账户中支付,单位交费50元,从医保统筹基金中划转 【上饶】覆盖范围为城镇职工基本医疗保险和城乡居民基本医疗保险的参保人员 每人每年90元,其中个人交费50元,医保统筹基金划转35元,单位交纳或财政补助5元 【苏州】覆盖范围为城镇职工基本医疗保险和城乡居民基本医疗保险的参保人员 在职职工、退休职工108元/年,其中在职职工个人账户每年划转24元,单位交费部分每年划转84元,退休职工从职工基本医疗保险统筹基金中每年划转84元 居民参保人员54元/年,其中个人交费部分每年划转24元,城乡居民基本医疗保险基金每年划转30元 【宁波】覆盖范围为城镇职工基本医疗保险和城乡居民基本医疗保险的参保人员 深化试点起步阶段,每人每年90元。在职职工由个人和用人单位各承担45元,退休人员由个人和医保统筹基金各承担45元 城乡居民医保参保人员个人承担30元,剩余60元由财政统筹解决
广州、成都	按医保交费基数、平均工资、居民人均可支配收入等指标的一定比例,个人交费费率按年龄有所区别	【广州】覆盖范围为城镇职工基本医疗保险和城乡居民基本医疗保险的参保人员 职工医保参保人员:在职人员按职工医保交费基数确定长护险交费基数,退休人员按2021年度在岗月平均工资的60%确定长护险交费基数。个人费率按年龄确定(35周岁以下,不交费,35~44周岁,个人费率0.02%,45周岁到退休前,个人费率0.08%,退休人员0.12%)。单位交费的费率统一为0.15% 居民参保人员:按当年度城乡居民医保交费基数确定长护险交费基数。年交费费率个人交费和财政补助各为0.15% 【成都】覆盖范围为城镇职工基本医疗保险和城乡居民基本医疗保险的参保人员

---

① 日本《介护保险法》明确指出,年龄达到40周岁同时居住在市町村的公民均为长护险的被保险人,具体又分为1号和2号,1号是指年满65周岁的老年人,2号是指年龄在40~64周岁的中老年人。

续　表

试点地区	筹资标准	各地筹资水平
广州、成都	按医保交费基数、平均工资、居民人均可支配收入等指标的一定比例,个人交费费率按年龄有所区别	职工医保参保人员:在职人员按职工医保交费基数确定长护险交费基数,退休人员按职工基本医疗保险个人账户划入基数为长护险交费基数。个人费率按年龄区分[40周岁(含)以下未退休人员,费率0.1%从个人账户划转;40周岁以上未退休人员,以及达到法定退休年龄但需继续交纳城镇职工基本医疗保险费的参保人员,费率0.2%从个人账户划转;退休人员以费率0.3%从个人账户中划转] 单位交费部分,单位参保人员,按0.2%的费率从单位为其交纳的基本医疗保险费中划转;个体参保人员,按0.2%的费率从其交纳的基本医疗保险费中划转 财政补助部分,对城镇职工基本医疗保险中退休人员进行补助,以0.01%比例,实行年度补助 城乡居民医保参保人员:个人交费为每人每年25元,在参加城乡居民基本医疗保险时,一并交纳,财政补助部分,每人每年30元
重庆、承德、荆门、上海	按医保交费基数、平均工资、居民人均可支配收入等指标的一定比例,交费费率所有年龄相同	【重庆】覆盖范围为城镇职工基本医疗保险参保人员 在职参保人员:按个人职工医保交费基数为长护险交费基数。单位交费费率0.1%,个人交费费率0.1%。以个人身份参加职工医保的在职参保人员,以上一年度全市在职职工基本医疗保险实际平均交费基数为基数,费率0.2% 退休人员:正常享受职工医保退休待遇人员,以上年度全市在职职工基本医疗保险实际平均交费基数为长护险基数,个人承担0.1%,医保基金承担0.1% 【承德】覆盖范围为城镇职工基本医疗保险参保人员 按上年度工资总额确定长护险交费基数。 单位交费费率0.1%,从职工基本医疗保险单位交费中划转; 个人交费部分0.1%,从个人账户中代扣交; 灵活就业人员,在每年交纳城镇职工医疗保险费时,按照职工医保交费基数的0.2%交纳 【荆门】覆盖范围为城镇职工基本医疗保险和城乡居民基本医疗保险的参保人员 每年按上年度全市居民可支配收入0.4%的基数筹集资金,其中个人交费37.5%,医保补助25%,财政补贴37.5% 【上海】覆盖范围为城镇职工基本医疗保险和城乡居民基本医疗保险的参保人员 城镇职工参保人员:按照用人单位交纳职工医保交费基数0.5%的比例,从职工医保统筹基金中按季调剂资金 城镇居民参保人员:根据60周岁以上居民医保的参保人员人数,并按照略低于城镇职工参保人员的人均筹资水平,从居民医保统筹基金中按季调剂资金
南通、长春、青岛	比例制+定额	【南通】覆盖范围为城镇职工基本医疗保险和城乡居民基本医疗保险的参保人员 职工医保参保人员:个人交费30元/年,从个人账户中扣交,另职工医保筹资总额的3%划转至长护险基金 居民医保参保人员:个人交费30元/年,财政补贴40元/年,并从居民医保筹资总额中划转1.5%至长护险基金

续　表

试点地区	筹资标准	各地筹资水平
南通、长春、青岛	比例制＋定额	【长春】覆盖范围为城镇职工基本医疗保险和城乡居民基本医疗保险的参保人员 职工医保参保人员：按基本医疗保险交费基数确定长护险交费基数。单位交费部分费率0.1%，从单位交纳医疗保险费中划转，个人交纳0.1%。灵活就业人员，基本医疗保险费中划转0.1%，个人交纳0.1%。退休人员只交纳个人交费部分 城乡居民参保人员：个人交费部分在参加城乡居民医保时一并交纳，2022年城乡居民照护保险交费标准为每人每年12元，其中，个人交费10元，省级财政每人每年补助1元，市县财政每人每年补助1元 【青岛】覆盖范围为城镇职工基本医疗保险和城乡居民基本医疗保险的参保人员 职工医保参保人员：个人交费部分，在职职工以基本医保个人交费基数为长护险基数，退休人员以个人账户划入基数为长护险基数。个人交费费率0.2%，从应划入基本医疗保险个人账户的资金中在记入本人基本医疗保险个人账户前划转；单位交费部分，按基本医疗保险交费基数总额的0.3%，从职工基本医保保险统筹基金中划转。财政补贴部分，按参保职工每人每年30元标准予以补贴 城乡居民参保人员：个人交费部分，2021年起按每人每年不低于10元的标准，从居民社会医疗保险个人交费资金中按年度划转。财政补贴部分，从2022年起按每人每年不低于20元的标准，从居民社会医疗保险财政补贴资金中按年度划转 护理保险调剂金：调剂金有3个来源，职工和居民当年护理保险筹集资金的20%；职工和居民护理保险历年结余资金的30%一次性提取；福彩公益金补贴资金和社会捐赠资金

（三）服务给付方式

在服务给付方面，自我国开展长护险试点以来，各城市的给付形式都涵盖实物方式，少数试点采用实物和现金互相辅助的形式。由于长期护理保险的服务方式大体上分为居家护理、机构护理以及社区护理，因此各地试点会根据自身的经济状况和老龄化趋势来制定适合自己地区的服务方式。所有城市均采用居家护理、机构护理方式；青岛进一步缩小单元，增加了社区巡护、社区居家长期护理等方式；上海增加了社区日间长期护理方式；苏州增加了社区居家长期护理方式；南宁推出了异地居住护理。

阅读材料　德国和日本长期护理保险制度的筹资方式和服务给付方式

第三节　商业性长期护理保险产品设计

本节将分析我国商业性长期护理保险的保险责任和主要条款。

一、设计方式之一：终身寿险中增加长期护理保障

表5.5为昆仑健康乐享年年终身护理保险的基本投保规则，从投保规则中可以看出，其最低保费的要求比较高，其中趸交的最低保费要求为5万元，对投保人的投保预算及经济水平要求相对较高；投保年龄限制、交费期限、保额递增比例以及身故/全残保障等内容相对来说处于正常增额终身寿险的水平。

表5.5　昆仑健康乐享年年终身护理保险的基本投保规则

类别		要求
投保规则	投保年龄	28天~70周岁
	投保职业	1~6类
	交费期限	趸交/3/5/10年交
	保障期限	终身
	最低保费要求	趸交5万元起；年交1万元起
	保额递增比例	3.50%
身故/全残保障	18周岁前	疾病身故：取最大值（已交保费，现价）
	18周岁后（交费期间）	疾病身故：取最大值（已交保费×k值，现价）
	18周岁后（交费期满）	疾病身故：取最大值（已交保费×k值，现价，有效保额）
	k值	18~40周岁：160%
		41~60周岁：140%
		61周岁以上：120%
	长期护理金	与上述身故/全残赔付责任一致
其他/附加责任		长期护理金：18周岁前/18周岁后至交费期满前/18周岁后至交费期满后，与上述疾病身故赔付责任一致

但值得注意的是，乐享年年终身护理保险有一项长期护理金的保障内容，且其赔付责任与赔付内容和身故/全残保障的赔付责任是一致的。除了上述保障内容之外，这款产品还支持减保和保单贷款，若投保人在投保之后某一天有现金需求，则可以通过减保或保单贷款的方式取出一部分钱，维持自身经济正常运转。

表5.5显示,除了长期护理金,该产品还设置了3.5%增长的保额,因此对应的现金价值也按3.5%增长。这一设计使得该产品既可以作为保障类的产品,也可以作为长期储蓄。如投保人急需用钱,则可以部分退保以获得退保金,虽然降低了现金价值和保额,但保单仍有保障功能。

二、设计方式之二：附加险

我们以富德生命附加富贵一生长期护理保险和泰康附加长期护理保险为例,分析市场上的长期护理附加保险的设计思路。

(一)富德生命附加富贵一生长期护理保险

富德生命附加富贵一生长期护理保险是"富德生命富贵花年金保险(分红型)"的一款附加长期护理保险,其保险期间为自生效日至被保险人年满81周岁,保险金额每年增长,当年度保险金额为上一保险年度保险金额的1.011倍。保险责任主要分为以下5类:

1. 护理保险金给付

若被保险人一年内患疾病,并达到规定的护理状态,则按已交保险费给付护理保险金,合同终止。若被保险人一年后遭受意外伤害事故或患疾病并达到规定的护理状态,则将从确诊后的下一个主合同生存保险金领取日起给付护理保险金,直至被保险人护理状态消失。护理保险金为当年度保险金额与给付比例的乘积,给付比例按年龄区分,60周岁前为5.5%,60周岁后(含60周岁)为10%。

2. 老年关爱护理金给付

若被保险人在81周岁时仍生存,则按已交保费给付老年关爱护理金。

3. 全残保险金给付

若被保险人一年内因疾病导致全残,则按已交保险费给付护理保险金,合同终止。若被保险人因意外伤害事故导致全残或一年后因疾病导致全残,并且自始未领取护理保险金,则将按当年度保险金额给付全残保险金。

4. 疾病身故保险金给付

若被保险人因疾病导致身故,则将按已交保费给付疾病身故保险金。

5. 被保险人达到护理状态豁免保险费

若被保险人符合护理保险金给付条件,则将豁免自被保险人被确诊达到护理状态之日起至护理状态消失期间应交的主保险合同及本附加合同的续期保险费,本附加合同继续有效。

从保险责任来看,富德生命的附加长期护理保险金额逐年增加,并且其不仅具备长期护理给付,而且包含死亡、全残给付,从而为主保险合同提供了更丰富的保障。同时,长期护理不仅给付金额按60周岁以上和60周岁以下的不同比例保险金额进行给付,高龄失能人群能获得更多的给付金额,而且设置了护理状态豁免保险费条款,为护理期间的被保险人减免了保费,为处在长期护理状态的个人提供了更充足的保障,避免了个人主附险因被保险人进入长期护理状态无力继续投保而造成的退保。富德生命的附加长期护理保险很好地补充了年金主险的保障缺口,使被保险人在面对死亡、残疾和失能风险时能有更多的保障。

(二)泰康附加长期护理保险

泰康附加长期护理保险保障期限为终身,等待期为180天,其保险责任比较简单,主要分为以下3类：

1. 护理关爱保险金

从等待期后首日起，被保险人因意外伤害或特定疾病初次达到约定的护理状态的，按基本保险金额的10倍给付护理关爱保险金。护理关爱保险金给付后，本项保险责任终止，附加合同继续有效。

2. 长期护理保险金

从等待期后首日起，被保险人因意外伤害或特定疾病达到约定的护理状态的，按基本保险金额给付，并在首次给付后，每月给付余下各期长期护理保险金，直至被保险人护理状态终止、身故，长期护理保险金给付上限为120个月。

3. 护理豁免保险费

被保险人在交费期进入护理状态的，豁免本附加合同自护理状态确诊且观察期结束之日以后的各期保险费，附加合同继续有效。

从保险责任来看，相比于富德生命附加富贵一生长期护理保险，同样是附加险的泰康附加长期护理保险更加简单，只为被保险人提供长期护理保险金，从而可以为被保险人提供充足的失能保障，因此也能与更多不同类型的主险险种组合。但比较来看，泰康附加长期护理保险的护理豁免保险费仅豁免附加险，并不是像富德生命的附加险一样同时豁免主险。

市场上的长期护理附加保险的设计思路大致与这两款产品的设计思路类似，一种是专为主险量身打造的长期护理保险，其在风险保障上与主险不重叠，并能广泛地覆盖各种风险，从而提高主险的吸引力；而另一种则是以仅提供失能保障而设计的长期护理附加保险，其能与更多的主险相组合，为被保险人解决主险无法保障失能风险的问题。

三、设计方式之三：有限保险期限或护理天数

终身长期护理保险价格较高，为降低价格，可以将产品设计为定期险或有限护理天数。表5.6为国泰康宁长期看护健康保险和瑞华颐享无忧长期护理保险的投保规则和保险责任，二者在设计理念上存在较大的差异，也能代表现阶段市场上销售的长期护理保险产品的两种不同的设计理念。从保障期限来看，国泰康宁以传统的年龄为限且仅到88周岁而非终身，而瑞华颐享则是以累计护理天数为限，前者无法保障高龄老人的失能风险，后者则无法保障长期的失能风险。从保险责任来看，国泰康宁包含了以长期护理为给付条件的生存金和年金，被保险人达到长期护理状态，一次性领取20%保额的长期看护复健保险金，以及每半年给付的长期看护保险金，保障较为充分；而瑞华颐享则提供连续的长期护理费用保障，并且给付以实际发生的每日护理费用比例与规定的保险金日额孰高的方式进行给付。从精算角度而言，后者的定价要比前者复杂，前者只需考虑失能概率，而后者既要考虑失能概率，也要考虑护理的金额，但从对被保险人的保障程度来看，前者给付与实际护理费用无关，可能出现保障不足或过剩的情况，而后者则以实际护理费用为给付依据，并指定护理机构，其更能实现长期护理应有的保障功能。以定额给付和实际费用给付为基础的保险设计，应该是现阶段保险市场上两种比较主流的设计理念，二者对于保险公司的定价能力也有着不同的要求，从长远来看，以实际现金给付和长护服务为基础的长期护理保险是现阶段我国更推崇的长期护理保险模式，其能更好地对老龄化社会下

的失能风险给予充分的保障。

表 5.6 国泰康宁长期看护健康保险和瑞华颐享无忧
长期护理保险的投保规则与保险责任对比

保险条款	保险条款细则	国泰康宁长期看护健康保险	瑞华颐享无忧长期护理保险
投保范围	投保年龄	18～50 周岁(20 年交费期) 18～55 周岁(15 年交费期)	30～65 周岁
保险责任	等待期①	无	疾病或患认知障碍导致进入长期护理状态或身故有 180 天的等待期。意外伤害导致进入长期护理状态无等待期
	免责期②	90 天	90 天
	保障期限	88 周岁	终身,但最长累计护理天数不超过 1 080/2 160/3 240 天
	保险金额	不变	每年按复利 5% 递增
	保险金给付标准	1. 身故或第一级残疾按保险金额给付保险金,且合同效力终止 2. 第一级残疾同时符合长期看护状态,继续符合长期看护状态的期间内,给付长期看护复健保险金及长期看护保险金 3. 进入长期看护状态,免责期后按 20% 的保险金额给付长期看护复健保险金,终身领取一次 4. 投保人将追溯自长期看护状态确定之日起,免交保险费 5. 进入长期看护状态,免责期后及后续每半年时按保险金额的 8% 给付一次长期看护保险金。给付期间,被保险人未能继续符合长期看护状态的,将随时停止给付 6. 被保险人年龄达到 88 周岁,给付保险金,合同终止	1. 意外事故导致进入护理状态,或等待期后因疾病进入长期护理状态,且免责期后仍符合长期护理标准,保险公司按以下规则承担长期护理保险金责任: (1) 在保险公司指定的护理机构接受长期护理服务,承担实际发生每日护理费用的 100%; (2) 在非指定的护理机构接受长期护理服务,承担实际发生每日护理费用的 80%; (3) 如不接受长期护理服务,按保险金日额的 60% 乘以免责期结束后的实际护理天数给付保险金责任。 以上 3 种方式下的护理天数都不超过约定的最长累计护理天数或免责期结束至被保险人身故的天数。 如被保险人在接受长期护理金后不再符合长期护理标准,则暂停给付长期护理保险金 2. 被保险人在免责期后持续符合长期护理状态,则豁免后续保险费 3. 疾病身故则返还保险费

---

① 等待期内被保险人进入长期护理状态或身故,保险公司不承担保险责任。
② 被保险人被诊断为达到长期护理状态后,持续至免责期后仍符合长期护理条件,保险公司才开始承担保险责任。

阅读材料　日本商业性长期护理保险产品分析

阅读材料　我国商业性长期护理保险的发展现状

本章小结

本章首先以我国医保局和民政部拟定的失能评估标准解释了失能的含义，随后比较了我国社保体系下各个省市长期护理保险制度的筹资方式和给付形式，最后对市场上的一些商业长期护理保险的保险责任和产品设计方式做了详细分析。

本章思考题

1. 商业性长护险与社会性长护险如何协调发展？
2. 我国商业性长护险有哪些可以创新的地方？
3. 护理保险的失能定义比较主观，如果你是精算师，你觉得如何定义比较好？

本章附录

本章参考文献

[1] 国泰人寿首推长期护理险 同时推出防癌医疗账户[N/OL].浙江日报,2007－01－10[2023－10－15].https://www.cathaylife.cn/xwzx2/20090603/4595.html? q=国泰人寿首推.

[2] 央视网.国家医保局：推动建立具有中国特色的长期护理保险制度[EB/OL].(2023－05－18)[2023－10－15].https://news.cctv.com/2023/05/18/ARTIJnmfLEnfhPuVwX0s8vIm230518.shtml.

[3] 佚名.筹资的实践与难题：长护险能否全面推开的关键[EB/OL].(2022－11－11)[2023－10－15].https://new.qq.com/rain/a/20221111A084JT00.

第六章

年金保险

本章要点

1. 理解长寿风险的含义。
2. 了解养老体系的三支柱。
3. 会分析年金产品的现金流。
4. 了解年金在我国和其他国家的发展。
5. 了解非标准体年金。

年金保险指的是被保险人生存期间,保险人按合同约定的金额、方式、期限,有规则并且定期地向被保险人给付保险金的一种生存保险。我国是世界上老年人口最多以及增长最快的国家,老龄化的加速使整个社会及个人都暴露在与日俱增的长寿风险中,而年金保险可视作对抗长寿风险的有效理财工具。本章将以商业年金保险为主题,介绍在我国养老三支柱体系下,商业年金保险的保险需求、产品设计思路、重要产品、发展历史以及发展现状。

第一节 年金保险的保险需求分析

一、长寿风险

长寿风险,字面上即长寿者的风险,具体是指当老年人拥有的资源存量无法满足其在不确定生存时长下的资源需求时,可能发生一系列损失,如财务资源储备不够引起基本生活保障不足、健康资源储备不够引起健康水平下降、护理资源储备不够引起照护服务不足等。[1]

长久以来,"健康长寿"既是个人愿望,也是人类社会的发展目标。从20世纪后半叶起,各国死亡率都开始呈逐渐下降态势,而人口预期寿命则不断延长。发达国家的人口预期寿命平均以每年1.2个月的速度增长,我国的增长速度更快。1981年我国居民人均预期寿命还处于67.8周岁,到2019年已快速攀升至77.3周岁。再看男女差异,据世卫组织估计,2019年我国男性人均预期寿命为74.7周岁,女性人均预期寿命为80.5周岁。根据2020年全国第七次人口普查数据,男性人均预期寿命为75.4周岁,女性人均预期寿命为80.9周岁。男性预期寿命1年里平均增长了8个月,女性增长了约5个月。按此速度,十余年后我国人

---

[1] 郝晓宁,朱松梅.长寿风险治理:健康、财务、照护资源的共同储蓄[J].人口与发展,2021,27(6):79-94.

均预期寿命就会赶上日本。日本目前男性人均预期寿命为81.56周岁,女性人均预期寿命为87.71周岁。伴随着预期寿命的延长,少子化更加重了老龄化程度,人口年龄结构也发生了巨大变化。根据第七次人口普查数据,我国60周岁及以上人口为26 402万人,占总人口的18.70%,其中65周岁及以上人口为19 064万人,占总人口的13.50%。根据《世界人口展望》(2019年版)预测,我国老年人口将在2030年达到3.6亿,占总人口的1/4,到2055年将达到峰值4.9亿,超出总人口1/3。

与此同时存在的一个重要问题是,老年人并未实现"健康的长寿",人均预期寿命与健康预期寿命差距明显,例如,中国2018年人均预期寿命为77周岁,健康预期寿命只有68.7周岁,二者相差8年,60周岁以上老年人在余寿中有一半的时间都处于"带病生存"状态。2019年5月8日,国家卫生健康委召开新闻发布会,国家卫生健康委医政医管局副局长焦雅辉提供了一组数据:2018年年底,我国60周岁及以上的老年人有2.49亿,占比17.9%;65周岁及以上的老年人有1.66亿,占比11.9%。其中,患有慢病的老人约有1.5亿,失能、半失能老人约有4 400万。这说明,老年人口在健康、财务、照护等方面都面临着极为显著的风险。

二、年金保险的保险需求

世界银行在其1994年的报告《防止老龄危机》中,建议采用三支柱体系来为退休人群提供收入保障,补齐单一养老制度的短板。养老三支柱模式中,第一支柱为公共养老金,政府通过法律强制实施;第二支柱为企业年金,来自雇主和员工共同交费,用于减少对第一支柱的过度依赖;第三支柱是市场化个人养老金,该养老金由居民自愿参与。目前,三支柱模式被多国广泛采用,美、英、德、日等发达国家均建立了比较完备的三支柱养老体系。

我国的三支柱养老保障体系(见图6.1)中,社会基本养老保险(第一支柱)已基本实现全覆盖,采用统账结合的方法为参保者支付养老金,成为我国城镇、城乡居民养老金收入的主要来源。

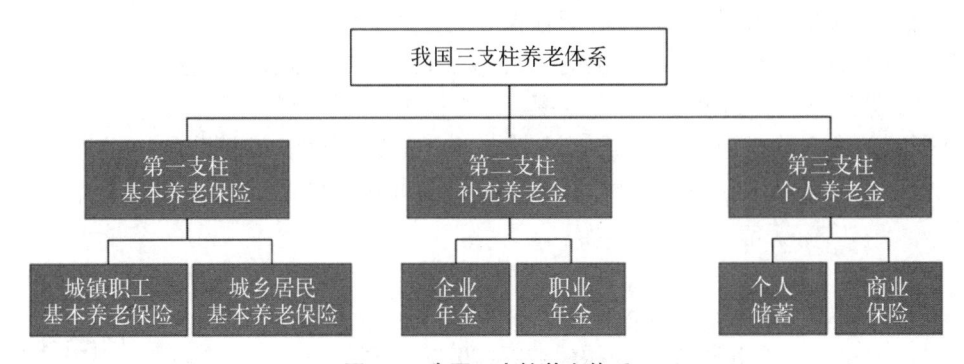

图 6.1 我国三支柱养老体系

从企业年金的执行情况来看,目前我国企业年金还处于缓慢发展阶段。企业自愿性养老金保障计划作为我国养老保险第二支柱,并不具有强制性。与此同时,往往只有资金实力较雄厚的大型国企或机关事业等用人单位基于已有较为丰富的员工福利制度,才会设置企业年金计划,相对而言少有中小民营企业参与其中,低收入劳动者更是与此无缘,这就导致虽然增加了中高收入群体总收入,但也进一步扩大了老年群体的收入差距。截至2021年年末,全国企业法人单位共计2 866.5万家,只有11.75万家企业参与了企业年金,仅占总数的0.41%;参加企业年金的职工为2 875万人,只有城镇职工养老保险参保人数的5.98%(详见表6.1)。

表6.1 我国企业年金建立情况

年份	企业法人单位数(万家)	建立企业年金的企业数(万家)	建立企业年金的企业占企业法人单位比例(%)	参加企业年金职工(万人)	参加城镇职工养老保险(万人)	参加企业年金职工占参加城镇职工养老保险职工比例(%)
2015	1 259	7.55	0.60	2 316	35 361	6.55
2016	1 461	7.63	0.52	2 325	37 930	6.13
2017	1 809	8.04	0.44	2 331	40 293	5.79
2018	/	8.74	/	2 388	41 902	5.70
2019	2 109	9.60	0.46	2 548	43 488	5.86
2020	2 505	10.52	0.42	1 717	45 621	5.96
2021	2 866.5	11.75	0.41	2 875	48 074	5.98

资料来源:整理自中国统计年鉴、国民经济和社会发展统计公报、人力资源社会保障部网站。

个人养老金(第三支柱)包括个人储蓄以及自愿购买的商业养老保险、养老理财、养老基金等,其发展总体较为松散。

根据发达国家养老保险体系的发展经验,当第一支柱养老金替代率达到40%,第二、三支柱养老金替代率合计为30%,即理想状态下总的养老金替代率达到70%~80%,才能够基本维持居民原有的生活水平。另外,国际劳工组织建议养老金替代率的最低标准应在55%。而从目前数据来看,2021年我国社保养老金的平均替代率仅为43.6%,并且第三支柱的替代率水平远低于理想水平。也就是说,仅靠社保养老金远远无法达到期望条件,作为我国养老保险第三支柱的个人养老金制度还存在很大的提升空间。

在所有的个人养老金产品中,年金保险是唯一能够保障长寿风险的金融产品。面对巨大的潜在养老金需求和愈加严峻的长寿风险,商业年金作为养老补充资金将成为大势所趋。

阅读材料 中国银保监会关于保险公司开展个人养老金业务有关事项的通知(银保监规〔2022〕17号)

第二节 年金产品的设计思路

年金产品在设计时需要考虑多种因素,如交费方式、给付开始时间、给付方式、保障期限等。

按照交费方式的不同,年金产品可设计为趸交年金或期交年金。趸交年金是指投保人在一次性交清保费后,于约定时间起,年金受领人可按期领取年金的一种年金保险;期交年金是指投保人在保险期限内,按照约定分期交纳一定的保险费,于约定时间起,年金受领人可按期领取年金的一种年金保险。趸交年金,适合自身资金实力较强的客户,尤其是那些临近退休从公积金账户、个人养老账户中一次性获得一大笔资金的老年人。对于资金有限但有年金需求的客户,特别是对于年轻客户而言,期交年金很好地体现了强制储蓄功能,能避免客户挥霍金钱,定时定期地交费,提早为养老做好规划。

按照给付开始时间的不同,年金产品可设计为即期年金和延期年金。即期年金是指在保险合同成立生效且投保人一次交足保费后,保险人立即进入给付周期,按期给付保险年金的一种年金保险。延期年金是指保险合同成立生效后且被保险人达到一定年龄或经过一定时期后,保险人在被保险人仍然生存的条件下开始给付年金的年金保险。对于处在事业上升期时就开始考虑退休后财务风险规划,或是在子女刚出生时就开始考虑未来教育支出规划的人群,延期年金较为合适,越早购买,交纳期越长,就越能有效减轻之后的经济负担。而如果财务规划施行的时间较晚,或者有不可避免的长期支出,那么这类人群就比较适合购买即期年金产品。

按照被保险人不同,年金产品可设计为个人年金、联合年金、最后生存者年金、联合及生存者年金。个人年金又称为单生年金,一张保单仅承保一人,是以个人生存为给付条件的年金保险。被保险人死亡,年金保险合同即告终止,其继承人无权继续领受年金;联合年金是以两个或两个以上被保险人的生存作为年金给付条件的年金保险,当有被保险人最先发生死亡时,该年金给付终止;最后生存者年金是以两个或两个以上被保险人中至少尚有一个生存作为年金给付条件,且给付金额不发生变化的年金保险,当最后一个生存者死亡时,该年金给付终止;联合及生存者年金是以两个或两个以上被保险人中至少尚有一人生存作为年金给付条件,但给付金额随着被保险人人数的减少而进行调整的年金保险,当最后一个生存者死亡时,该年金给付终止,但给付金额根据仍生存的被保险人人数进行相应的调整。这一设计思路很好地体现了年金的资产传承功能,即通过合理安排投保人、被保险人、生存受益人、身故受益人,利用保险的归属权属于投保人且受益人可指定的特征,把资产通过年金险的形式向下传递。

按照给付方式不同,年金产品可设计为终身年金、最低保证年金和定期生存年金。终身年金是指年金受领人在一生中可以一直领取约定的年金,直到死亡为止的年金保险。最低保证年金是一种为了防止受领人早逝而失去领取年金权益的年金保险,该年金分为确定给付和退还两种年金类型:确定给付年金规定存在一个领取年金的最低保证给付年数,只要在规定期间内,无论生存与否,被保险人都能获得年金给付;退还年金是指当年金受领人死亡,并且其年金领取总额未达到年金购买价格时,保险人会以现金方式一次或分期退还差额。定期生存年金是一种以被保险人生存为给付条件的年金保险。规定一个年金给付期限,如果被保险人一直存活,年金给付就将在期限届满时停止;如果被保险人在规定期限内身故,年金给付就立即停止。

按给付额不同,年金产品可设计为定额年金和变额年金。定额年金是一种按固定数额给付的年金保险,该年金的给付金额固定,不随投资收益的波动或市场通货膨胀而变动,因此,定额年金的性质与银行储蓄相类似;变额年金是指在某一特定时间开始支付的一种年金,其支付金额每年不同。这种年金的支付金额通常随着时间的推移而变化,可能增加或减少。变额年金通常考虑一些因素来确定每年的支付金额,比如投资回报率、通货膨胀率、寿命期望等因素,因此,其支付金额可能受到这些因素的影响而有所变化。

第三节 相关年金产品条款分析

一、国内产品分析

本节将选取6款国内的保险产品,从产品条款、产品提供的现金流和内部收益率等方面对各产品进行分析介绍,选取产品涵盖团险和个险、养老类和非养老类、税延和非税延等多种类型的年金产品。

(一)国寿稳健一生团体养老年金保险(万能型)

1. 产品信息

国寿稳健一生团体养老年金保险(万能型)(以下简称"稳健一生")是中国人寿于2020年推出的团体万能型养老年金产品,其部分条款信息如表6.2所示。

表6.2 国寿稳健一生团体养老年金保险(万能型)

保险条款	保险条款细则	具 体 内 容
投保范围、账户设立及领取条款	投保范围	特定团体成员
	交费方式	投保人和/或被保险人定期或不定期、定额或不定额
	账户设立	为投保人设立公共账户,为每一被保险人设立个人账户,个人账户分为"单位交费"和"个人交费"两部分。 公司账户的权益归属投保人,个人账户的"个人交费"部分的权益归属被保险人。个人账户"单位交费"部分,在投保人解除合同、被保险人离职情形下的权益归属由投保人决定,在被保险人身故、全残、生存至养老年金开始领取日或开始领取养老年金情形下的权益归属被保险人
	养老年金领取起始年龄	由投保人在投保时确定,但最早为被保险人法定退休年龄的生日 在符合法律法规前提下,经投保人同意,被保险人可提前或延迟领取
保障内容	养老金	一次性领取个人账户价值;或转换为养老年金: 定期年金(10、15、20年) 普通终身年金 保证给付10年终身年金 保证给付10年增额终身年金 定期确定年金(10、15、20年) 保证账户价值终身年金
	全残保险金	一次性领取个人账户价值 转换为关爱年金
	身故保险金	个人账户价值

续 表

保险条款	保险条款细则	具 体 内 容
其他	部分领取	投保人要求提取投保人公共账户资金或个人账户 "单位交费"部分的资金每个保单年度累计部分提取金额不得超过本合同所交保险费(不计利息)的 20% 被保险人要求提取其个人账户"个人交费"部分的资金,每个保单年度累计部分提取金额不得超过本合同其个人账户所交保险费(不计利息)的 20%
	保证利率	2.5%

2. 特色条款

稳健一生作为一款万能型团体养老年金保险,为公司设置交费和归属规则提供了很大的灵活性,公司可根据自身情况和对于留才计划效果的预期定制相关规则;同时,稳健一生提供多种领取方式以供不同偏好的员工选择,是目前比较典型的团体养老年金产品的设计方式。

(二)光大永明光明慧选养老年金保险(互联网专属)

1. 产品信息

光大永明光明慧选养老年金保险(互联网专属)(以下简称"光明慧选")是光大永明于 2022 年推出的产品,提供 A(终身计划)、B(定期计划)两种产品形态让投保人选择。其主要产品信息如表 6.3 所示。

表 6.3 光明慧选 A 款和 B 款产品信息

		A 款	B 款
投保规则	投保年龄	出生满 30 天～69 周岁	出生满 30 天～65 周岁
	保险期间	终身	定期(至 85 周岁)
	交费期间	趸交/3/5/10/15/20/30 年交	
	投保限额	年交最低保费 5 000 元,千元整数倍递增	
	犹豫期	15 天	
	宽限期	60 天	
	养老年金领取起始年龄	男性:60/65/70 周岁; 女性:55/60/65/70 周岁	
保障内容	养老年金领取方式	年领、月领	
	养老年金保证领取	20 年	无

续 表

		A 款	B 款
保障内容	养老年金	年领：保单年度的年度基本保额×100% 月领：保单年度的年度基本保额×8.5%	
		年度基本保额＝上一保单年度的年度基本保额×(1+3%)	若被保险人生存至保单期满，合同基本保额×10
	身故保险金	1. 在首次养老金领取日（不含当日）之前：赔付已交保费和现金价值较大者 2. 养老金保证领取期内：赔付保证领取养老年金总额扣除累计已给付的养老年金后的余额 3. 养老金保证领取期后：0	赔付已交保费和现金价值较大者
其他	增值服务	减额交清；保单贷款	

2. 两种领取方式的比较

光明慧选产品在投保年龄设置上比较宽松，最高投保年龄 A 款可到 69 周岁，B 款可到 65 周岁，领取年龄上为男性提供 60、65、70 周岁 3 档选择，为女性提供 55、60、65、70 周岁 4 档选择。

关于产品保障内容，A 款每年领取年金按 3% 递增，终身领取，保证领取 20 年。B 款每年领取年金按保额乘以 10 计算，直至被保险人 85 周岁。以下我们忽略死亡率，用现金流和内部收益率①比较这两种设计的差异。

考虑 25 周岁的被保险人，每年保费 10 万元，交费 10 年。男性从 60 周岁开始领取养老金，如购买 A 款产品，首年领取 11.53 万元，每年领取金额按 3% 递增，保证领取 20 年；如购买 B 款产品，每年领取 15.48 万元，直至 85 周岁。女性从 55 周岁开始领取养老金，如购买 A 款产品，首年领取 8.25 万元，每年领取金额按 3% 递增，保证领取 20 年；如购买 B 款产品，每年领取 10.89 万元，直至 85 周岁。

图 6.2 和图 6.3 分别是男性和女性被保险人每年年初的现金流和内部收益率。

B 款产品最初几年领取的年金金额比 A 款产品大，流动性比 A 款产品好。但另一方面，该产品没有能真正转移被保险人的长寿风险，被保险人在满期后仍然需要寻找其他投资渠道实现养老金增值以应对可能的长寿风险。A 款产品最初几年领取的现金流小于 B 款产品，但投保人活得越长，保额复利增长的优势越明显。投保人在选择时可综合考虑自己对流动性和长寿风险的要求。

---

① 内部收益率指现金流现值等于 0 的收益率，现金流包括支付的保费和领取的年金。

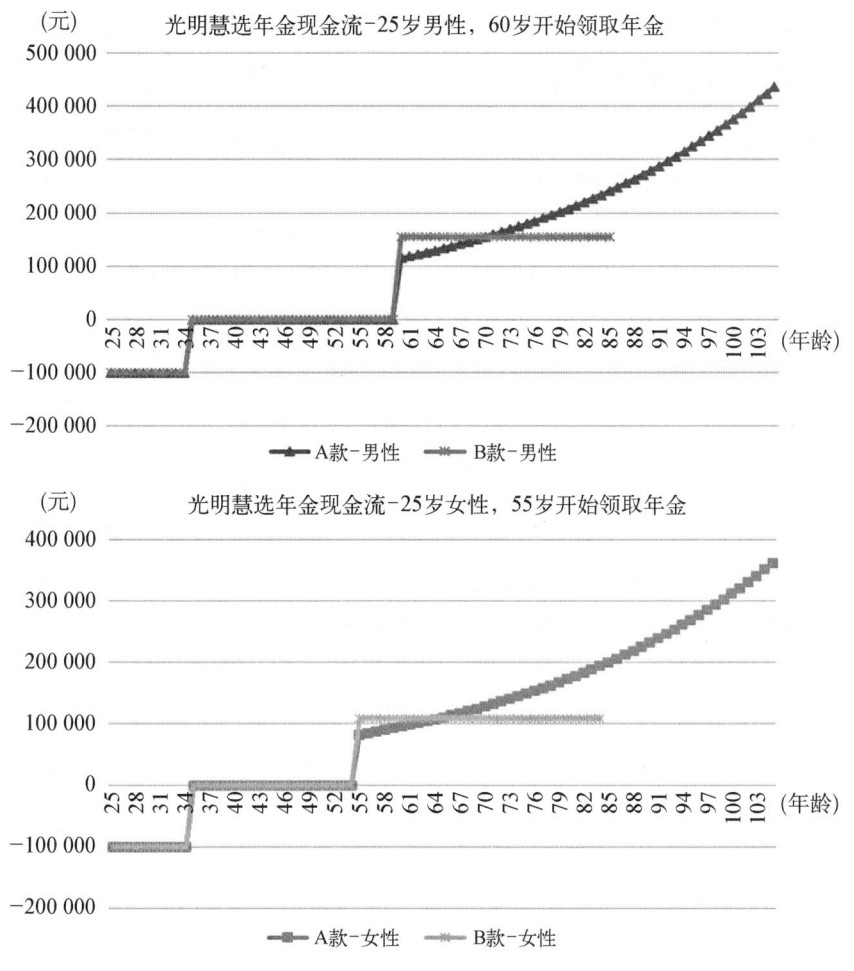

图 6.2 光明慧选年金现金流

从性别来看,女性被保险人由于领取时间早,保费累计值比男性少,且预期寿命更长,因此比男性被保险人每年可领取的金额少。

由于保证领取年数的设置,因此 A 款产品的内部收益率始终大于 0,B 款产品在男性 66 周岁、女性 64 周岁时超过 0。两款产品都是投保人活得越长,内部收益率越大。男性活过 81 周岁,A 款产品和 B 款产品的内部收益率都开始大于 3%。女性 A 款产品活过 80 周岁,B 款产品活过 83 周岁,收益率开始大于 3%。

从内部收益率上看,无论是男性还是女性,B 款产品都不如 A 款产品。可见,B 款产品用现金流的流动性换取了内部收益率。

(三) 光大永明光明一生(慧选版)养老年金保险

1. 产品信息

光大永明光明一生(慧选版)养老年金保险(以下简称"光明一生")是光大永明于 2021 年推出的产品。该产品在投保年龄、领取年龄的选择上没有光明慧选灵活,但是收益较为可观,在保障内容上不仅包含了养老年金、满期金和身故保险金,而且提供了万能账户和养老社区作为增值服务。其主要产品信息如表 6.4 所示。

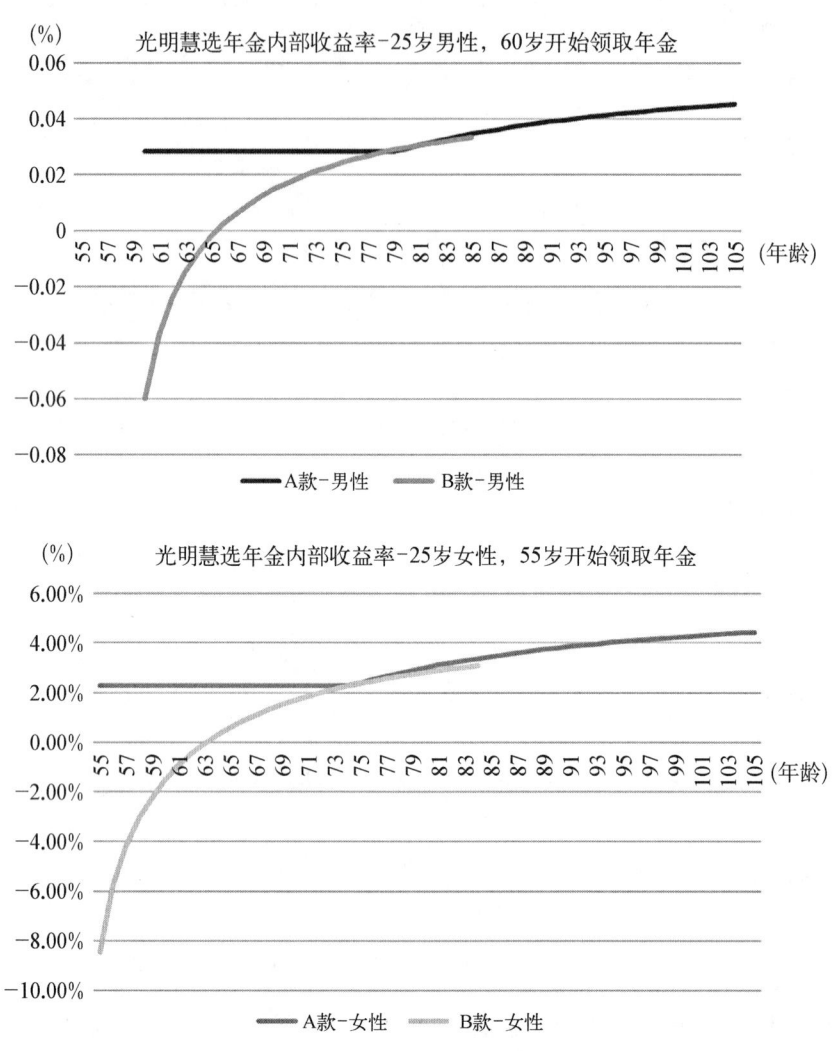

图 6.3 光明慧选年金内部收益率

表 6.4 光明一生产品信息

		具 体 内 容
投保规则	投保年龄	出生满 30 天～60 周岁
	保险期间	定期(开始领取后 20 年)/终身
	交费期间	趸交/3/5/10/15/20/30 年交
	投保限额	年交最低保费 5 000 元,千元整数倍递增
	犹豫期	15 天

续　表

		具　体　内　容
投保规则	宽限期	60天
	养老年金领取起始年龄	男性：60/65周岁；女性：55/60/65周岁
	养老年金领取方式	年领、月领
	养老年金保证领取	20年
保障内容	养老年金	年领：基本保额×100% 月领：基本保额×8.5% 若被保险人生存至保单期满，合同基本保额×10
	身故保险金	1. 在首次养老金领取日(不含当日)之前：赔付已交保费和现金价值较大者 2. 养老金保证领取期内：赔付保证领取养老年金总额扣除累计已给付的养老年金后的余额 3. 养老金保证领取期后：0
其他	增值服务	减额交清；加保；保单贷款；万能账户(可选)；养老社区

2. 特色条款

光明一生的养老年金保证领取20年，可以附加保底利率为3%的万能账户。该产品提供了配套的养老服务。投保人交纳总保费超过30万元，可以得到养老社区的旅居养老优享权。

（1）万能账户

光明一生可搭配光大永明增利宝(尊享版)年金保险，将光明一生中的养老金自动转入增利宝的万能账户，从而实现养老金增值，万能账户保证利率为3%。

（2）养老社区

根据"光大安心养老计划"，购买光明一生单张保单累计总保费达到一定数额可以享受对应养老服务：① 单张保单累计总保费≥30万元，获得旅居养老服务优享权；② 单张保单累计总保费≥70万元，获得长居养老服务优享权；③ 单张保单累计总保费≥100万元，同时获得旅居和长居养老服务优享权。

（四）幸福房来宝老年人住房反向抵押养老保险(A款)

1. 产品信息

2013年9月，国务院发布了《关于加快养老服务业的若干意见》，该文件要求开展老年人住房反向抵押养老保险试点。在此基础上，2014年6月，保监会发布了《关于开展老年人住房反向抵押养老保险试点的指导意见》，该文件的出台标志着以房养老保险试点正式开展。

2015年幸福人寿推出了我国首款"以房养老"保险产品——幸福房来宝老年人住房反

向抵押养老保险(A款)(以下简称"幸福房来宝")。该产品将住房抵押与终身养老年金保险相结合,拥有房屋完全产权的老年人将房产抵押给保险公司后,可以继续享有房屋的占有、使用和收益权,以及经抵押权人同意的处分权,同时按照约定条件领取养老金直至身故。保险公司在老年人身故后获得抵押房产处分权,处分所得将优先用于偿付养老保险的相关费用。

2. 特色条款

幸福房来宝在领取的养老金里考虑了房屋预期增值收益,根据价值增长部分调增养老金,幸福人寿不参与分享房产增值收益。为适合老年人的需求,该产品将犹豫期延长到30天,同时期的其他保险产品的犹豫期为15天。这种设置使得保险公司在承担了长寿风险的同时,也承担了房价下跌风险,比较激进。如保险公司在定价时没有充分考虑到未来几十年里房价的波动,就很可能面临亏损。

表6.5 幸福房来宝产品信息

		具 体 内 容
投保规则	投保年龄	60~85周岁
	保险期间	终身
	交费期间	假设保费记入费用账户并按5.5%累计记,但投保人无需现金交费
	犹豫期	30天
	养老年金领取起始年龄	保单生效起第45天
	养老年金领取方式	月领
	养老年金保证领取	无
保障内容	养老年金	基本保额－相关费用 (基本保额基于抵押房屋的评估价值,并考虑抵押房屋的折扣、长期预期增值、预期的被保险人平均生产年限、利率、终身给付的成本等因素)
	延期年金	1. 无身故责任,不退还现金价值,交纳的保费较少 2. 含身故责任,退还现金价值,交纳的保费较多
其他	相关费用	1. 50%房屋评估、抵押、公证、律师等费用 2. 保单管理费1 000元每年 3. 累计计息的养老保险相关费用 4. 退保费用 5. 其他费用
	夫妻双方投保规定	按夫妻各自持有的份额,计算出各自的基本养老保险金额,待被保险人皆身故后,保险人行使对抵押房屋的处分权

3. 产品风险分析

我们分析保险公司可能面临的房屋价值波动风险。不考虑相关费用和养老金的调增,假设一个60周岁男性被保险人,以价值100万元的房屋作抵押,每年可获得约3万元养老金。保险公司通过向其他账户借款来支付养老金,借款利息5%。图6.4是保险公司借款的本息合计,以及房价增长率0%、3%和5% 3种情形下的房屋价值。

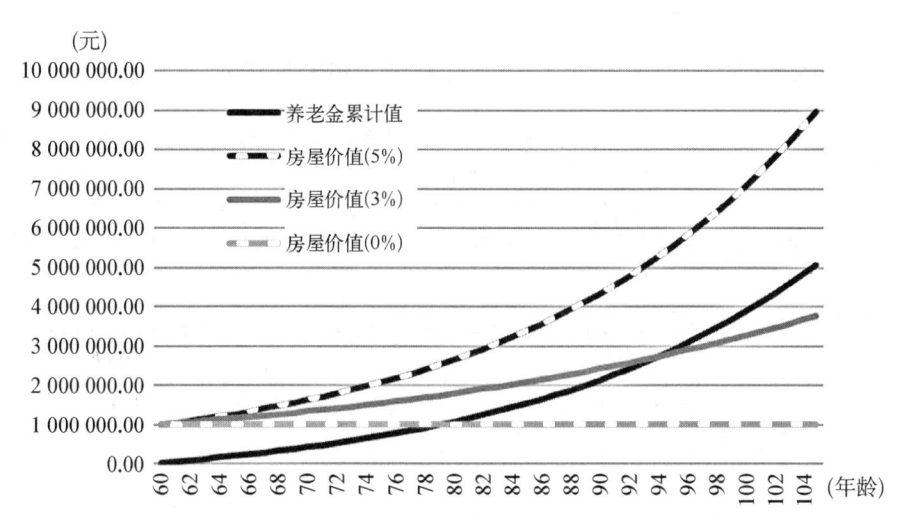

图 6.4　幸福房来宝养老金累计值与房屋价值的比较

在房屋价值5%增长的假设下,目前价值100万元房屋的未来价值始终高于养老金的累计值,保险人不会面临处置房屋后不足以弥补欠费的情况。而在3%和0%的增长率下,房屋价值将于被保险人95周岁和80周岁时低于养老金累计值。可见,保险人既承担了长寿风险(被保险人活过95周岁或80周岁),又承担了房屋价值的波动风险。

幸福房来宝为被保险人提供了流动性,但如何合理地估计房屋目前价格以及其未来的增长率、被保险人的长寿风险以及能否按照合理价格处置房屋都是保险人需要考虑的问题,同时,也需要考虑未来二十多年宏观经济的变动对于抵押品的影响,因此该产品对保险人提出了更高要求,需要具备较强的房地产评估经验。

阅读材料　美国住房反向抵押市场现状

(五) 个人税收递延型养老年金保险(2018版)

1. 产品信息

2018年5月,个人税收递延型养老年金保险(2018版)(以下简称"税延养老保险")在上海、苏州工业园区以及福建(含厦门)作为一款试点产品推出。各公司产品都按照银保监会发布的《个人税收递延型商业养老保险产品开发指引》设计,条款设置较为类似,以下选取平安养老保险公司的产品进行分析(见表6.6)。

表6.6 平安税延养老保险产品信息

		A款	B款	C款
投保规则	投保年龄	16周岁至国家规定退休年龄		
	保险期间	定期、终身		
	交费期间	合同生效至国家规定退休年龄按年或按月交纳		
	征税规则	交费：对于取得工资薪金或连续性劳务报酬所得的个人，则按照最少1 000元或连续性劳务报酬收入的6%两者取低者，确定其当月税前扣除额度；对于取得个体工商户生产经营所得、对企事业单位的承包承租经营所得的个体工商户等，则按照最少12 000元或当年应税收入的6%两者取低者，确定其当年税前扣除额度 投资：不征税 养老金的25%部分予以免税，其余75%部分按照10%的比例税率计算交纳个人所得税		
	养老年金领取起始年龄	不早于国家规定退休年龄		
	养老年金领取方式	年领、月领		
	养老年金保证领取	账户价值		
保障内容	养老年金	保证返还账户价值终身月领(或年领) 固定期限15(或20、25)年月领(或年领)		
	身故保险金	领取前且60周岁前：扣除对应税款后的账户价值＋产品价值×5% 领取前且60周岁后：扣除对应税款后的账户价值		
	身体全残保险金	领取前且60周岁前：扣除对应税款后的账户价值＋产品价值×5% 领取前且60周岁后：扣除对应税款后的账户价值		
其他	保证利率	3.5%	2.5%	无
	费用	初始费用＋产品转换费		

2. 特色条款

税延养老保险是指投保人在税前列支保费，在领取保险金时再交纳税款，它实质上是国家在政策上给予购买养老保险产品个人的税收优惠。该产品分为积累期和领取期两个阶段。积累期，是指参保人按照保险合同约定进行养老资金积累的阶段，参保人开始领取养老年金前均为积累期。领取期，是指参保人按照保险合同约定开始领取养老年金的阶段。

3. 税收优惠

为分析税收优惠的力度,我们计算每月免交所得税与领取养老金时交纳税收之差占每月收入之比。

按照2023年个人所得税税率(见表6.7),该比例在0%～1.11%。如图6.5所示,月收入超过13 000元时,比例从0.6%快速上升至1.11%,月收入超过17 000元,比例缓慢下降。月收入13 000~16 000元,优惠力度最大,为1.11%。总体来看,每月1 000元的免税额度,优惠力度太小,难以吸引高收入人群购买。

表6.7 2023年我国个人所得税税率

年收入(元)	边际税率	年收入(元)	边际税率
36 000	0%	660 000	30%
144 000	10%	960 000	35%
300 000	20%	>960 000	45%
420 000	25%		

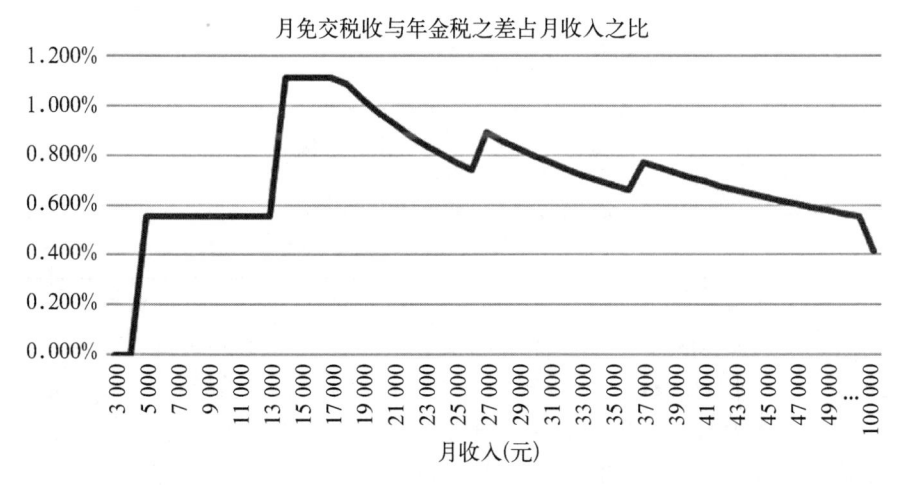

图6.5 税收优惠力度与月收入

(六)太保易生福专属商业养老保险

1. 产品信息

2021年5月,银保监会印发了《中国银保监会办公厅关于开展专属商业养老保险试点的通知》,指出自2021年6月1日起在浙江省(含宁波市)和重庆市开展专属商业养老保险试点。试点保险公司应探索服务新产业、新业态从业人员和各种灵活就业人员养老需求。太保易生福专属商业养老保险(以下简称"易生福")正是在此背景下推出的产品(见表6.8)。

表 6.8 易生福产品信息

		具 体 内 容
投保规则	投保年龄	出生满 5 天～80 周岁
	保险期间	定期、终身
	交费期间	趸交、3、5、10、15、20 年及交至养老金领取日(可暂缓交费和追加保费)
	犹豫期	15 天
	养老年金领取起始年龄	60～80 周岁间任意年龄
	养老年金领取方式	年领、月领
	养老年金保证领取	无
	领取转换表	投保时锁定、到达养老金领取起始日时锁定
保障内容	养老年金	终身月领(或年领) 固定期限 10 年(或 15、20、25 年)月领(或年领)
	身故保险金	领取前：账户价值 领取后：账户价值－已给付的养老金
其他	费用	初始费用：不超过 5% 保单服务费：不超过 0.5%
	账户	稳健 A 账户：初始费用 2%，保单服务费 0.5%，保障利率 2% 稳健 B 账户：初始费用 5%，保单服务费 0%，保障利率 2% 进取 A 账户：初始费用 2%，保单服务费 0.5%，保障利率 0.5% 进取 B 账户：初始费用 5%，保单服务费 0%，保障利率 0.5%

易生福对投保年龄和养老金领取年龄的设置区间很宽，最高可到 80 周岁；提供了暂缓交费和追加交费的设置，让投保人可以根据自身收入情况进行交费，可以匹配灵活就业人员收入现金流不稳定的特征。易生福的年金领取转换表可以按投保时进行锁定，也可以按养老金领取日时进行锁定，投保人可以根据对未来利率和死亡率的预期进行选择。该产品还提供了不同投资风格、不同收费模式的 4 类账户，可以满足不同风险偏好投保人的需求。

2. 特色条款

保费将按照客户的选择进入稳健 A、稳健 B、进取 A、进取 B 这 4 类投资账户，每年公布结算利率，结算的账户收益记入该账户价值，参与下年账户结算。账户初始费用不超过已支付保费总额的 2%，产品投保的初始费用为 0。

该产品设置了多个保单账户，不同账户年保证利率不同，保单费用亦不同。该账户价值可根据条款约定在特定账户间进行全部或部分转移，为资金在不同账户间的分配提供便利，以满足客户不同风险偏好。对于长期存续的保单账户，给予如下奖励：持有保单满 5/10/15 年后，可分别在第 6/11/16 个账户结算日获得上一个结算日账户价值的 0.5% 作为账户持续奖金;同时,在养老年金的领取方式上也比较多样,客户可按需选终身领取或固定期限 10/15/20/25 年领取,可年领或月领以保障养老生活。

(七) 小结

通过对国内 6 款年金保险产品的分析,可以发现,传统的年金产品在收益率方面没有明显优势;产品流动性较弱,年金给付的结构较单一,未来定期领取的生存金难以应对突发的现金流支出;此外,投保人即期可能难以支付足以应对未来养老需求所对应的保费。

近年来,保险公司在传统年金的基础上进一步创新,光明慧选为投保人提供了万能账户以实现领取的养老金进一步保值增值,同时提供了养老社区计划作为附加服务,进一步满足了投保人的养老需求;幸福房来宝等以房养老的保险产品虽然发展缓慢,但其使用房屋反向抵押的方式解决了投保人即期没有现金流支付保费的问题,为未来的产品创新提供了思路;税延养老保险虽然发展不如预期,但将税收递延纳入产品条款,拓宽了我国年金保险的产品范围;专属养老保险提供了更为灵活的交费方式,充分考虑到灵活就业人员的收入特征。以上保险产品均拓展了传统年金的外延,为我国年金保险市场创新提供了多种思路。

二、美国年金产品分析

我们以美国纽约人寿保险公司(New York Life)为例,其出售的年金保险产品主要包含 3 类,即可变年金、保证收益年金和固定递延年金。

(一) 纽约人寿指数年金:FP 系列

纽约人寿指数年金为指数连结的年金,保险公司提供了风险等级不同的多种账户让投保人选择(见表 6.9)。

表 6.9 纽约人寿指数可变年金产品信息[①]

		具 体 内 容
投保规则	投保年龄	0~85 周岁
	保险期间	终身
	交费期间	趸交
	投保限额	最低保费 10 000 美元
保障内容	指数账户的投资选择	参考指数:标普 500/罗素 2 000 结算利率的计算公式有两种: (1) 上限利率贷记法:收益率在[0,利率上限]间浮动 (2) 下限利率贷记法:保本,若指数收益率为正,取下限利率 利率上限和利率下限可选择在 5/6/7 年内固定,该期限也是提前领取收费期

---

① 参见 New York Life. Fact Sheet:IndexFlex Variable Annuity, https://www.nylannuities.com/new-york-life?_annuities/variable-annuities。

续 表

		具 体 内 容
保障内容	可变账户和固定账户的投资选择	可变账户：提供多种投资选择 固定账户：提供保证利率 管理费用：仅针对可变账户
	提前领取	每年最多领取账户价值的10% 根据提前领取费期的选择设定3%~8%的费用率
	身故保险金	取保费和账户价值的最大值
其他	账户转换	指数账户切换到可变或固定投资账户：每年可转换指数账户价值的20% 可变或固定投资账户到指数账户：每年可转换2次 指数账户内部转换：每年可转换参考指数 目前不收取转换费用

（二）保证收益年金Ⅱ

保证收益年金Ⅱ（Guaranteed Lifetime Income Annuity Ⅱ）为纯终身年金，但在领取方式上，给客户提供了6种选择，可以满足投保人不同的养老资金需求。表6.10以纽约人寿保证收益年金Ⅱ产品为例，介绍该种年金特性。

表6.10 纽约人寿保证收益年金Ⅱ产品信息①

		具 体 内 容
投保规则	投保年龄	0~95周岁
	保险期间	终身
	交费期间	趸交
	投保限额	最低保费10 000美元
	领取方式	年/半年/季度/月领
	领取年龄	即期
保障内容	终身年金	有3种年金领取方式： 方式1：若被保险人身故，受益人可一次性领取保费与已支付金额的差值 方式2：购买保险时选择5~30年的领取保证期。被保险人于保证期内身故，受益人继续领取年金直至保证期满；对于联合生命年金，保证期内两位被保险人都死亡时收益人才可以继续领取年金 方式3：纯年金。被保险人领取年金直至身故。联合生命年金，年金持续至两位被保险人都身故为止

① 参见 https://communications.fidelity.com/fili/spia/nyl/docs/new_york_life_lifetime_spia_factsheet.pdf.

续 表

		具 体 内 容
其他	增值服务	(1) 提前领取(仅适用于月领)：被保险人59.5周岁后有两次机会可一次性提前领取未来6个月的给付金额，6个月后可继续领取年金 (2) 最高可提取100%现金(仅适用于有保证期的年金)：被保险人59.5周岁后可在保证期内一次性领取最高100%的未来保证期间内给付年金的折现值，同时未来保证期内的年金会减少。被保险人生存至保证期满后，年金领取水平恢复至正常水平 (3) 30%现金提取：被保险人59.5周岁后可基于其预期余命领取30%未来的给付金额。此项权利可于首次年金领取日后的第5、10或15个保单年行使；或被保险人可以证明自己处于重大非医疗经济困境。该项权利保险期间仅可执行一次，执行后未来给付金额下降30% (4) 联合年金收入降低：联合年金中一位被保险人身故，另一位被保险人的年金水平下降50%~67%。年金下降水平于投保时确定。该条款不适用于第一种年金领取方式 (5) 年金增加：可选择年金金额按每年1%~10%增加。行使此项权利后，初始几年的年金水平较低，以后逐年增加，被保险人第一次领取年金的年龄至少为59.5周岁。不可同时选"需求变更"和"收入增强" (6) 年金变更：购买年金时可选择未来某一时点调整给付金额，如给付金额上升1%~400%，或下降1%~50%，调整需在年金领取后的3年以后执行，且被保险人第一次领取年金的年龄至少59.5周岁 (7) 收入增强：购买保险时可选择增加年金金额，增加的触发条件可与基准指数挂钩。当第五个保单年基准指数上升至少2%时，年金金额自动上升

(三) 固定递延年金 Ⅱ

固定递延年金 Ⅱ（Secure Term Choice Fixed Annuity Ⅱ）也是终身年金，特色在于提供的增值条款，如利率骑乘、受益人权益增强、配偶延续强化附加条款。表6.11以纽约人寿固定递延年金 Ⅱ 产品为例，介绍其产品特性。

表 6.11 纽约人寿固定递延年金 Ⅱ 产品信息①

		具 体 内 容
投保规则	投保年龄	0~90 周岁
	保险期间	终身
	交费期间	趸交
	投保限额	最低保费 5 000 美元
	年金领取起始年龄	延期

---

① 参见 New York Life. Fact Sheet：Secure Term Choice Fixed Annuity Ⅱ。

续表

		具 体 内 容
保障内容	固定利率＋保底利率	3/4/5/6/7年固定利率＋有保底的浮动利率,固定利率如下所示: | 保费	3年	4年	5年	6年	7年
---	---	---	---	---	---
\$100 000＋	4.60%	4.70%	4.80%	4.80%	4.80%
\$50 000～\$99 999	4.35%	4.45%	4.55%	4.55%	4.55%
\$25 000～\$49 999	4.25%	4.35%	4.45%	4.45%	4.45%
\$5 000～\$24 999	3.95%	4.05%	4.15%	4.15%	4.15%	
	提前领取	10%的保单上一年度价值、10%的当前价值、100%的保单盈利(仅适用于保费大于100 000美元的情况)三者取大 若领取金额超过限额,超过部分根据固定利率期限收取3%～7%的费用
	身故保险金	在账户价值年金化前,受益人可在被保险人身故后获得账户价值
其他	增值服务	生活需求福利/失业附加条款:被保险人入住健康护理机构60日;被诊断寿命不超过12个月;因永久性残疾而无法参加工作至少12个月;领取政府失业金60日。被保险人可领取账户价值无需支付或部分支付领取费用 利率骑乘(Interest Opportunity Rider, IOR): 选项1:若10年期国债收益率在首个保单年度的半年和周年时上升至少0.5%,固定利率将上升0.5% 选项2:若10年期国债收益率在前两个保单年度的半年和周年时上升至少1%,固定利率将上升1% 若选择该附加条款,固定利率对应下降 受益人权益增强附加条款:受益人在被保险人身故后可获得额外的金额以支付领取账户金额时所需支付的税款 配偶延续强化附加条款:该条款自动附加在受益人权益增强附加条款上。若唯一受益人是被保险人配偶,其在被保险人身故后继续保留该账户,账户价值将增加受益人权益增强附加条款对应提供的金额

从上述3款保险产品可以发现,美国纽约人寿保险公司销售的年金产品有以下特征:(1)投保年龄设置宽松,最高都在85周岁以上;(2)账户的累计方式多样,将金融工程的思维引入年金累计账户设计,如固定递延年金Ⅱ的骑乘条款;(3)领取方式多样,可满足不同投保人的偏好,不论是账户累计的利率设置还是领取的方式,均为投保人提供了许多选择权。复杂产品的定价和风险管理都更为复杂,对保险公司的估值技术和风险管控能力提出了更高的要求。

第四节　年金保险发展历史及现状

一、我国年金保险发展历史

1991年,国务院发布《关于企业职工养老保险制度改革的规定》,首次提出将商业养老保险作为职工养老保障的补充,由此进一步推动改革企业职工养老保险制度。1995年6月,《保险法》的颁布实施为年金保险的规范发展奠定了制度基础,其中第四十六条规定:人身保险公司可以经营的业务范围中包括了个人和团体年金保险。从此,年金保险有了法律的规范和约束,商业养老年金保险正式进入市场。到1997年,国务院在《关于建立统一的企业职工基本养老保险制度的决定》中指出要扩大养老保险范围,发挥商业保险的作用。作为养老保险的重要组成部分,商业年金险再一次得到重视。

随着亚洲金融危机的爆发,1998—2002年人民币一年期利率从10.98%降至1.98%,并在这一低点保持了约两年半,降息导致了包括年金险产品在内的保险产品受到巨大冲击。2004年,我国加入WTO,保险业开始允许外资寿险公司参与商业养老年金保险业务。2007年,保监会发布《保险公司养老保险业务管理办法》,养老保险从此有了专门的制度予以指导、监督和规范,为商业养老保险的发展奠定了制度基础。2011年,保监会发布《关于开展变额年金保险试点的通知》,决定借鉴国外经验,引入变额年金,丰富保险市场的险种结构,但试点并没有获得成功。

2014年,国务院在其颁布的《关于加快发展现代保险服务业的若干意见》中,提出要推动商业养老健康保障计划的全面落实,推动养老保险产品服务的创新,构建多层次社会保障体系。2017年,国务院继续发布《关于加快发展商业养老保险的若干意见》,指出要丰富和创新商业养老保险产品和服务,推进商业养老保险资金安全稳健运营。2018年财政部发布《关于开展个人税收递延型商业养老保险试点的通知》,文件指出,自2018年5月起,上海、厦门、苏州工业园区等地开始推动个人税收递延型商业养老保险试点,此举标志着利用税收优惠政策鼓励个人施行养老储备正式进入实践阶段,也表明规范化的个人税收递延型商业养老保险正式进入市场。2019年国务院实施的《国家积极应对人口老龄化中长期规划》,说明国家高度重视养老财富储备,强调通过扩大容量、优化结构以及提升效益等来落实全社会财富储备。2020年年初由中国保险行业协会发布的《关于促进社会服务领域商业保险发展的意见》,强调要推动商业养老保险的多样化发展,满足消费者终身领取的需求,实现商业年金保险的跨越式发展。

二、我国年金保险发展现状

(一)保费规模与增速

随着经济社会的发展和人均寿命的延长,近年来我国人口老龄化趋势日益凸显,而传统养老保障体系无法满足不断扩大的老年群体养老需求,企业年金也面临难题。因此,个人年金保险的发展在当前形势下显得尤为重要。中国是全球老年人口最多的国家之一,以购买力为标准,中国在人均GDP才4 000美元时就已经进入老龄化社会,发达国家则在1.5万美元左右时才进入。2035—2050年将是中国人口老龄化的高峰阶段,根据预测,到2050年中国65周岁及以上的老年人口将达3.8亿,占总人口比例近30%;60周岁及以上的老年人口将接近5亿,占总人口比例超1/3。[①]

截至2020年,在个人业务方面,人身险公司合计实现原保费收入2.39万亿元,其中年金

---

① 中国发展研究基金会. 中国发展报告:中国人口老龄化的发展趋势和政策[M]. 北京:中国发展出版社,2020.

保险原保费收入占比较高,为1.1万亿元,约占46%。在团体业务方面,人身险公司合计实现原保费收入71.3亿元,其中年金保险原保费收入达到31.1亿元,占比43.6%。

根据中国保险行业协会的统计数据,2020年网销人身险保费中,年金保险规模保费达到490.1亿元,同比增长38.8%。年金保险保费收入占比为23.2%,较上一年提升4个百分点,已成为人身险业务中第二大险种。

(二)我国养老体系下的年金保险

为了丰富商业养老保险产品供给,为个人和家庭提供个性化、差异化养老保障,国家支持符合条件的商业保险机构积极参与个人税收递延型商业养老保险试点。2017年年底,我国启动了个人养老保险推动工作(见表6.12),主要包括推出养老目标证券投资基金、开展商业养老保险、进行个人税收递延型商业养老保险试点、开展养老理财产品试点等,为推进个人养老金的发展打下基础。

表6.12 我国个人养老金相关政策

时间	发布部门	文件名称	主要内容
2017年7月	国务院	《关于加快发展商业养老保险的若干措施》	丰富商业养老保险产品供给,为个人和家庭提供个性化、差异化养老保障。支持符合条件的商业保险机构积极参与个人税收递延型商业养老保险试点。2017年年底前启动个人税收递延型商业养老保险试点
2018年2月	证监会	《养老目标证券投资基金指引》	规定养老目标基金以长期稳健增值为目的,并应采用成熟的资产配置策略
2018年4月	财政部等五部门	《关于开展个人税收递延型商业养老保险试点的通知》	在上海市、福建省(含厦门市)和苏州工业园区实施个人税收递延型商业养老保险试点。试点期限暂定1年
2021年5月	银保监会	《关于开展专属商业养老保险的通知》	批准6家人身险公司在浙江省和重庆市开展专属商业养老保险试点
2021年9月	银保监会	《关于开展养老理财产品试点的通知》	批准工银理财在武汉和成都,建信理财和招银理财在深圳,光大理财在青岛开展养老理财产品试点。试点阶段,单家试点机构养老理财产品募集资金总规模限制在100亿元人民币以内
2022年2月	银保监会	《关于扩大专属商业养老保险试点范围的通知》	专属商业养老保险试点区域扩大到全国范围。在原有6家试点公司基础上,允许养老保险公司参加专属商业养老保险试点
2022年2月	银保监会	《关于扩大养老理财产品试点范围的通知》	养老理财产品试点地区扩大至北京、沈阳、长春、上海、武汉、广州、重庆、成都、青岛、深圳10地
2022年4月	国务院	《关于推动个人养老金发展的意见》	第三支柱先试点后推开,年交费额度上限12 000元

续　表

时　间	发布部门	文　件　名　称	主　要　内　容
2022年5月	银保监会	《关于规范和促进商业养老金融业务发展的通知》	针对银保机构开展商业养老金融业务的业务范畴、形式进行相关规定，明确展业要求，规定个人养老金可投资于哪些银保机构养老金融产品
2022年6月	人力资源社会保障部等五部门	《关于推动个人养老金发展的意见宣传提纲》	阐述个人养老金建设背景、意义、制度原则及政策内容等，督促有关部门加强宣传
2022年7月	银保监会、人民银行	《关于开展特定养老储蓄试点工作的通知》	启动特定养老储蓄。由工、农、中、建4家大型银行在合肥、广州、成都、西安和青岛5个城市开展特定养老储蓄试点，单家银行试点规模不超过100亿元，试点期限为1年

现阶段，我国养老金融产品包括养老保险、养老理财和养老目标基金。

1. 养老保险

养老保险一般指商业养老保险。目前市场上具有养老保障功能的商业保险产品相对较少，主要包括养老年金保险和增额终身寿险这两种。总体来看，市场规模尚小，以养老年金保险产品为主。根据国务院新闻办公室及保险行业协会公布的数据，2020年和2021年我国商业养老年金保险保费收入分别达到712亿元和620亿元，其占人身险保费的比重分别为2.14%和1.87%，比重有所下降。

目前来说，个人税收递延型和专属商业这两种养老保险较为特殊。

个人税收递延型养老保险具备税收优惠，其允许保险费在纳税前列支，通过保险费获得的投资收益免税，到领取养老金时需要交纳相应的个人所得税。2018年5月1日，在上海、福建（含厦门市）和苏州工业园区开展了该类型养老保险试点，共有5批次合计23家保险公司获批。截至2021年年末，个人税收递延型养老保险的参保人数已超过5万人，保费收入累计达到6.3亿元。

专属商业养老保险是一种更为灵活的积累和领取养老金的方式。《中国银保监会办公厅关于开展专属商业养老保险试点的通知》指出，试点保险公司应该开发投保简便、交费灵活、收益稳健的专属商业养老保险产品。在该保险条款中，消费者年满60周岁方可领取养老金，领取期限不低于10年。

2021年6月1日，浙江省（含宁波市）和重庆市启动了专属商业养老保险试点，并批准了6家保险公司参与其中。为了满足各类就业人员的养老需求，保险公司被要求积极探索服务。根据银保监会官网的数据，截至2022年1月底，试点保险公司合计承保保单接近5万件，累计保费达到4亿元。其中，以快递员、网约车司机为代表的新产业、新业态从业人员参保人数接近1万。2022年3月1日，专属商业养老保险试点区域被扩大至全国范围，试点保险公司范围也随之扩大，所有养老保险公司都有资格参与试点。

2. 养老理财

我国于2021年9月15日开展了养老理财产品试点，批准了工银理财、建信理财、招银理财、光大理财分别在深圳、青岛、武汉和成都启动"四地四机构"试点。试点范围于2022年3月1日扩大至"十地十机构"。中国金融新闻网显示,截至2022年9月21日,工银理财、招银理财、中银理财、建信理财、交银理财、光大理财、农银理财、中邮理财、贝莱德建信理财这9家理财子公司共发行了48只养老理财产品,共募集到的资金超过900亿元。

养老理财产品主要具有4个特征:(1)风险低;(2)收益水平较高,一般在4%~6%;(3)期限较长,但也存在一些增加流动性的设置;(4)不仅仅针对老年人,只要有养老需求的人都可以购买。表6.13以工银理财的养老理财产品为例,介绍相关信息。

表6.13 工银理财的养老理财产品具体信息

产品名称	工银理财·颐·安泰固收类封闭净值型养老理财产品
产品编号	21GS5688
业绩比较基准	5.8%~7%
风险等级	R2中低风险
封闭期	1 828天(5年)
已运行天数	约224天(近8个月)
初始净值	1.001元(2021年12月29日)
当前净值	1.026 5元(2022年8月10日)
产品成立至今年化收益率	4.15%
负收益比例	20%(每公布10次净值,约2次为收益回撤或者0增长)

从表6.13中可以看出,养老理财产品并没有规定购买者的年龄。也就是说,养老理财不仅仅是针对"养老"而言的,从其回报率中可以看出,它更像是一个高收益高风险的理财产品,实际上有些偏离"养老"的名号。

3. 养老目标基金

作为一种创新型公募基金,养老目标基金寻求养老资产的长期稳健增值,鼓励投资者长期持有,采用成熟的资产配置策略,审慎控制投资组合的波动风险。这种基金对基金管理人的要求十分严格,对投研团队的要求也较高。

2018年2月,证监会发布了《养老目标证券投资基金指引(试行)》。目前市场上的养老目标基金分为目标日期和目标风险两种类型。目标日期基金根据投资者的养老期限,以生命周期理论为基础,随着目标日期的接近,逐渐降低权益类资产比例,同时提高固定收益类资产比例。而目标风险基金则在合同中约定了权益和固定收益两类资产的比例,明确了风险水平,可以选择稳健、平衡、积极3种。万得资讯数据显示,截至2022年5月,市场上共有189只养老目标基金产品,资产规模已超千亿元。

养老目标基金是一种FOF,也即"基金中的基金",与"养老"的概念其实没有很大关系。

三、国际年金保险发展现状

年金保险的发展历程较短,截至目前不过数十年时间,美国的年金保险制度相较之下更具经验,因此以下主要分析美国年金保险市场。

1945年,美国65周岁以上人口比例升至7.5%,社会进入老龄化;1985年这一数据达到了12.1%,达到了深度老龄化标准;截至2020年年底,其又攀升至16.9%。① 美国老龄化的趋势特征与我国不同,美国用了40年时间从老龄化社会步入深度老龄化社会,速度较缓慢,而我国自2000年进入老龄化社会后仅历经21年就进入深度老龄化社会,美国老龄化速度较缓慢的特点为其养老保障制度建立健全以及个人养老保障意识培养赢得了时间。

美国的养老保障体系有三大支柱,依次为由联邦政府主导的联邦社保基金、由企业发起的企业补充养老计划和个人自愿参加的个人养老金计划。截至2020年年末,第一支柱基金规模约为2.91万亿美元,第二支柱规模约为20.1万亿美元,第三支柱规模约为12.21万亿美元②,与我国的养老保险体系结构不同,美国体系以企业和个人为主。

2020年年末,美国年金保费收入约为3 000亿美元,约占人身险保费收入的47%,年金保费收入中个险和团险保费收入基本相同③,图6.6画出了2015—2020年个险和团险保费收入情况,总体较为平稳,个险业务波动比团险业务大;图6.7展示了2015—2020年美国年金保险深度与密度,也呈现平稳略有下降的趋势,图6.8和图6.9展示了1995—2021年美国养老金市场资产规模及各类资产占比情况。结合4张图来看,美国年金市场发展平稳有降,即使美国养老金市场发展迅速,从2015年的24万美元资产规模升至39.4万亿美元资产规模④,也并没有使得年金市场迎来快速发展,而且不论是从保费收入还是从保险密度和深度来看,年金市场都呈现略有下滑的趋势。

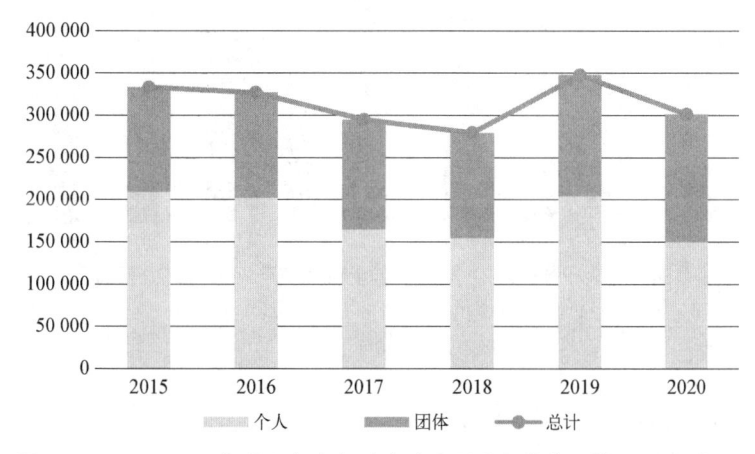

图6.6 2015—2020年美国年金保险个险和团险保费收入情况(百万美元)

资料来源:American Council of Life Insurer. Life Insurance Fact Book 2021[R/OL]. (2021-12-09)[2024-04-01]. https://www.acli.com/-/meclia/acli/files/fact-books-public/2021Lifeinsurersfactbook.pdf.

---

① American Council of Life Insurer. Life Insurance Fact Book 2021[R/OL]. (2021-12-09)[2024-04-01]. https://www.acli.com/-/meclia/acli/files/fact-books-public/2021Lifeinsurersfactbook.pdf.
② 信达证券. 海外机构研究系列之一:美国养老体系研究[R/OL].(2021-09-14)[2024-04-01]. https://m.book118.com/html/2021/0914/6101032012004004.shtm.
③ American Council of Life Insurer. Life Insurance Fact Book 2021[R/OL]. (2021-12-09)[2024-04-01]. https://www.acli.com/-/meclia/acli/files/fact-books-public/2021Lifeinsurersfactbook.pdf.
④ Investment Company Institute. 2022 Investment Company Fact Book [R/OL]. (2021-05-01)[2024-04-01]. https://www.ici.org/system/files/2021-05/2021-factbook.pdf.

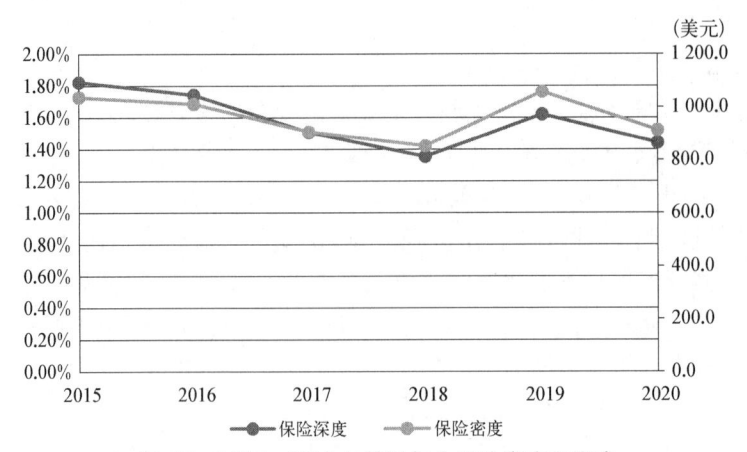

图 6.7　2015—2020 年美国年金保险密度和深度

资料来源：American Council of Life Insurer. Life Insurance Fact Book 2021[R/OL].(2021-12-09)[2024-04-01]. https://www.acli.com/-/meclia/acli/files/fact-books-public/2021Lifeinsurersfactbook.pdf.

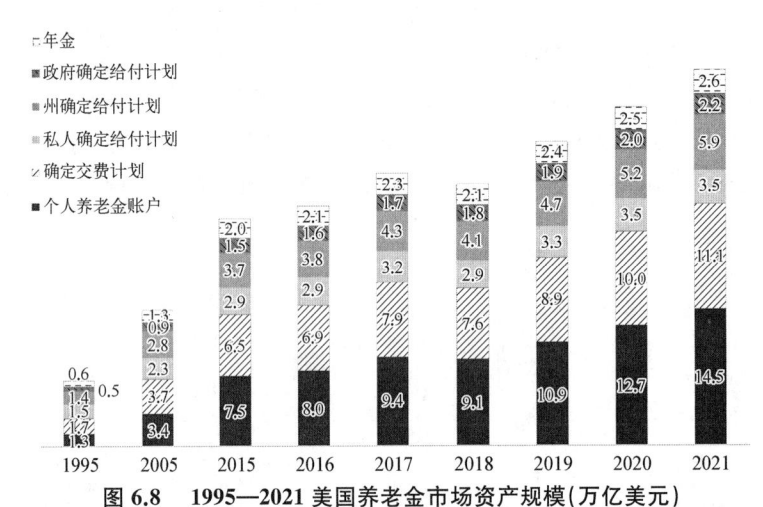

图 6.8　1995—2021 美国养老金市场资产规模（万亿美元）

资料来源：Investment Company Institute. The US Retirement Market，First Quarter 2024[R/OL].(2024-06-13)[2024-07-01]. https://www.ici.org/research/stats/retirement.

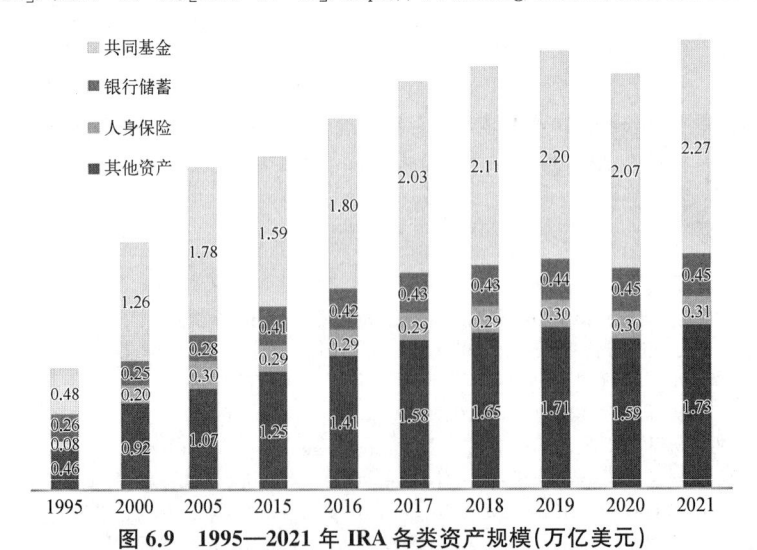

图 6.9　1995—2021 年 IRA 各类资产规模（万亿美元）

资料来源：Investment Company Institute. The US Retirement Market，First Quarter 2024[R/OL].(2024-6-13)[2024-07-01]. https://www.ici.org/research/stats/retirement.

表 6.14 和表 6.15 分别列出了截至 2022 年第二季度末美国年金保险市场个险业务和团险业务市场占有率前十的公司，可以发现，团险业务的集中度比个险业务更高，团险业务市场占有率前十的公司共占据 72% 的市场份额，而个险仅为 56%；此外，团险排名第一的 Athene 的份额为 12%，远超排名第十的 Lincoln Financial 的 4%，而个险排名第一的 New York Life 的份额为 8%，排名第十的 Pacific Life 为 4%，可见团险头部公司之间的市场占有率差异也比个险更大。

表 6.14　2022 年二季度美国年金保险市场个险业务各家公司市场占有率

保 险 公 司	市场份额（%）	个险业务（10 亿美元）	2021 年二季度至 2022 年二季度市场份额变动（%）
New York Life	8	5.64	100.6
MassMutual	7	5.02	38.1
AIG	6	4.17	−5.6
Jackson	6	4.05	−15.5
Allianz	6	3.94	12.0
Athene	5	3.79	111.0
Equitable Holdings	5	3.41	12.6
Western and Southern Financial Group	5	3.37	243.3
Lincoln Financial	4	2.85	−14.3
Pacific Life	4	2.83	36.3
其他	44	32.52	1.4

资料来源：根据 S&P Global Market Intelligence 官网数据整理而得。

表 6.15　2022 年二季度美国年金保险市场团险业务各家公司市场占有率

保 险 公 司	市场份额（%）	团险业务（10 亿美元）	2021 年二季度至 2022 年二季度市场份额变动（%）
Athene	12	5.51	269.2
MetLife	9	4.08	168.1
Prudential Financial Inc.	8	3.67	37.5
John Hancock	8	3.64	−2.7
Transamerica	8	3.59	1.0

续　表

保 险 公 司	市场份额（%）	团险业务（10亿美元）	2021年二季度至2022年二季度市场份额变动（%）
MassMutual	7	3.37	37.7
Voya Financial Inc.	7	3.22	10.0
TIAA	5	2.34	7.0
New York Life	4	1.84	66.8
Lincoln Financial	4	1.61	69.8
其他	28	12.11	12.9

资料来源：根据 S&P Global Market Intelligence 官网数据整理而得。

第五节　非标准体年金产品简析

一、非标准体年金概念及特征

寿险所承保的保单中，并非所有被保险人面临的风险都相同，具体可分为标准体保险（Standard Insurance）与次标准体保险（Substandard Insurance）。标准体指的是风险程度属于正常标准范围，在身体、职业、道德等方面没有明显缺陷的被保险人，可依据生命表中的标准保险费率直接承保。次标准体与标准体对应，指的是可能因患有一些慢性病/具有重疾病史/有抽烟等不良习惯/从事危险职业，致使死亡率高于标准体，不能用生命表中的标准保险费率直接承保的被保险人。

非标准体年金［又称次标准体年金（Substandard Annuity）、强化年金（Enhanced Annuity）］，延续了次标准体的概念，将次标准体作为承保对象，以年金受领人的期望余命为计算基础支付年金，并通过调整以反映年金受领人的健康状况，为次标准体的长寿风险提供保障。

比如，一位60周岁的非标准体男性因为一些健康缺陷，其期望余命和70周岁的标准体男性相同，在以被保险人生存为给付条件的终身年金下，假如投保一份标准体年金合同，可领取的年金精算现值必将低于60周岁的标准体男性。而非标准体年金合同可以解决这一问题，在交纳保费不变的情况下，可上调其每期领取的年金数额。但非标准体年金也存在一定的道德风险，为得到更高的给付额度，标准体可能假装有病或者伪造病史等，因此非标准体年金中增加了健康告知和体检，同时在核保时严格把控，在标准体年金中则没有对此作要求。

对于预期寿命低于平均水平的这类特殊人群，非标准体年金提供了更公平的保险费率和更具吸引力的给付额度，切实保障了该群体的长寿风险，也为保险市场打开了另一片广阔天地。

二、非标准体年金产品形式

（一）吸烟体年金

人寿保险中一般非吸烟者可以获得更优惠的费率，而吸烟体年金（Smoker Annuities）则恰恰相反。以是否吸烟作为区别，吸烟体年金为吸烟者提供较低的费率和较高的给付。吸烟者由于长期吸烟，因此其死亡率会高于非吸烟者，特别是当吸烟者日吸烟量在 10 根以上且烟龄超过 10 年时，吸烟体年金的给付相较于传统年金可增加 10% 以上。

（二）生活地区与职业年金

生活地区与职业年金（Socio-Geographic Annuities，SG Annuities）以被保险人的职业和生活地区作为费率厘定的标准。当被保险人从事死亡率相对较高的工作或者是住在死亡率相对较高的地区时，可以使用较低的保险费率。此项年金在投保时无需进行健康检查，只需要填写申请书详细说明被保险人先前职业以及居住地址。

（三）健康因子年金

健康因子年金（Health-Indicator Annuities，HI Annuities）通过结合不同的健康因素来分类并判断年金率。这些因子组合包括肥胖与高血压、糖尿病与吸烟习惯等。当被保险人仅符合一项健康因素时，就无法领取该年金的给付。健康因子年金针对的是罹患多种疾病的群体，在计算被保险人的死亡率时会先选择适合的死亡率表（如吸烟者年金死亡率表），再附加计算超出死亡率的部分，因此该年金的年金率会比传统年金高出 10%。

（四）严重损害年金

严重损害年金（Impaired Annuities）和健康因子年金类似，二者的差别在于前者以一些更为严重的疾病作为分类标准，比如肺气肿、心脏病、阿尔茨海默病等。当被保险人罹患一种以上疾病时，就可以领取更多的年金给付。相对于其他 3 种年金，严重损害年金的给付会多出许多。

三、英国的非标准体年金

英国 Equitable 人寿保险公司于 1762 年首次提出次标准体保险的概念，在办理相关业务时采取加征特别保险费的方法，此时还没有科学的精算基础和风险处理技术。1896 年，美国纽约人寿公司在缺陷体死亡率调查的基础上，使用评分制承保次标准体保险，此举成为现代承保次标准体的开端。20 世纪 70 年代中期，美国寿险业开始进行风险等级细分，在产品中对吸烟和非吸烟者采取差异化价格，标志着次标准体保险真正诞生。20 世纪 90 年代初期，英国保险市场引入次标准体概念，出现为体弱者提供的年金服务。

这些保险产品均为以下两种形式中的一种：非标准体年金（向具有非重大疾病的人提供小额给付上调但不需全面保险审查）或者次标准体年金（向能够证明有严重疾病并且接受全部承保程序的个人提供较高的给付上调）。非标准体年金主要与生活方式有关，比如吸烟习惯、职业、存在如糖尿病等非重大疾病；次标准体年金则适合于那些有例如癌症等重大疾病的人。在年金保险数据统计中，二者通常不进行区分，一般统称为非标准体年金。

英国市场与其他国家较为不同，其特殊之处在于 2015 年以前英国政府为了应对长寿风险，规定退休账户中只有 25% 的资金可以一次性免税提取，剩余 75% 必须转化为年金。这个规定给商业年金保险创造了巨大的刚需市场。但是在平均余命不断延长的情况下，并不是所有人都能一直维持良好的健康状况。如若强制购买标准体年金产品，对于癌症患者、从事高风险职业的人群存在不公。因此，为了让身体状况欠佳的人群也能买到合适的年金保险，英国市场逐渐衍生出非标准体年金。非标准体年金的给付水平较高，推出后很快就受到市场欢迎。2001年英国非标准体年金保费收入4.196亿英镑，继而缓慢上升，从2004年到2007年，其保费收入增加了一倍多，达到11亿英镑左右。根据韦莱韬悦数据，2008—2011年4年间英国基于非标准体费率销售的年金产品占年金保险总销售额的20%，2007年英国保险市场上有8家保险公司提供次标准体年金，到2008年至少又增加了3家。到2012年，非标准体年金保费收入达到最高值(44.848亿英镑)，较上年市场份额增长150%。

但是，2015年4月的养老金改革，极大地放松了强制年金化要求。非标准体年金市场和标准体年金市场都受到巨大冲击，但非标准体年金受到的影响更大。根据Moneyfacts的市场调查报告[1]，2015—2017年，非标准体年金的退休金水平(65周岁退休人群)下降幅度在10.2%～14.2%，标准体年金的下降幅度在2.6%～3.2%。2017年第四季度，一个70周岁退休人士，如购买的是非标准体年金，则退休金水平平均下降了6.8%，与标准体年金的退休金水平差异从16.7%降低到12.1%。非标准体年金受到冲击的原因有多种，如客户群体的改变、市场缩小、医疗水平提高极大地提高了患病人群的生存率，2012年12月开始实施的欧盟性别指令要求对年金采用男女无差别定价带来的逆选择等。

尽管如此，英国年金市场仍处于持续增长状态，非标准体年金的产品设计也非常多样化。非标准体年金中，除了采用传统的年龄、收入、受教育水平等分类外，还根据吸烟/非吸烟分别制定了费率，绝大部分保险公司将被保险人分成了3个或3个以上的风险等级。

四、国内案例：横琴明爱金生养老年金

我国的人口老龄化趋势不断加深，且速度和规模前所未有。随着预期寿命的变长，长期带病生存将成为一种常见现象，如何满足"非标准群体"的保险需求是保险公司在养老和健康领域必须考虑的问题。相较于健康险，养老年金险理论上来说应具有更大的包容性和创新性，但实际来看，大部分养老险产品仍然存在细分、专属程度较低、设计缺乏针对性的弊端。为填补这一断层带，明亚保险经纪公司联合横琴人寿和慕尼黑再保险，共同开发了一款专门针对身体"微恙"人群的次标体养老年金保险——"明爱金生养老年金保险"，保障这一人群的风险。

(一) 产品概况

横琴明爱金生养老金产品概况如表6.16所示。

表6.16 横琴明爱金生养老年金产品概况

保 险 责 任	
养老年金	年领：基本保额×100% 月领：基本保额×8%
身故保险金	年金领取前：累计保费、现金价值两者取大 年金领取后：80周岁累计应领取-已领取

---

[1] Natalie Tuck. Enhanced annuity "hit hardest" since pension freedoms[EB/OL]. (2018-02-01)[2023-10-01]. https://moneyage.co.uk/enhanced-annuity.php.

续　表

保 险 责 任	
领取年龄	女性：55周岁、60周岁、65周岁 男性：60周岁、65周岁、70周岁
附加功能	保单借款
销 售 规 则	
投保年龄	0～60周岁
保险期间	终身
交费期间	趸交,3年,5年,10年,20年
基本保费	10 000元起投,每10 000元递增
承保档次	优选体：EM值0～100
	标准体：EM值101～200
	次标体：EM值200以上～拒保(不含)
业务类型	互联网
核保方式	线上智能核保,后端大数据风控

(二) 年金给付

以交费5年,年交10万元,共交50万元为例,如表6.17所示。

表6.17　横琴明爱金生养老年金给付情况　　　　　　　　　　单位：元

领取年龄	明爱金生(优选体)			明爱金生(标准体)			明爱金生(次标体)		
	55周岁	60周岁	65周岁	55周岁	60周岁	65周岁	55周岁	60周岁	65周岁
30周岁(男)	/	72 500	99 200	/	74 400	103 100	/	76 300	107 300
30周岁(女)	53 300	69 700	93 800	54 300	71 500	97 300	55 400	73 500	101 300
40周岁(男)	/	51 200	70 200	/	52 600	72 900	/	53 900	75 700
40周岁(女)	37 700	49 300	66 400	38 400	50 600	68 900	39 200	52 000	71 600
45周岁(男)	/	43 100	59 000	/	44 200	61 200	/	45 300	63 600
45周岁(女)	31 700	41 500	55 900	32 300	42 600	57 900	39 200	43 700	60 200
50周岁(男)	/	/	49 500	/	/	51 400	/	/	53 400
50周岁(女)	/	/	47 000	/	/	48 700	/	/	60 600

在退休金水平上,次标体>标准体>优选体。总体上来看,如选择从 60 周岁开始领取,每个梯队就可以多领 2.5% 左右,也就是说,次标体比优选体每年多领 5% 左右;而如果选择从 65 周岁开始领取,每个梯队就可以多领 4% 左右,也就是说,次标体比优选体每年多领 8% 左右。

本章小结

本章首先从长寿风险和我国社保替代率的角度分析了商业年金产品的保险需求。随后选取 6 款国内市场上的年金产品,比较了它们的条款和设计特色,并分析了这些产品的现金流和内部收益率。为开拓读者思路,本章还介绍了纽约人寿的 3 款年金产品的特色条款、我国年金市场的历史和发展以及美国年金市场。最后,本章还介绍了针对非健康人群的非标准年金产品。

本章思考题

1. 请参考国外的年金产品,为我国设计一款领取方式多样化的年金产品。
2. 试分析年金产品提供指数化账户或基金连结账户,保险公司会面临哪些风险。

本章附录

本章参考文献

[1] 钱林浩. 年金保险仍是主力[N]. 金融时报,2022-03-22(003).

[2] 吴玲. 养老,选银行理财 or 年金保险[J]. 支点,2022(2):68-70.

[3] 周芸. 基于感知价值视角的个人年金保险购买行为研究[D]. 杭州:浙江大学,2021.

[4] 谢金玲. 个人年金保险业务比较研究——以国内保险业为例[J]. 中国市场,2018(32):38-39.

[5] 中国人民银行武汉分行办公室课题组. 个人养老金发展的国际借鉴与比较[J]. 武汉金融,2022(10):72-78.

[6] 司武飞. 论广义的递延年金[J]. 合肥学院学报(自然科学版),2005(4):19-22.

[7] 丘山石. 年金保险那些事儿[J]. 现代商业银行,2020(8):57-60.

[8] 马文博. 个人养老金制度落地养老保障体系逐步完善[N]. 中国商报,2022-11-09(002).

[9] 丛树海. 新时代我国养老保障高质量发展的内容、体系和机制[J]. 北京工商大学学报(社会科学版),2022,37(5):1-10.

[10] 杨雨萌. 推进养老保险三大支柱共同发挥保障作用[N]. 中国银行保险报,2022-

11-04(006).

[11] 林春霞. 万亿个人养老金将成炙手可热的蛋糕[N]. 中国经济时报,2022-10-25(001).

[12] 王亚柯,叶雨彤,汤晟. 以房养老:经验、困境与发展路径[J]. 江海学刊,2020(1):240-245.

[13] 袁园. 个人养老金细则密集落地 险企可从两方面把握机会[N]. 每日经济新闻,2022-10-12(001).

第七章

车　险

本章要点

1. 了解我国交强险和商业车险的保障范围和除外责任。
2. 理解传统车险的定价因子。
3. 了解 UBI 车险的特征。

机动车辆保险，简称车险，起源于19世纪中后期的英国，历史悠久，是财险中的重要险种。我国的车险开始于1950年，但当时社会认知不足，车险很快就退出市场，直到20世纪70年代才逐步恢复。随着我国汽车行业的高速发展，汽车逐渐成为人们生活的必备品，汽车消费者产生了巨大的保险需求。伴随而来的是车险市场规模不断扩大，保费收入从1988年的20亿元增长至2021年的7 952亿元，占财产险的比重从1988年的37.6%增长到2021年的56.8%。如今，车险已经成为我国财产险中占比最高的险种。从产业发展的角度看，汽车制造是国民经济的支柱产业。随着汽车电池技术的革新，给传统汽车产业带来了革命性突破，新能源汽车的制造和使用也伴随着很多新的风险，迫切需要新的保险产品提供保障。保险公司的介入，有助于汽车行业的健康成长，体现保险为国民经济保驾护航的社会责任。

本章将分析汽车用车过程中的风险和相关保险产品，并从风险与产品两个角度出发，对车险定价、条款、具体产品和国内外发展经验进行解读。本章还将通过 UBI 车险，探讨车险创新的新思路与保险科技在车险中的应用。

第一节　风　险　分　析

本节将分别从汽车生产和用车两个环节分析风险。

一、汽车生产中的风险

与制造业的其他行业类似，汽车生产过程中可能存在的风险有机械、电气、化学等物质对工人造成的伤害；自然灾害造成的财物损失；汽车质量问题导致的法律赔偿责任。为应对这些风险，汽车制造商需要购买工伤保险、雇主责任保险、财产保险、产品责任保险、质量保险。

比较特殊的风险是试车过程中的车辆损失，汽车在量产前都要经过测试，包括常规测试和极端测试。常规测试是在试验场或场外测试车辆性能是否达到标准，极端测试有碰撞测试、高寒测试、高温测试、高原测试、恶劣道路环境测试等。试车过程中发生的车辆损失可以通过购买保险得到补偿。

> **阅读材料**　平安汽车生产商成品车损失保险

二、用车中的风险

在车辆使用过程中的风险分为车和人两类。前者指车受到损害的风险,后者指驾驶人、车上乘客或第三者相关的人身风险,如司机的驾驶行为不当或由于自身疏忽大意、疲劳驾驶,导致车辆发生意外事故,致使本车车辆损伤或车内人员受到伤害。当交通事故威胁第三方人身、财产安全时,驾驶人就必须承担赔偿责任。

针对新能源汽车,还存在一种特殊的风险——充电桩相关风险。在国家政策的驱动和新能源汽车自身优势的双重作用下,新能源汽车逐渐走进千家万户,成为越来越多人的选择。充电桩自身面临一系列风险,如:(1) 充电桩的设置依赖于外部电网的连接,若电网出现电路相关问题,就势必导致充电桩充电功能失效,严重的甚至可能损毁充电桩乃至被充电车辆。(2) 充电桩大多建设在室外,且体积较大,难以随意挪动。如果发生自然灾害,或碰到台风、暴雨等恶劣天气,或遇到人为的恶意破坏、偷盗,充电桩所有者就难以实时维护充电桩安全,存在较大风险。(3) 不论是公共充电桩,还是车主自己的私人充电桩,都很容易受到风吹日晒以及其他相关环境因素的影响,或是使用者的不当操作,都可能产生损坏、漏电,对他人的人身安全造成伤害。

智能系统越来越多地应用在车辆行驶过程中,软件失灵和网络黑客攻击也会给车辆或人员造成伤害,因此软件风险也不可忽略。

第二节　车险险种

用车过程中的风险保障产品构成了我国的主要车险险种,其中机动车交通事故责任强制保险(以下简称"交强险")为强制购买,其他为自愿购买。大部分车险业务在我国受到严格监管,保险行业协会配合监管规定给出示范条款,各家公司的车险产品基本按照示范文本设计。2020年9月,中国保险行业协会发布了最新版的交强险条款和5份车险示范条款,分别针对机动车商业保险(以下简称"商车险")、特种车商业保险、机动车单程提车保险、摩托车拖拉机商业保险和驾乘人员意外伤害保险。另外,鉴于新能源车与传统燃油车的风险差异,2021年中国保险行业协会为新能源车制订了车险专属条款。

以下我们一一解读交强险、商车险的主险和附加险、驾乘人员意外伤害保险、新能源商车险专属条款。

一、交强险

交强险是"由保险公司对被保险机动车发生道路交通事故造成本车人员、被保险人以外的受害人的人身伤亡、财产损失,在责任限额内予以赔偿的强制性责任保险"[①]。

(一) 保险责任[②]

交强险是为车主在用车过程中发生保险事故并使受害人伤亡或损失财产,补偿车主依照法律必须承担的医疗费用赔偿、财产损失和死亡伤残赔偿的一个险种。医疗费用包括医药费、诊疗费、住院费、住院伙食补助费、必要的,合理的后续治疗费、整容费、营养费。死亡伤残赔偿是指丧葬费、死亡补偿费、受害人亲属办理丧葬事宜支出的交通费用、残疾赔偿金、残疾辅助器具费、护理费、康复费、交通费、被扶养人生活费、住宿费、误工费和精神损害抚慰金。

(二) 除外责任

除外责任包括因受害人故意造成的交通事故的损失;被保险人所有的财产及被保险机动车上的财产遭受的损失;被保险机动车发生交通事故,致使受害人停业、停驶、停电、停水、停气、停产、通信或者网络中断、数据丢失、电压变化等造成的损失以及受害人财产因市场价格变动造成的贬值、修理后因价值降低造成的损失等其他各种间接损失;因交通事故产生的仲裁或者诉讼费用以及其他相关费用。

我国对交强险除了统一保险条款外,基础保险费率也由监管机构制定,基础费率之上的浮动部分,按照无赔款优待的方式,与道路交通事故次数相联系。监管机构每年对保险公司的交强险业务情况进行核查,并向社会公布。根据交强险业务的总体盈利或者亏损情况,可以要求或者允许保险公司相应调整保险费率。调整保险费率幅度较大的,监管机构应当进行听证。

二、车损险

按照中国保险行业协会制订的商业车险示范条款,商业车险的主险由三大险种构成:机动车损失保险(简称"车损险")、机动车第三者责任保险(简称"三者险")、机动车车上人员责任保险。投保人可以选择投保全部险种,也可以选择投保其中部分险种。附加险针对主险以外的保险责任设计,示范条款列出了11种附加险(条款见本章附录)。本节我们先解释车损险。

(一) 车损险的保险责任

车损险为驾驶人用车过程中,因自然灾害、意外事故造成被保险机动车的直接损失提供补偿。此外,被保险机动车被盗窃、抢劫、抢夺,经公安刑侦部门立案证明,满60天未查明下落的全车损失和直接损失,也可由车损险补偿。发生保险事故时,车损险还可以承担驾驶人为防止或者减少被保险机动车的损失所支付的必要的、合理的施救费用。

(二) 除外责任

1. 针对驾驶人的除外责任

(1) 事故发生后,被保险人或驾驶人故意破坏、伪造现场,毁灭证据;

(2) 交通肇事逃逸;

(3) 饮酒、吸食或注射毒品、服用国家管制的精神药品或者麻醉药品;

(4) 无驾驶证,驾驶证被依法扣留、暂扣、吊销、注销期间;

[①] 参见《机动车交通事故责任强制保险条例(2019年修订)》。

[②] 参见中国保险行业协会制定的《机动车交通事故责任强制保险条款》(2020版)。

(5) 驾驶与驾驶证载明的准驾车型不相符合的机动车；

(6) 投保人、被保险人或驾驶人故意制造保险事故；

(7) 违反安全装载规定；

(8) 车辆修理前被保险人没有会同保险人检验，没有协商确定维修机构、修理项目、方式和费用，导致无法确定的损失，保险公司不予赔偿；

(9) 投保人、被保险人或驾驶人知道保险事故发生后，故意或者因重大过失未及时通知，致使保险事故的性质、原因、损失程度等难以确定的，保险人对无法确定的部分，不承担赔偿责任，但保险人通过其他途径已经知道或者应当及时知道保险事故发生的除外。

2. 针对车辆的除外责任

(1) 发生保险事故时被保险机动车行驶证、号牌被注销；

(2) 车辆被扣留、收缴、没收期间；

(3) 车辆在竞赛、测试期间，在营业性场所维修、保养、改装期间；

(4) 被保险人或驾驶人故意或重大过失，导致被保险机动车被利用从事犯罪行为；

(5) 被保险机动车被转让、改装、加装或改变使用性质等，导致被保险机动车危险程度显著增加，且未及时通知保险人，因危险程度显著增加而发生保险事故的；

(6) 因市场价格变动造成的贬值、修理后因价值降低引起的减值损失；

(7) 自然磨损、朽蚀、腐蚀、故障、本身质量缺陷。

3. 保险责任以外的事故

(1) 车轮单独损失，无明显碰撞痕迹的车身划痕，以及新增加设备的损失；

(2) 非全车盗抢、仅车上零部件或附属设备被盗窃。

4. 一般性的除外责任

战争、军事冲突、恐怖活动、暴乱、污染（含放射性污染）、核反应、核辐射。

三、机动车第三者责任保险

（一）保险责任

机动车第三者责任险（简称"三者险"）是对交强险的补充，补偿赔偿责任超过交强险赔偿限额的部分。对保险责任严谨的描述是：保险期间内，驾驶人在用车过程中发生意外事故，致使第三者遭受人身伤亡或财产直接损毁，依法应当对第三者承担的损害赔偿责任，且不属于免除保险人责任的范围，保险公司对于超过交强险各分项赔偿限额的部分负责赔偿。

该险种有两点要注意：一是此处的第三者，不包括本车车上人员，车上人员的伤亡责任由机动车车上人员责任保险承担。二是如事故发生时，被保险机动车未投保交强险或交强险合同已经失效的，对于交强险责任限额以内的损失和费用，保险人不负责赔偿。

（二）除外责任

三者险的除外责任比交强险范围广。除了交强险的除外责任外，三者险的除外责任还包括：

(1) 被保险人或驾驶人故意破坏、伪造现场，毁灭证据；

(2) 交通肇事逃逸；

(3) 饮酒、吸食或注射毒品，服用国家管制的精神药品或者麻醉药品；

（4）无驾驶证，驾驶证被依法扣留、暂扣、吊销、注销期间；

（5）驾驶与驾驶证载明的准驾车型不相符合的机动车；

（6）非被保险人允许的驾驶人；

（7）发生保险事故时被保险机动车行驶证、号牌被注销的；

（8）车辆被扣留、收缴、没收期间；

（9）车辆在竞赛、测试期间，在营业性场所维修、保养、改装期间；

（10）全车被盗窃、被抢劫、被抢夺、下落不明期间；

（11）战争、军事冲突、恐怖活动、暴乱、污染（含放射性污染）、核反应、核辐射；

（12）第三者、被保险人或驾驶人故意制造保险事故、犯罪行为，第三者与被保险人或其他致害人恶意串通的行为；

（13）被保险机动车被转让、改装、加装或改变使用性质等，导致被保险机动车危险程度显著增加，且未及时通知保险人，因危险程度显著增加而发生保险事故的；

（14）被保险人及其家庭成员、驾驶人及其家庭成员所有、承租、使用、管理、运输或代管的财产的损失，以及本车上财产的损失；

（15）停车费、保管费、扣车费、罚款、罚金或惩罚性赔款；

（16）超出《道路交通事故受伤人员临床诊疗指南》和国家基本医疗保险同类医疗费用标准的费用部分；

（17）律师费，未经保险人事先书面同意的诉讼费、仲裁费；

（18）投保人、被保险人或驾驶人知道保险事故发生后，故意或者因重大过失未及时通知，致使保险事故的性质、原因、损失程度等难以确定的，保险人对无法确定的部分，不承担赔偿责任，但保险人通过其他途径已经知道或者应当及时知道保险事故发生的除外；

（19）车辆修理前被保险人没有会同保险人检验，没有协商确定维修机构、修理项目、方式和费用，导致无法确定的损失，保险公司不予赔偿；

（20）精神损害抚慰金。

四、机动车车上人员责任保险

（一）保险责任

驾驶人在用车中发生意外事故，致使车上人员遭受人身伤亡，且不属于免除保险人责任的范围，依法应当对车上人员承担的损害赔偿责任。

（二）除外责任

车上人员责任险的除外责任与车损险和第三者责任险大部分相同，不同的有：

(1) 赔偿范围不包括非被保险人允许的驾驶人；

(2) 全车被盗窃、被抢劫、被抢夺、下落不明期间；

(3) 被保险人及驾驶人以外的其他车上人员的故意行为造成的自身伤亡；

(4) 车上人员因疾病、分娩、自残、斗殴、自杀、犯罪行为造成的自身伤亡；

(5) 罚款、罚金或惩罚性赔款。

五、商业车险附加险

商业车险的附加险品种较多，分别针对主险未覆盖的风险，如车损险中除外的车轮损失,精神损失抚慰金责任(详细条款见本章附录)。

六、驾乘人员意外伤害保险

(一) 保险责任

交强险、三者险和车上人员责任保险都没有给司机提供保障。驾乘人员意外伤害保险就是以司机为被保险人的保险产品,乘客也可以作为被保险人。其保险责任为:被保险人驾驶或乘坐保险单载明车牌号码的机动车辆,在车辆使用过程中因遭受自然灾害、意外事故导致身故、伤残或医疗费用支出的,保险人依照条款约定给付身故保险责任金、伤残保险金和合理的医疗费用。

(二) 除外责任

驾乘人员意外伤害保险的除外责任与三者险类似,只是增加了医疗费用的约束,不包括不以器官功能恢复为目的的整容、矫形手术、植入材料支付的医疗费用,预防类、保健类、心理治疗类医疗费用,交通费、伙食费、误工费、丧葬费。

表7.1是交强险、车损险、三者险和机动车车上人员责任保险除外责任的比较。

表 7.1 交强险、车损险、三者险和机动车车上人员责任保险除外责任的比较

保险对象	除 外 责 任	交强险	车损险	三者险	机动车车上人员责任保险
驾驶人	事故发生后,被保险人或驾驶人故意破坏、伪造现场,毁灭证据		√	√	√
	交通肇事逃逸		√	√	√
	饮酒、吸食或注射毒品、服用国家管制的精神药品或者麻醉药品		√	√	√
	无驾驶证,驾驶证被依法扣留、暂扣、吊销、注销期间		√	√	√
	驾驶与驾驶证载明的准驾车型不相符合的机动车		√	√	√
	非被保险人允许的驾驶人			√	√
	投保人、被保险人或驾驶人故意制造保险事故		√	√	√
	违反安全装载规定		√		
	车辆修理前被保险人没有会同保险人检验,没有协商确定维修机构、修理项目、方式和费用,导致无法确定的损失,保险公司不予赔偿		√	√	
	投保人、被保险人或驾驶人知道保险事故发生后,故意或者因重大过失未及时通知,致使保险事故的性质、原因、损失程度等难以确定的,保险人对无法确定的部分,不承担赔偿责任,但保险人通过其他途径已经知道或者应当及时知道保险事故发生的除外		√	√	

续 表

保险对象	除 外 责 任	交强险	车损险	三者险	机动车车上人员责任保险
驾驶车辆	发生保险事故时被保险机动车行驶证、号牌被注销		√	√	√
	车辆被扣留、收缴、没收期间		√	√	√
	车辆在竞赛、测试期间，在营业性场所维修、保养、改装期间		√	√	√
	全车被盗窃、被抢劫、被抢夺、下落不明期间			√	√
	被保险人或驾驶人故意或重大过失，导致被保险机动车被利用从事犯罪行为		√		
	被保险机动车被转让、改装、加装或改变使用性质等，导致被保险机动车危险程度显著增加，且未及时通知保险人，因危险程度显著增加而发生保险事故		√	√	√
	自然磨损、朽蚀、腐蚀、故障、本身质量缺陷		√		
	因市场价格变动造成的贬值、修理后因价值降低引起的减值损失		√		
	停车费、保管费、扣车费、罚款、罚金或惩罚性赔款			√	√
保险事故	车轮单独损失，无明显碰撞痕迹的车身划痕，以及新增加设备的损失		√		
	非全车盗抢、仅车上零部件或附属设备被盗窃		√		
	受害人故意造成的交通事故	√			
	被保险人所有的财产及被保险机动车上的财产遭受的损失			√(扩展到家庭成员的财物)	
	被保险机动车发生交通事故，致使受害人停业、停驶、停电、停水、停气、停产、通信或者网络中断、数据丢失、电压变化等造成的损失以及受害人财产因市场价格变动造成的贬值、修理后因价值降低造成的损失等其他各种间接损失			√	√
	因交通事故产生的仲裁或者诉讼费用以及其他相关费用			√(保险人书面同意的诉讼费、仲裁费除外)	
	超出《道路交通事故受伤人员临床诊疗指南》和国家基本医疗保险同类医疗费用标准的费用部分			√	√
	精神损害抚慰金			√	√

续　表

保险对象	除　外　责　任	交强险	车损险	三者险	机动车车上人员责任保险
保险事故	被保险人及驾驶人以外的其他车上人员的故意行为造成的自身伤亡			√	
	车上人员因疾病、分娩、自残、斗殴、自杀、犯罪行为造成的自身伤亡				√
一般性的除外责任	战争、军事冲突、恐怖活动、暴乱、污染(含放射性污染)、核反应、核辐射	√	√	√	

七、新能源商业车险

新能源汽车与燃油车存在硬件上的区别,对车载软件的依赖程度不同,用车过程中的风险也不相同。新能源汽车的特殊体现在：(1)传统燃油车使用发动机和变速箱来产生动力,而新能源汽车则使用电动机替代了传统的燃油发动机,这是二者最大的不同。(2)传动系统差异。新能源汽车没有传统燃油车必备的变速箱,动力输出大小完全依靠电子控制系统来调节,没有燃油车的前后传动轴。(3)制动系统差异。燃油车采用发动机和真空泵组合来提供真空助力的制动模块;而新能源汽车没有发电机和启动机,制动系统需要由电动真空泵提供助力给真空制动助力器。(4)能量供给系统差异。燃油车上所有部件的能量源均来自汽油,新能源汽车使用动力电池作为电动机的能量源。

中国保险行业协会针对新能源汽车与燃油汽车的风险差异,为新能源汽车保险制订了汽车商业保险专属条款。[1] 该条款于2021年12月公布,其中包括3个主险条款和13个附加险条款。投保人可以全部购买,也可以只购买部分主险和部分附加险。

(一)主险之一：新能源汽车损失保险

与燃油车不同的是,新能源汽车保险的用车,既指车辆行驶过程,也包括车辆停放、充电和作业。其保障范围不仅包括车损险,而且包括电池及储能系统、电机及驱动系统、其他控制系统以及其他所有出厂时的设备。

当汽车在用车过程中因自然灾害、意外事故(含起火燃烧)发生直接损失时,可获得赔偿。发生保险事故时,驾驶人为防止或者减少汽车损失所支付的必要的、合理的施救费用,也由保险人承担。

新能源汽车损失险的除外责任在燃油车车险的基础上增加了对电池的特殊条款,电池衰减、朽蚀、腐蚀,以及充电期间因外部电网故障导致被保险新能源汽车的损失都不在赔付范围内。

(二)主险之二：新能源汽车第三者责任保险

新能源车三者险的保障范围,比燃油车三者险多了"起火燃烧"导致的第三者伤亡。用

---

[1] 参见《中国保险行业协会新能源汽车商业保险专属条款(试行)》。

车包括行驶、停放、充电及作业。

（三）主险之三：新能源汽车车上人员责任保险

新能源汽车车上人员责任保险比燃油车车上人员责任保险的保障范围多了"起火燃烧"情形。用车包括行驶、停放、充电及作业。

（四）附加险

新能源汽车的附加险中增加了专门针对充电桩的保险产品：附加外部电网故障损失险、附加自用充电桩损失保险、附加自用充电桩责任保险（条款见本章附录）；没有发动机进水保险。其他与燃油车相同。

第三节 车险产品设计

一、保额、免赔额等元素多样化

以驾乘人员意外险为例，保险公司可以在示范条款中改变保额、免赔额、赔付限额等元素，以满足客户的不同需求。表7.2对中国人寿、中国人保、人保财险、太平洋财险、阳光财险和平安财险6家保险公司的驾乘意外险产品进行对比。

表7.2 6家保险公司的驾乘意外险对比

承保公司		中国人寿	中国人保	人保财险	太平洋财险	阳光财险	平安财险
产品名称		国寿驾乘险	55万私家车驾乘意外险	人保驾乘意外险	私家车驾乘意外险	阳光无忧驾乘险	全车驾乘险
产品类别		指定人	指定人	指定人	指定人	指定车	指定车
保障期限		1年	1年	1年	1年	1年	1年
最高保额		20万元	55万元	100万元	30万元	50万元	100万元
身故/全残保额		20万元/座	55万元/座	30/50/100万元/座	20/30万元/座	10万元/座	30万元/座
意外医疗	赔付限额	2万元/座	/	5/10万元/座	1/1.5万元/座	1万元/座	3万元/座
	免赔额度	合同约定	/	合同约定	0元	500元	100元
	赔付比例	90%	/	100%	100%	100%	100%
	赔付范围	限社保内	/	限社保内	不限社保内	限社保内	限社保内
	住院津贴	100元/天	/	/	80/100元/天	50元/天	50元/天

续 表

其他服务	救援服务	/	法定节假日意外身故 50/100 万元	特定交通工具：300 万元	法定节假日意外身故/伤残：20 万元	救援服务
	疾病高残赔偿 20 万元/座	/	个人第三者责任：5 000 元	救护车费用：600 元	/	/
费用（年）：非运营 5 座车辆	365 元	86 元	198 元	158 元	150 元	350 元

结合表 7.2 可以看出，我国驾乘意外险产品的保额指定人的保险产品中保额为 20 万～100 万元不等，指定车保险产品中的保额为 50 万元或 100 万元。在产品责任方面，主要可分为身故全残保险金、意外医疗保险金，部分保险公司会提供一些附加的其他服务。身故全残保险金限额以每座为一个风险单位进行区别划分，赔付额度在 10 万～100 万元/座不等。在意外医疗责任方面，同样以每座为一个风险单位进行区别划分，限额在 1 万～3 万元/座，人保财险的人保驾乘意外险产品赔付限额可达 5 万元/座或 10 万元/座；赔付范围多为仅限社保内赔付，仅太平洋财险的私家车驾乘意外险可赔付社保外用药及其他治疗。此外，大多数产品还设置了住院津贴责任，赔付金额多为 50 元/天。在费用方面，除了人保 55 万私家车驾乘意外险产品因不含意外医疗服务而价格较低以外，其余产品费率均在 130 元以上，责任范围较广的两款产品——国寿驾乘险与全车驾乘险费用可达 350 元及以上。

二、提供多样化的服务

保险产品的外延，就是保险公司提供的各种售前和售后服务，车险产品条款统一，保险公司只有在扩大产品外延、提供多样化服务方面下功夫，才能赢得客户，增加客户忠诚度。这方面各家公司都有自己的特色。如中国人寿为车险客户提供全国范围的紧急拖车、现场修理、派送燃料、电瓶搭电、吊车清障、更换轮胎、运返维修车辆、住宿安排、继续行程、运送行李、酒后代驾等十余项免费增值服务。平安产险为客户提供 7 天 24 小时电话报案受理、咨询服务。平安产险的做法也是提供全天候充电、送油（油费自行承担）、加水、换胎、现场抢修、拖车牵引（100 公里内）、吊装救援 7 项免费救援服务。此外，很多保险公司还提供电话预约理赔、快递上门收取理赔材料的服务，使客户足不出户即可得到保险赔偿。

有些车企作为保险代理，将保险服务和类保险服务相结合，也为车险产品带来了多样化。例如，蔚来汽车推出的"服务无忧 2022 版"，覆盖保险、免费维修、免费增强保养等 11 项服务。具体情况如表 7.3 所示。

表 7.3 蔚来汽车"服务无忧 2022 版"

保险	交强险；三者险（200 万元保额）；车损险；驾乘意外险（15 万元/座）
免费维修	全年车辆维修全包（优先保险赔付存在免责范围）漆面维修累计多至 6 个面，可用于轮圈修复；含外部电网故障损失、自用充电桩损失和自用充电桩责任对应的保障内容；ET7 车型含激光雷达的检查、清洁和维修

续表

免费增强保养	每年6万公里内车辆保养全包(每行驶2万公里提供1次,多至3次)
维保代步出行服务	质量、配件短缺、维保产能不足等蔚来原因导致的超24小时维修,不限天数;事故或其他免费维保超24小时,累计多至7天。可选择如下方式:代步车,蔚来车型或同级别,或出行礼券:350元/天,或积分礼偿:3 500分/天
维保取送车服务	不限次数,专人上门取送车
事故安心服务	重大事故现场代客值守;事故维修使用原厂配件专修
上门补胎服务	不限次数
增值服务	35张增值服务券,可按需兑换。洗车:普洗1次/1张;精洗1次/2张;当天至多洗2次;代驾:10公里/张,3公里内免零头(单次10公里以上);单次服务可使用多张;单次服务免费等待30分钟;机场代泊:1天/张;到期未用完,按照500积分/券回购
爱车积分	全年多至9 000分:当月如果未使用免费维修,次月奖励750积分
年检代办服务	对当年需要年检的车辆提供,不含工本费
增强流量服务	每月免费流量升级至15 GB

第四节　新兴车险产品——UBI车险[①]

车险的费率通常按照司机的违章记录、驾驶频率、里程、个人特性和车辆因素等确定。车载智能终端和车联网出现后,司机违章次数、驾驶行为、驾驶时长、行驶速度等更多的信息可以随时记录并上传到网络,这些数据能帮助保险公司精准地评估司机的风险等级,使得按照里程收取保费的设计成为可能。按里程收费方式下,开车少的人可以支付更少的保费。例如,美国Metromile公司提供的按里程收费车险,由基础费用和按里程变动费用两部分组成,基础保费和单位里程保费取决于司机的年龄、车型和驾车历史。为计算里程,车主需要安装一个由Metromile免费提供的OBD设备。配合手机App,Metromile还能为车主提供最优导航线路、查看油耗情况、检测汽车健康状况、汽车定位、一键寻找附近修车公司、贴条警示等服务。

一、保险科技在UBI中的应用

从2009年开始,欧美国家就陆续推出UBI产品,以下将以UBI发展较为成熟、渗透率较高的美国为重点,介绍保险科技在UBI产品中的应用。

在美国,各大保险公司都已经拥有或正在推出UBI产品。其中,Root Insurance

[①] UBI(Usage-based insurance)是基于使用量而定保费的保险,UBI车险可理解为一种基于驾驶行为的保险,通过车联网、智能手机和OBD等联网设备将驾驶者的驾驶习惯、驾驶技术、车辆信息和周围环境等数据综合起来,建立人、车、路(环境)多维度模型进行定价。

Company(以下简称"Root")成立于 2015 年,提供面向美国 30 个州的驾驶员的汽车保险服务。Root 是美国第一家完全通过移动设备提供服务的持牌保险科技公司。Root 注重使用大数据和技术来对客户进行评估。Root 的保单价格主要考虑客户的驾驶行为,并拒绝高风险驾驶者,为安全驾驶者提供更低廉、更公平的保费和评估流程。近年来,Root 发展迅速。2020 年 10 月 27 日,Root 进行了首次公开募股,每股发行价为 27 美元,募集了 7.244 亿美元,成为俄亥俄州历史上最大的 IPO。目前,Root 已经发展成为拥有九百多名员工的公司,其远程信息处理工具已经收集了超过 160 亿公里的驾驶数据。

Root 的业务以车险为主。与传统的汽车保险业务不同,Root 在保费定价上进行创新,将驾驶习惯和行为作为定价的重要因素,不是那么关注年龄、职业、信用评分等条件。为了能更好地量化客户的驾驶习惯,Root 在其手机应用程序中配置了"试驾"功能。驾驶表现主要分为 4 个方面进行考量:一是驾驶专注程度,即是否专注看路、是否使用手机、是否频繁更换电台等。二是刹车平稳程度。如果客户经常急刹车,就可能意味着行驶过程中离前面的汽车太近或者不够专注。急刹车次数较多的客户可能交纳更高的保费。三是转弯的平滑程度,即转弯时是否减速。四是出行时段,频繁在拥堵时段出行的客户可能交纳较高的保费。2~4 周后"试驾"完成,Root 将依据收集的数据判断用户驾驶是否足够安全可靠,用户通过判定则可在 App 上选择适合自己的保险。

二、UBI 在我国的发展前景

我国车险市场 UBI 产品还在研究和探索阶段,市场上还没有健全、完善的 UBI 产品。但是,我国对于 UBI 的尝试并未停止,市场上推出了一些与 UBI 概念相类似的车险产品。例如,众安保险和平安保险 2015 年曾经联合推出一款利用大数据定价的车险产品——保骉车险。保骉车险利用车载智能中端和高级驾驶辅助系统,引入驾驶区域、家庭、信用、驾驶习惯、行车历史、社交活动等费率因子,实现个性化、差异化定价。另外,还有一些提供 UBI 保险开发和维护系统的公司,如路比车险,是一家 UBI 车险与车联网平台,成立于 2014 年 12 月,隶属于深圳鼎然信息科技有限公司。路比车险通过智能车载硬件采集数据,辅以数据分析处理工具,为保险公司提供 UBI 保险全系统解决方案。

UBI 在我国仍处于研究和探索阶段,能否最终成功普及,取决于营销和监管的支持。营销方面,核心问题在于如何提高公众对 UBI 的接受度、颠覆传统的车险销售模式。一方面,公众对于个人隐私与数据安全存在疑虑;另一方面,大家对于保险公司与产品的信任程度不高。保险公司可借助网约车平台等商业渠道进行初步的客户培养,然后逐渐向大众推广,同时增强团队的专业技能与服务质量,以树立值得信赖的企业形象。在监管与政策支持上,对于 UBI 之类的创新保险产品,政府部门在鼓励支持其发展、加强对创新产品保护的同时,也应当完善相关法律法规与保护体系,确保用户的个人信息与隐私安全。

第五节 国内车险发展现状

一、国内车险业务发展历史

在新中国成立之前,我国境内机动车辆保险已经有所发展。但是当时的保险公司多为外资,我国民族保险业发展遭受内忧外患挤压,市场竞争力较弱。新中国成立之后,外资保险公司在我国的垄断地位被打破,我国的保险行业迎来了新的发展。

1950年,中国人民保险公司率先开展机动车保险业务。但是在当时,社会各界对该项业务争议颇多,部分人士认为,机动车辆第三者责任保险本质上是在为交通事故的肇事方给予经济补偿,极有可能导致交通事故更加频繁地发生,对社会风气产生恶劣影响。1955年,该项业务被迫停止。

在党的十一届三中全会之后,随着改革开放事业的不断推进,我国的保险行业迎来了新的发展机遇。1980年,中国人民保险公司重新开展机动车辆保险业务。此后,一方面,随着新中国经济建设的不断推进,公共交通行业及其基础设施不断完善,人们对于机动车辆的需求日益增加,越来越多的人购买了机动车辆,成为机动车辆保险的潜在客户;另一方面,我国保险市场日益复苏,蓬勃向上,保险相关的法律法规、合同条款、定价费率等也日益完备,为我国车险市场的发展奠定了强大的基础。

由于车险市场长期严格的费率监管存在诸多弊端,因此,2003年起,中国保监会开展了车险保险费率市场化的改革,保险公司可以自主开发车险产品、自主厘定费率。2006年,国务院颁布《国务院关于保险业改革发展的若干意见》,在之前的机动车辆保险费率改革之中,添加了机动车交通事故强制保险,即交强险,并于2009—2014年,针对机动车辆的保险费率浮动进行试点。2015年,我国实施了《深化商业车险条款费率管理制度改革试点工作方案》,车险市场化改革得到进一步深化;2020年,银保监会颁布了《关于实施车险综合改革的指导意见》,包括交强险、费率、条款等方面的改革等。

目前,我国机动车辆保险已成为我国财产保险中的第一大险种,其经营态势极大地影响着我国财产保险市场的整体发展。

二、国内车险业务经营现状分析

车险随着汽车的产生而发展,随着车辆的更新换代而不断创新。1980年起,我国保险业整体复苏,车险业务也得以逐步普及与发展。但在当时,根据保监会数据,车险业务的市场份额仅占我国财险行业整体份额的2%。但1998年,车险在我国财产保险整体占比就激增至37.6%,市场份额超过企业财产保险,成为我国第一大财产保险险种。时至今日,我国车险依旧长期保持超高速发展。

(一) 我国车险保费收入分析

由于我国保险行业遵循分业经营的原则,因此我国的车险业务均为财产保险公司经营。如图7.1所示,1997年我国财产保险公司保费收入为382亿元,2021年财产保险公司保费收入上升至13 676亿元,上升约37倍。其中,2010年及之前,每年增幅基本处于20%~35%;2010年之后至2018年前,保费收入增速略有下滑,但仍保持在10%以上。2018年之后,保费增长态势停滞。对于我国机动车辆保险保费收入发展情况而言,由于我国车险业务在财产保险业务中的占比极大,自1997年的55%逐年上升,至2011年达到顶峰75%,后比例略有下滑,至2021年下滑至57%,因此,我国机动车辆保险保费收入变动与财险业务保费收入的变动情况大致一致,其经营的情况在极大程度上会对保险公司的经营效益造成直接的影响,各家财产保险公司也会越来越重视机动车辆保险业务的发展。

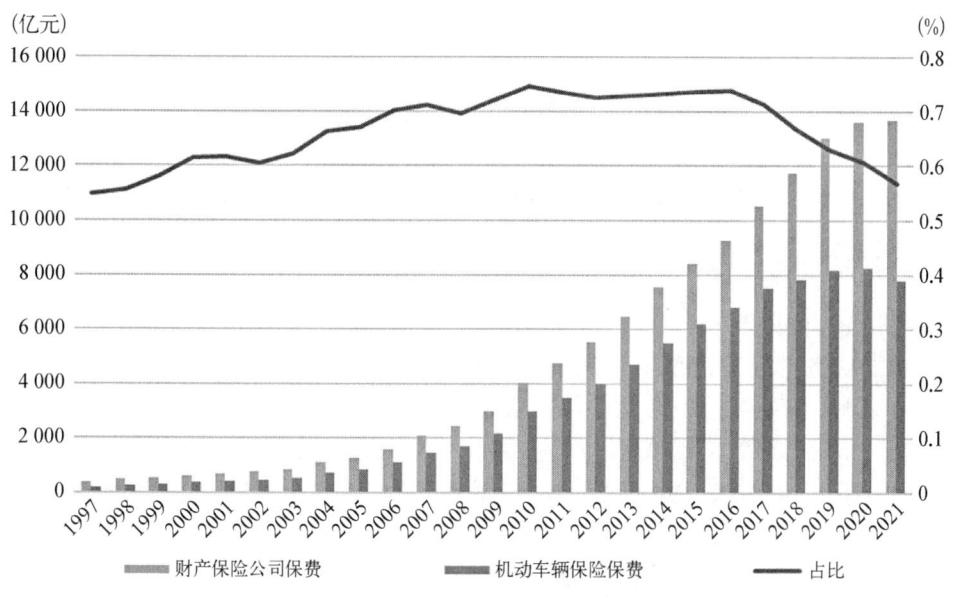

图 7.1　1997—2021 年我国车险保费收入及占比

资料来源：国家统计局。

（二）经营主体分析

根据《2021 年中国保险年鉴》中各财产保险公司业务统计表数据，我国财产保险公司共有 84 家，其中开展机动车辆保险业务的公司有 65 家。排名前三的保险公司分别为人保财险、平安产险和太保产险，分别占有市场份额的 32.68%、24.13%、11.77%，合计占比 68.58%。包含这 3 家保险公司在内，市场份额占比在 1% 以上的保险公司共计 9 家，总占比为 89.57%。可以很明显地看出，我国的机动车辆保险市场存在着市场集中度极高的情况，头部大型保险公司在车险业务中拥有极强的竞争力。

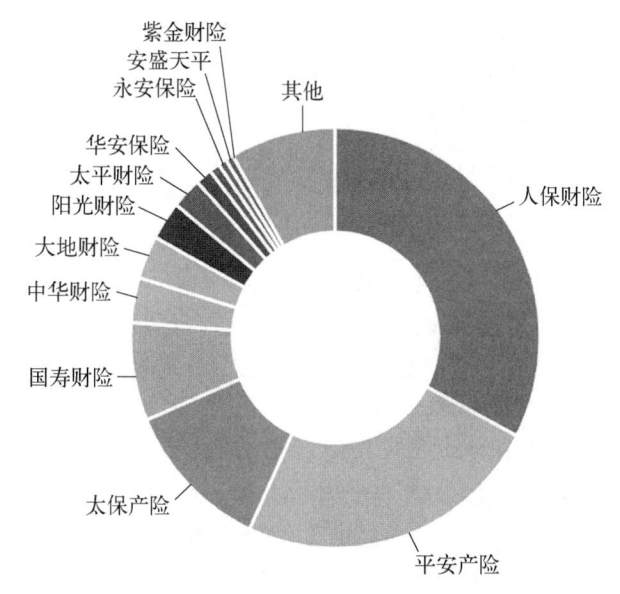

图 7.2　2020 年我国机动车辆保险市场份额

资料来源：2021 年中国保险年鉴。

第六节　国外车险发展现状

除了中国之外，全球其他国家也有强制购买车险的要求，但是各国的发展模式各不相同。

一、美国

美国机动车辆数量位居世界首位，因此，美国对于机动车辆保险具有极大的需求。1925年，美国康涅狄格州制定了经济责任法案，要求交通事故的肇事方在开庭审理时向法院提供证明文件，证明在车祸事故中需要进行索赔的金额，但是对于如何具体实施赔偿事宜，仍缺少后续的具体规定。1927年，美国马萨诸塞州颁布实施《强制汽车责任保险法》，强制要求该州的机动车车主购买汽车责任险。显然，法律规定的机动车辆保险的强制规定是该险种在美国飞速发展的重要因素之一，此后这一项措施在美国其他州也得到了实施。车险作为一个新的险种在美国开展，发展成为财产保险的重要组成部分。

在美国，最基本的车辆保险就是交通事故责任保险，也是一种州法律要求的强制型保险。由于驾驶人本人很难做到为了对交通事故的赔付支出而自发地储蓄，因此该种保险在大多数地区是一种强制型保险。在其他不强制的州，也有相应的对冲风险措施。如在弗吉尼亚州，没有购买车险的车主就需要交一笔车辆"无保险"费给政府；新罕布什尔州和密西西比州会提供给车主们一种担保性质的现金债券，对冲车主在事故、车祸中的损失。

美国机动车辆第三者责任险一般的承保范围包括最基本的人身损伤和财产损失。如果有其他的个性化需求，投保人就会根据自身的具体情况，购买其他类型的附加险，例如综合险、碰撞险、拖车险等。

在费率方面，在美国，车主在不同的州和辖区交纳车险费用有很大差异。在不强制规定保费的州，具体费用是由一系列多重因素共同决定的。除此之外，美国车险公司还会通过车载智能硬件来获取行车数据（连续驾驶时间、急刹车频率等），以此刻画车主的驾驶行为与风险暴露，进行相应定价。作为保险的标的，车辆的性能越好、零售价格越高，交纳的车辆保险费用越高，因为碰撞后修理成本高昂。

除上述之外，车辆本身的驾驶、行驶情况对于续保也非常重要，但是评级起来非常困难。因此，美国在不断改进车险中车辆里程的评估方式。最早的车辆里程评估系统是美国1986年开始普遍使用的里程基准系统。在此之后，保险公司又相继推出了多个相关车险系统，最后成功的就是后来的"远程保险"。这个电信类的保险系统基于"黑匣子"科技，最早被用于追踪被盗豪车，2010年在GPS设备普及之后被广泛用于各种车辆。除了里程表以及之后的GPS之外，前进保险公司推出了一种基于快拍技术的操作系统。它是通过车载智能硬件，详细计量汽车的里程数，利用大数据原理，对驾驶风险进行识别，进而对车主的风险等级进行划分，使定价更有针对性、更精确。

根据美国国家保险监督官协会（NAIC）2020年的报告，美国车险市场份额排名前二十五的保险公司市场占有率超过85%，排名前五的保险公司市场占有率总和更是达到了近60%（如图7.3所示）。和国内的车险市场相似，美国车险市场集中度较高，市场占有率较高的State Farm、Allstate、Progressive等公司提供的车险业务更是尽人皆知。

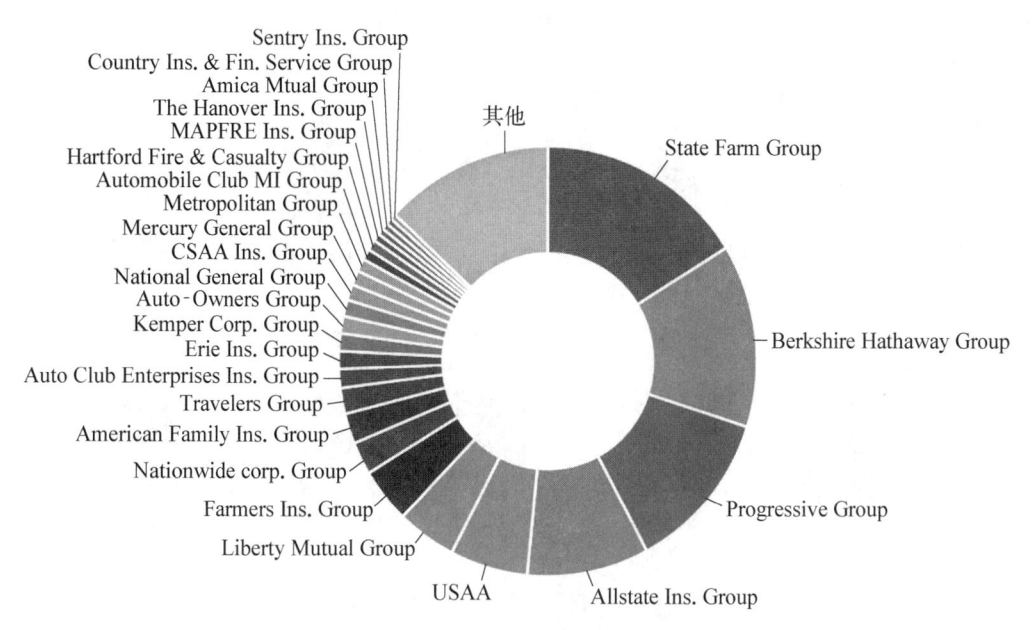

图 7.3　2020 年美国车险市场份额

资料来源：NAIC 2020 年市场份额报告。

二、日本

在1996年以前,日本对保险市场一直实行严格管制,保险条款必须经过批准方许可、通过或变更,对费率也做出了统一的要求,由非寿险费率算定会(GIROJ)提供。这种严格的监管限制了保险市场的发展,使得日本的车险市场一直停滞不前。1996年美日签订了《日美保险框架协议》后,日本不得不逐步放松对保险市场的管制,并实施一系列改革措施：首先,GIROJ的地位降低,其算定的费率仅供保险公司参考；其次,车险定价进一步细化,按照年龄、性别、驾驶经验、汽车用途、年度驾驶里程、地区、车型、安全装置和拥有车辆数九大风险因子进行定价。

改革之后,由于受到亚洲金融危机的重挫,再加上日本固有的人口老龄化等社会问题,因此日本保险公司受到强烈的负面影响,保费在全行业内减少。因为保费与风险不能匹配,所以改革之后车险综合成本率持续上升。随着市场竞争愈发激烈,日本保险行业收购兼并频发,致使财险公司数量越来越少、车险市场份额高度集中。目前,日本车险市场形成了三井住友、日本财产保险与东京海上日动火灾三足鼎立的格局,三家保险公司的累计市场份额将近90%,与美国较为分散的车险市场有较大的不同(见图7.4)。

日本汽车保险分为两类：一是自赔责保险,专门保护受害者利益,类似于我国的第三者责任险,不包括事故产生的责任方损失和车辆正常使用过程中的损耗。这类保险是国家强制购买的。二是商业车险,车主自愿投保,在日本又被称为汽车综合保险。

自赔责保险于1956年正式实施,其费率由政府指定机构制定,定价因子包括参保汽车数量、事故发生率、事故平均赔偿等。相比之下,商业保险的费率与理赔标准则由保险公司自行制定,按照车主情况、车辆用途、事故记录等信息将投保人分为不同风险等级,投保后1年内没有出现交通事故可升一级,但是发生事故会直降三级,且只有在发生后连续3年内没有再次发生事故才能恢复到原先等级。等级越高，享受的保费优惠就越多，能有效激励人们遵守交规，降低事故发生率。

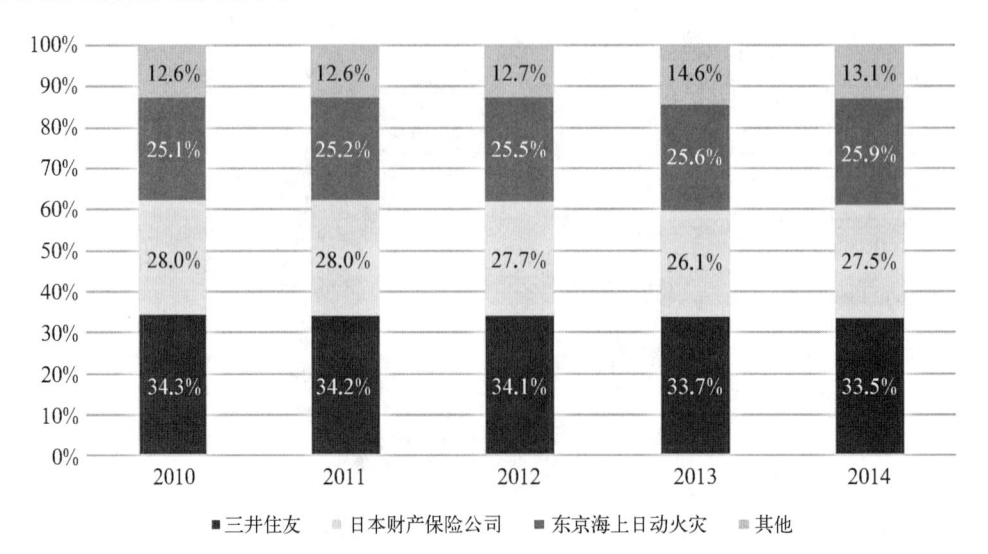

图 7.4 2010—2014 年日本车险市场份额

资料来源：General Insurance Association of Japan (GIAJ) 年报。

图 7.5 是 2014—2019 年日本商用车险的参保情况，可见注册登记机动车数量逐年上升。另外，人身伤害责任险与财产损害责任险的持有比例整体较高，逐年缓慢上升，在 70% 以上，虽然它们不是强制投保的险种，但是参保率仍然很高。乘客人身意外险的持有比例逐年下降，从 2014 年的 34% 降至 2019 年的 26%。物质损失赔偿险的持有比例在 40%～45%，同样保持着逐年缓慢上升的趋势。

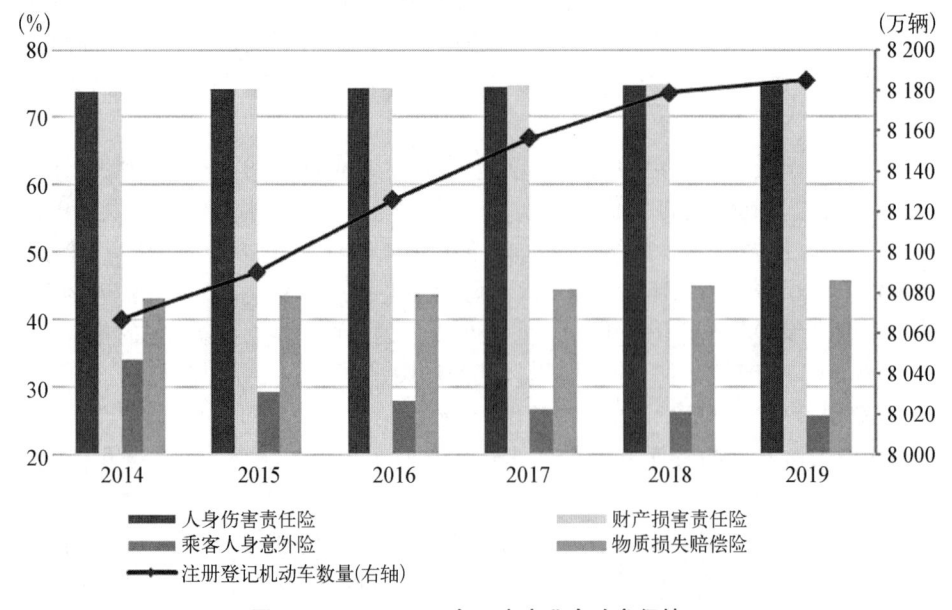

图 7.5 2014—2019 年日本商业车险参保情况

资料来源：General Insurance Association of Japan (GIAJ) 年报。

除了车险的开发与销售机构之外,日本车险市场还有一个不可或缺的组成部分——损害调查机构。在日本较有代表性的此类机构包括日本自研中心株式会社和 AUDATEX 株式会社。这两家公司均由多家保险公司联合设立,主要职责是为保险公司提供事故定损和修复费用标准化等服务,通过将汽修作业工时等维修业务实行系统化管理,能够迅速准确地进行报价,为保险公司提供数据参考,提高业务效率。

本章小结

本章首先分析了汽车生产和汽车使用过程中的风险,由此引出了我国目前的汽车保险险种,这些险种针对用车过程中的风险而设计。由于车险业务在我国受到严格监管,本章我们以中国保险行业协会发布的示范条款解释了交强险、机动车商业保险、驾乘人员意外伤害保险和新能源车商业车险的保障范围和除外责任。产品设计上,本章以驾乘人员意外险为例,分析了可能产生创新的一些元素。最后,本章介绍了 UBI 车险,以及我国、日本、和美国车险市场的发展。

本章思考题

1. 除了个性化、差异化定价,UBI 车险还有哪些传统车险不具备的特征?
2. 车险创新中保险公司的定位是什么?

本章附录

本章参考文献

[1] 刘水杏,王国军. 车险改革的国际经验[J]. 中国金融,2022(1):63-64.
[2] 孟生旺,李天博,高光远. 基于机器学习算法的车险索赔概率与累积赔款预测[J]. 保险研究,2017,354(10):42-53.
[3] 聂帅,李艳. 新能源汽车保险创新研究[J]. 保险理论与实践,2021(7):47-64.
[4] 秦玄玄,陈润宁. 国际车险市场创新发展模式探究[J]. 中国保险,2019(3):59-64.
[5] 唐金成,许可. 国外车险经营数字化转型的经验与启示[J]. 上海保险,2022(6):40-46.
[6] 陶庆宇. UBI 车险与智慧交通[J]. 中国保险,2022(5):25-28.
[7] 田满霞,贺玉聪. 世界主要国家非寿险市场险种结构演变研究[J]. 保险理论与实践,2021(12):59-83.
[8] 杨雪美,姚瑞杰. 专属条款出台 助力新能源汽车保险发展[J]. 中国保险,2022(9):34-38.
[9] 郁佳敏. 汽车保险精算定价模型研究综述[J]. 上海金融学院学报,2010(1):14-19.
[10] 郑铎. 浅谈 UBI 车险两种可行的产品创新方向[J]. 上海保险,2022(11):61-62.

第八章

农 业 保 险

本章要点

1. 理解农业面临的风险特征。
2. 理解农业保险的特点。
3. 了解各农业险种的特殊条款。

"三农"问题一直是国家政策的重点。党的二十大首次将"农业强国"写进党代会报告，重点强调了农业发展方向，并将农业强国提到了前所未有的高度，提出要坚持农业农村优先发展，与此同时坚持农业优先战略，政府要坚持加大对农业农村的财政投入。2020年，"十四五"规划建议明确提出要发展农业保险，帮助健全农村金融体系，对农业保险的发展和作用，尤其是在防止农民因灾致贫、因灾返贫方面的作用给予了充分肯定。本章以农业保险为主题，对其保险需求、产品设计思路、国内现有农业保险产品条款依次进行分析和介绍，并通过将国内农业保险发展与美国、加拿大、日本、法国等对比，总结出我国农业保险创新思路，以推动农业保险在促进和保障农民收入与农村经济增长方面发挥重要作用。

第一节　农业保险的保险需求分析

广义的农业保险包括农业保险和涉农保险两大类险种。根据我国2013年3月1日开始实施的《农业保险条例》（见本章附录），农业保险，是指保险机构根据农业保险合同，对被保险人在种植业、林业、畜牧业和渔业生产中因保险标的遭受约定的自然灾害、意外事故、疫病、疾病等保险事故所造成的财产损失，承担赔偿保险金责任的保险活动。涉农保险是指农业保险以外为农民在农业生产生活中提供保险保障的保险，包括农房、农机具、渔船等财产保险，涉及农民的生命和身体等方面的短期意外伤害保险。本章采用狭义的定义，考察农业保险的特征和险种。

一、农业面临的风险

农业面临的主要风险分为以下3类：
（一）自然灾害风险
影响农业生产的最主要风险来自自然灾害，如干旱、洪涝、风暴等。这些灾害可能导致农作物歉收或受损,给农民带来经济损失。保险公司需要评估这些自然灾害发生的概率和可能的损失程度,以确定保险费率和赔付政策。

(二)市场价格风险

农产品价格波动可能对农民和农业企业的收益产生负面影响。当市场价格下跌时,农民可能无法实现预期的收入,导致经济困难。农业保险需要考虑价格波动的风险,并在价格下跌时提供适当的赔付。

(三)疾病和虫害风险

农作物和农场动物可能受到疾病和虫害的侵害,造成巨大损失。这些风险需要通过保险来覆盖,并且保险公司需要评估疾病和虫害的传播概率与可能的损失。

除此之外,养殖过程中的疏忽、环境污染等也会对农作物和养殖业造成危害。

二、农业保险的特点

(一)保险标的价值不稳定

农业保险的保险标的为农产品、家禽、家畜等有生命的动植物,其会随着动植物的生长而增加,且市场价格波动大,保险金额很难确定,投保时难以确定最大损失和保险金额。

(二)风险复杂多样

农业保险的保险期间,覆盖了农作物和动植物的各个生长阶段,每个阶段面临的自然灾害都不一样,且多种灾害共同作用,很难区分每种灾害的影响程度。如水稻生产的生育期包括秧田期、返青期、分蘖期、长穗期、结实期,这些生育期之间不仅没有明确的界限,而且会受到多种自然灾害的影响,很难准确估计某一种灾害对某一个环节的影响程度。

自然灾害之间的相互作用,加大了确定某种自然灾害损失的难度。如台风灾害往往伴有暴雨灾害,暴雨灾害又可能伴随泥石流灾害、病虫害。又如 2008 年 1—2 月发生在南方的低温雨雪冰冻灾害,造成直接经济损失达 1 516.5 亿元,但低温冰雪有效遏制了病虫害、草害、鼠害等生物灾害的发生。加之其他一些因素,2008 年南方各省反而获得全面丰收。[1]

不同农作物的生长周期不同,面临的风险也有很大差异。例如,以河北省的玉米和小麦为例,该省种植的玉米以夏秋季节为主要生长期,河北省夏季的暴雨冰雹和洪涝灾害频繁,容易使玉米受灾。而小麦秋冬种植,第二年夏季收获,面临的主要风险是春旱。旱灾风险可以通过兴建水利设施来规避,因而河北省的小麦种植遭遇自然灾害的风险较小。[2]

(三)保险标的差异大,产品具有地域性

由于各地区的土壤、地形地势、气候等自然条件不同,科技发展水平不同,生产力发展水平不同,经济发展水平不同,因此动植物地域性也有不同。如南方水灾频繁,北方旱灾严重,沿海台风侵害较多。

农业保险的承保条件需要根据各个地区的发展情况来决定,无需强求全国统一标准。尤其因为动植物生长需要遵循严格的自然条件,所以难以统一标准。

---

[1] 梁来存. 我国粮食作物保险风险区划的实证研究[J]. 山西财经大学学报,2010,32(1):65-71.
[2] 李林. 粮食作物保险在灾害补偿中的问题与成因分析——以河北省为例[J]. 北京农业,2012(6):300-301.

(四) 巨灾风险发生概率大

自古以来,农业靠天吃饭。尽管现代农业发明了大棚、暖房等室内养殖技术,但恶劣天气、自然灾害、传染性疾病等还是会对农作物造成影响,且这些风险大部分是巨灾,一旦发生,就会造成惨重损失。《中国统计年鉴》显示,2000—2008年,我国农田年平均受灾面积达4 606万公顷,占种植面积的30%。受灾农民时常收成锐减,有时甚至颗粒无收。随着地球变暖和气候变化,灾难性事件的发生更是频繁。

我国大部分地区的农业生产是以家庭为单位的农户自耕为主,抗风险能力较弱。我国东北和西北有大面积农场,规模经济容易发展,是主要的粮食产区和农业基地。但这些地区自然条件特殊——纬度高、冬季极其寒冷、无霜期短,农作物遭受冷冻灾害的概率较大。由于极端天气较多,赔款支出大,因此农业保险"赔穿"的情况在很多年份发生过,且种植作物较为单一,风险更集中,更有可能出现大规模赔付的情况。

(五) 多为政府补贴的政策性保险,费率受到管制

农业在很多国家是受到保护的产业,农业保险也多为政策性保险,农民通常是农业保险的购买者,他们的经济状况可能相对较弱。为了确保广大农民能够购买保险,农业保险的费率受到管制而不是市场定价,这就导致农业保险的赔付率比较高。

图8.1列出了我国2007—2020年农业保险赔付率情况,大部分年度里农业保险的赔付率超过70%。

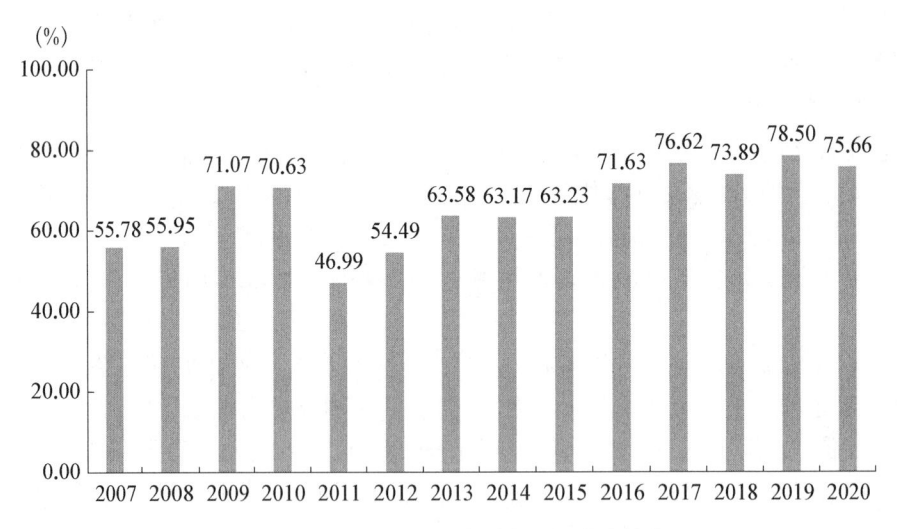

图 8.1 2007—2020年我国农业保险赔付率

资料来源:中国保险年鉴。

第二节 农业保险的险种

农业保险的险种根据农民和农业的实际需求和风险特点设计。农业保险应该覆盖多个方面的风险,包括自然灾害、疾病、虫害、价格波动等。农业保险产品也应该具有灵活的条款,以适应不同地区和农作物的特点。

按照保障范围的不同,农业保险可分为粮食作物保险、经济作物保险、蔬菜园艺作物保险、果树保险、林木保险、畜禽养殖保险、水产养殖保险、涉农保险等险种。

一、粮食作物保险

粮食作物保险以禾谷类作物、薯类作物和豆类作物为承保标的。我国的粮食作物保险有两种形式:成本保险和收入保险。成本保险即保险金额覆盖物质与服务费用、人工成本和土地成本等农业生产总成本的农业保险。收入保险即保险金额体现农产品价格和产量,覆盖农业生产产值的农业保险。①

我们以长江财产保险公司的 2022 湖北省中央财政水稻种植保险、2022 湖北省中央财政水稻完全成本保险(以下简称"长江水稻险")和安信农业的江苏省商业性小麦种植保险(2021 版)、麦子种植保险条款(2016 版,上海地区适用)(以下简称"安信小麦险")为例,说明粮食作物保险的产品特性。

(一)长江水稻险

表 8.1 显示了长江财产保险公司的湖北省中央财政水稻种植保险条款和湖北省中央财政水稻完全成本保险条款。比较后可以发现,后者比前者增加了"高温热害"和"低温冷害"两项保险责任,参照的保额除直接物化成本外,还涵盖服务费用、人工成本和地租成本等,因而在水稻多次受灾时,每亩累计赔款限额也更高。

表 8.1 长江财产保险公司的水稻种植保险条款

项目	湖北省中央财政水稻种植保险条款	湖北省中央财政水稻完全成本保险条款
保险标的	投保人应将符合下述条件的水稻全部投保,不得选择性投保: (1)经政府部门审定的合格品种,符合当地普遍采用的种植规范标准和技术管理要求,且在当地已种植一年以上 (2)种植场所在当地洪水水位线以上的非蓄洪、行洪区 (3)生长正常 (4)除外:与水稻间种或套种的其他作物	相同
保险责任	在保险期间内,由于下列原因直接造成保险水稻损失,且损失率达到 25%(含)以上时,保险人按照本保险合同的约定负责赔偿: (1)暴雨、洪水(政府行、蓄洪除外)、内涝、风灾、雹灾、冻灾、旱灾、地震、泥石流、山体滑坡 (2)病虫草鼠害	在保险期间内,由于下列原因直接造成保险水稻损失,且损失率达到 25%(含)以上时,保险人按照本保险合同的约定负责赔偿: (1)暴雨、洪水(政府行、蓄洪除外)、内涝、风灾、雹灾、冻灾、旱灾、地震、高温热害、低温冷害、泥石流、山体滑坡 (2)病虫草鼠害

---

① 财政部 农业农村部 银保监会. 关于开展三大粮食作物完全成本保险和收入保险试点工作的通知(财金〔2018〕93 号)[EB/OL].(2018-08-20)[2023-10-05].https://jrs.mof.gov.cn/zhengcefabu/201808/t20180831_3003951.htm.

续 表

项目	湖北省中央财政水稻种植保险条款	湖北省中央财政水稻完全成本保险条款
责任免除	(1) 投保人及其家庭成员、被保险人及其家庭成员、投保人或被保险人雇用人员的故意行为、管理不善 (2) 行政行为或司法行为 (3) 战争、恐怖活动、军事行动、武装冲突、骚乱、暴动 (4) 采用不成熟的管理技术，或不接受农业生产管理部门的技术指导，盲目引进新品种或误用农药化肥 (5) 被保险人自行毁掉或放弃种植保险水稻引起的损失	相同
保险金额	保险水稻的每亩保险金额以当地政府文件规定为准；若当地政府未规定，则参照保险水稻生长期内所发生的直接物化成本，包括：种子成本、化肥成本、农药成本、灌溉成本、机耕成本和地膜成本等 保险金额(元)＝每亩保险金额(元/亩)×保险面积(亩)	保险水稻的每亩保险金额以当地政府文件规定为准；若当地政府未规定，则参照保险水稻生长期内所发生的直接物化成本及服务费用、人工成本和地租成本等。其中直接物化成本包括：种子成本、化肥成本、农药成本、灌溉成本、机耕成本和地膜成本等 保险金额(元)＝每亩保险金额(元/亩)×保险面积(亩)
免赔率	25%的绝对免赔率	相同
保险期间	自水稻移栽到大田成活(或直播水稻齐苗之日)起至收割完毕完全离开大田之日，但不得超出保险单载明的保险期间范围	相同
赔偿金额	赔偿金额(元)＝出险当期每亩最高赔付限额(元/亩)×受灾面积(亩)×损失率×(投保面积/实际种植面积) 损失率＝单位面积植株平均损失数量/单位面积植株平均数量×100% 注：单位面积植株平均数量依据当地政府确定的符合当地普遍采用的种植规范标准和技术管理要求的植株数量	相同
损失程度认定	损失率达到70%(含)以上时，视为全部损失，按照作物生长期最高赔付限额全额赔付	相同
多次受灾	保险期内，投保水稻多次受灾，每亩累计赔款最高不超过400元	保险期内，投保水稻多次受灾，每亩累计赔款最高不超过1 100元

注：草害具体指杂草与农作物争水、争肥、争光、争地，造成农作物的产量和品质下降。直播水稻是指不育秧、移栽，将种子直接播于田里的一种栽培方式。齐苗的意思是出苗整齐，且基本全部出苗。

保险标的方面，投保人需将符合条件的水稻全部投保，不得选择性投保。这样规定可以减少逆选择风险，避免投保人故意选择易受灾、产量较低的水稻，以分散风险。免赔率方面，该保险采用25%的绝对免赔率，以减少小额索赔和理赔费用，减少投保人道德风险。保险责任方面,因政府行、蓄洪所引起的水稻损失,保险人无需承担赔偿责任。保额方面,直接物化成本包括种子成本、化肥成本、农药成本、灌溉成本、机耕成本和地膜成本等。保额为每亩保险金额乘以保险面积。赔偿方面,赔偿金额为出险当期每亩最高赔付限额×受灾面积×损失率×投保面积占实际种植面积的比例。其中损失率为单位面积植株平均损失数量除以单位面积植株平均数量。

(二)安信小麦险

表8.2展示了安信农险的江苏省商业性小麦种植保险(2021版)和麦子种植保险(2016版,上海地区适用),安信农险在投保要求中指出,在农作物生长期之前投保方可有效。其保障期限为农作物生长期间。两种小麦种植保险比较来看,首先,保险标的方面,麦子种植保险对于小麦的种子有更严苛的要求,需要符合国家种子质量标准。其次,麦子种植保险的保险责任更广,其中连阴雨指连续3~6天阴雨连绵的天气现象,这期间可有短暂的日照时间,但不会有持续一天以上的晴天。一周以上为长连阴雨。连阴雨出现时,日照少,空气湿度大,而且春、秋季连阴雨往往伴随低温,常造成种子霉烂、发芽,以及病虫害的滋生蔓延,导致农业减产。烂场指小麦脱粒后,来不及晾晒入库遭遇连阴雨天气引起的发芽、倒伏、霉变。再次,保额方面,江苏省商业性小麦种植保险考虑到农户可能同时投保政策性小麦种植保险,因此要求二者保额之和应不高于小麦的市场价值。以及,免赔率方面,江苏省商业性小麦种植保险实行10%的绝对免赔率,麦子种植保险没有免赔率。保险期间方面,麦子种植保险约定保险责任期间开始之日起15日为保险麦子的病虫害观察期,期内因保险责任范围内病虫害导致的损失,保险人不负责赔偿。赔偿金额方面,两款保险采取的小麦生长期赔偿比例不同。

表8.2 安信农险的小麦险

项目	江苏省商业性小麦种植保险(2021版)	麦子种植保险(2016版,上海地区适用)
保险标的	(1)经过政府部门审定的合格品种,符合当地普遍采用的种植规范标准和技术管理要求 (2)种植场所在当地洪水水位线以上的非蓄洪、行洪区 (3)生长正常 (4)除外:同种或套种的其他作物	(1)经当地省级政府农业行政主管部门审定的,适合当地种植的品种 (2)使用的种子符合国家种子质量标准(GB 4404.1-2008) (3)符合当地普遍采用的技术管理和规范标准 (4)种植在适宜生长的区域并位于当地洪水水位线以上的非蓄洪区、非行洪区 (5)除外:正处在保险事故中的麦子;已经收割的麦子
保险责任	在保险期间内,由于下列原因直接造成保险小麦的损失,且损失率达到10%(含)以上的,保险人按照本保险合同的约定负责赔偿 (1)暴雨、洪水(政府行、蓄洪除外)、内涝 (2)旱灾、地震 (3)风灾、雹灾 (4)冻灾 (5)泥石流、山体滑坡 (6)病虫草鼠害	(1)暴雨、洪水(政府行、蓄洪除外)、冰雹、涝灾、风灾、旱灾 (2)火灾、爆炸、雷击、地震、泥石流、山体滑坡 (3)拔节抽穗期间遭受冻害或倒春寒的 (4)遭遇连阴雨灾害,发生"烂场"损失的 (5)抽穗期间遭受连阴雨,且施药无效爆发赤霉病的 (6)草害、鼠害

续 表

项目	江苏省商业性小麦种植保险(2021版)	麦子种植保险(2016版,上海地区适用)
责任免除	(1) 投保人及其家庭成员、被保险人及其家庭成员、投保人或被保险人雇用人员的故意行为 (2) 行政行为或司法行为 (3) 由于人为造成水土失控,作物面积超出水量或人为原因造成水量减少导致保险小麦的损失 (4) 由于病虫害防治不当导致保险小麦的损失 (5) 发生保险责任范围内的损失后,被保险人自行毁掉或放弃种植保险小麦 (6) 损失率10%(不含)以下的损失	(1) 投保人及其家庭成员、被保险人及其家庭成员、投保人或被保险人雇用人员的故意或重大过失行为、管理不善 (2) 他人的恶意破坏行为 (3) 行政行为或司法行为,但列为保险责任的行政行为不在此限 (4) 种子的质量问题 (5) 使用农药、肥料品种、用量、施用时间等不符合要求 (6) 动物侵蚀践踏 (7) 不属于保险责任的其他病虫害 (8) 病虫害观察期内发生病虫害的 (9) 麦子"齐苗"阶段之前发生损失的 (10) 毁种抛荒行为 (11) 改种其他作物的
保险金额	保险小麦的每亩保险金额根据小麦的综合生产成本,由投保人与保险人协商确定,并在保险单中载明。如保险小麦已投保政策性小麦种植保险,则本保险合同的保险金额与政策性小麦种植保险保单的保险金额之和应不高于小麦的市场价值 保险金额=每亩保险金额(元/亩)×保险面积(亩)	保险麦子的每亩保险金额由保险合同双方协商确定,并在保险单中载明 保险金额=每亩保险金额×保险面积=每亩保险产量(千克/亩)×保险单价(元/千克)×保险面积(亩) 每亩保险产量和保险单价应由投保人和保险人约定,并在保险单中载明
免赔率	10%的绝对免赔率	无
保险期间	自保险小麦出苗或移栽成活后起,至成熟开始收获时止	保险麦子自"齐苗"之日起,至开镰收获时止。自保险责任期间开始之日起15日为保险麦子的病虫害观察期。保险麦子在病虫害观察期内因本条款保险责任范围内的病虫害导致损失的,保险人不负责赔偿
赔偿金额	一次事故的损失率达到10%及以上时 赔偿金额=不同生长期每亩赔偿标准(元/亩)×损失率×受损面积(亩) 损失率=单位面积植株损失数量(或单位面积平均损失产量)/单位面积平均植株数量(或单位面积平均正常产量) 单位面积平均正常产量根据当地小麦过去3年单位面积平均产量确定	(1) 全部损失:保险赔偿金=每亩保险金额×(1-非保险事故损失率)×定损面积(亩)×赔偿比例 (2) 部分损失:保险赔偿金=[每亩保险产量×(1-非保险事故损失率)-每亩实测产量]×定损面积(亩)×保险单价 保险单价=每亩保险金额/每亩保险产量
损失程度认定	当损失率达到80%以上(含)时,视同全损,损失率按100%计算	相同

如表8.3所示,麦子种植保险还针对全损和部分损失的特殊情况做了细致说明。当发生全部损失时,保险麦子处于"齐苗期"的,在可重播情况下,由保险人直接出具批单注明剩余的保

险金额,保险合同继续有效。如投保人、被保险人按保险赔偿金额及时补交相应保费,就可恢复保险金额;在不可重播情况下,保险合同立即终止。发生"烂场"现象导致无法收割或已收割,但因发芽、霉变无法晾晒、烘干、加工导致无销售价值的,保险赔偿金按成熟期全损计算。发生部分损失时,若保险麦子出险时处于"成熟期"之前,但在成熟期测得产量仍能达到保险产量时,则不发生赔偿。若实测产量低于保险产量,保险人就按保险产量与实测产量的差额计算保险赔偿金。发生烂场损失,可收割但有部分发芽(霉变),经积极处理后有部分价值的,保险人将保险麦子可出售金额按保险单价转换成收获产量,再按上述公式计算保险赔偿金。

表 8.3 麦子种植保险生长期赔偿比例

生 长 期	赔偿比例	生 长 期	赔偿比例
齐苗期	40%	抽穗扬花期	70%
分蘖期	50%	籽粒充实期	85%
拔节期	60%	成熟期	100%

退保方面,在小麦不同生长阶段,麦子种植保险采取不同的保险费退还比例,相比一般的退保方式更清晰合理(见表 8.4)。

表 8.4 麦子种植保险退保比例

生长阶段	退换比例	生长阶段	退换比例
齐苗期	60%	抽穗扬花期	10%
分蘖期	40%	籽粒充实期	5%
拔节期	25%	成熟期	0%

二、经济作物保险

(一) 定义

经济作物也称为工业原料作物或技术作物,经济作物通常为轻工业提供原料。我国的经济作物包括纤维作物、油料作物、糖料作物、饮料香料调料作物、药用作物、染料作物、观赏作物、水果和其他经济作物。经济作物保险是以生长期或初加工的经济作物为保险标的的农业保险,包括纤维作物保险(如棉花保险)、油料作物保险(如油菜保险、花生保险、芝麻保险)、原料作物保险(如橡胶保险)等。

(二) 特点

经济作物保险的特点:(1) 经济作物生产逐渐形成了产业化、区域化、市场化生产,保险需求相对较强;(2) 由于其生产成本高、经济价值也较高,因此保额较高;(3) 由于经济作物抗灾性能差,风险较大,因此费率较高;(4) 定损理赔技术复杂。

如表8.5所示,我们以阳光农业的黑龙江省烟草种植保险为例来分析经济作物保险的特征。黑龙江省烟草种植保险承保的风险单一,只承保雹灾对烟草造成的严重损伤。赔偿金额方面,该保险对于每片烟叶被冰雹打出的洞的个数,设定不同的损失系数,进而计算出损失率和平均损失率。面积系数为保险面积除以实际种植面积,面积系数小于等于1,并且对于不同生育期设定不同的赔偿限额。该险种以县(农场)为计算单位,实行总赔付率200%封顶赔付。当县(农场)种植业保险定损总赔付率超过200%时,被保险人的实际赔付金额按相同比例降低,即按照200%与该县(农场)定损总赔付率的比例计算。

表8.5 阳光农业相互保险公司黑龙江省烟草种植保险

项目	内容
保险标的	(1) 烟草种植符合当地政府和烟草部门的要求和规范标准 (2) 在烟叶公司订单内,且播种的品种符合当地烟草部门的规定 (3) 种植地块应位于当地洪水警戒水位线以上的非蓄洪、行洪区内 (4) 种植的烟草生长正常
保险责任	由于雹灾造成保险烟草(株)有效叶片的直接损失,即:因冰雹打断烟茎、叶柄或叶片3个(含)以上穿孔造成的损失
责任免除	(1) 被保险人未经当地烟草部门许可,盲目引进新品种,采用不成熟的新技术或管理措施失误(含误用农药) (2) 被保险人经营管理不善及其雇用人员、其家庭成员的故意或重大过失行为造成的损失 (3) 政府泄洪及其他行政行为或司法行为 (4) 发生保险责任范围内的损失后,被保险人自行毁掉或放弃已种植的烟草或改种其他作物 (5) 种子质量问题或违反技术要求应用 (6) 肥料、农药等质量问题或违反技术要求应用 (7) 不按时采摘的叶片遭受保险责任范围内的灾害造成的损失 (8) 除雹灾以外的其他气象灾害和病虫害造成的损失 (9) 种植在家前屋后和路边零星土地上的烟草
保险金额	保险金额根据烟草种植的直接物化成本确定,保险费率为8%
免赔率	30%的绝对免赔率
保险期间	自烟草移栽大田成活起至保险单约定的有效烟叶采收完止
赔偿金额	保险期限结束后根据每次损失程度累加后的结果进行赔偿 损失金额=平均损失率×面积系数×受损面积×赔偿限额 赔付额=损失金额×(1-绝对免赔率)-非保险责任灾害造成的损失

1. 保险烟草发生保险责任范围内的损失后,以叶折株计算被抽样区域的损失率(单株有效叶片基数为每株18片)

损失系数如下:

(1) 当每片烟叶被冰雹打出3个洞时,损失系数为0.4;

(2) 当每片烟叶被冰雹打出4个或5个洞时,损失系数为0.7;

(3) 当每片烟叶被冰雹打出6个(含)洞以上时,损失系数为1;

(4) 当烟草发生保险责任内的其他方面(因冰雹打断烟茎、叶柄)的损失时,损失系数为1。

损失率计算公式如下:

$$损失率=\frac{抽样区域内同等损失程度损失叶片数}{单株有效叶片基数\times抽样区域内总株数}\times 损失系数\ n$$

$$平均损失率=\frac{\sum_1^\infty(抽样区域内同等损失程度损失叶片数\times 损失系数\ n)}{单株有效叶片基数\times 抽样区域内总株数}$$

2. 灾害赔付最高限额标准按下列不同生育期分段计算
(1) 团棵期及以前：最高赔偿金额以每亩保险金额的40%为赔偿限额；
(2) 旺长期：最高赔偿金额以每亩保险金额的70%为赔偿限额；
(3) 采收期：最高赔偿金额以每亩保险金额×(100%－采收比例)为赔偿限额。
其中：
旺长期是指烟草生长到拔节至现花蕾之间的时期，叶片在12片(含)以上。
采收期是指烟草生长到打顶至采收完成之间的时期。采收比例计算公式如下：

$$采收比例=\frac{抽样区域内已采收有效叶数}{单株有效叶片基数\times 抽样区域内总株数}\times 100\%$$

三、蔬菜园艺作物保险

(一) 定义

蔬菜园艺作物保险以生长期的蔬菜和园艺作物为保险标的，包括露天蔬菜保险、保护地栽培蔬菜保险、无土栽培蔬菜保险、人工养殖的食用菌保险等；也可用蔬菜的名字直接命名，如黄瓜保险、西瓜保险、西红柿保险等，比较普遍。

(二) 特点

蔬菜园艺作物保险的特点：(1) 由于蔬菜园艺作物单位面积的生产投入大，技术含量高，产值高，其保险金额一般较高；(2) 蔬菜作物的抗雹灾能力较弱，雹灾损失率高，蔬菜雹灾保险的费率一般很高；(3) 由于蔬菜园艺作物种类繁多，栽培技术难度大，抗灾能力各不相同，因此保险承保技术和定损技术要求高。

蔬菜园艺等作物通常一年多生，因此在确定损失时会规定各茬次在保险金额中的分配比例。如安信农业保险股份有限公司的蔬菜种植保险条款(2009版)中对保险金额的规定是：1，2—7月的春播菜，占年保险金额的40%；8—11月的秋播菜，占年保险金额的30%；12月—次年1月的冬播菜，占年保险金额的30%。多年生蔬菜，按保险期间的前后各6个月，分别占年保险金额的50%计算；水生蔬菜、其他短期蔬菜，合同列明的保险金额可以为事故当时的保险金额。

表8.6列出了长江财产保险公司湖北省商业性露地蔬菜种植保险，其中保险金额也是按照蔬菜茬次划分(见表8.6中赔偿金额的计算公式)。

表8.6 长江财产保险公司湖北省商业性露地蔬菜种植保险

项　目	内　　容
保险标的	投保人应将符合条件的露地蔬菜全部投保，同一地块不得选择性和重复投保： (1) 蔬菜种植符合当地政府和农业部门的种植规范标准和技术管理要求，生长正常 (2) 种植地块应位于非蓄洪、行洪区内 (3) 土壤适宜、生长环境安全 (4) 种源优良、抗灾抗病力强 (5) 除外：间种或套种的其他作物

续 表

项 目	内 容
保险责任	(1) 暴雨、洪水(政府行、蓄洪除外)、内涝、风灾、雹灾、冻灾、地震 (2) 火灾、爆炸、雷击、泥石流、突发性滑坡、建筑物倒塌
责任免除	(1) 战争、军事行动、民间冲突、罢工、骚乱或暴动;行政行为或司法行为 (2) 被保险人未经当地农业技术部门许可,盲目引进新品种,采用不成熟的新技术或管理措施失误(含误用农药) (3) 不符合国家农产品质量安全的强制性标准,保险的蔬菜被禁止食用或上市销售的 (4) 种子、肥料、农药、除草剂等质量问题或违反技术要求应用 (5) 牲畜啃食、动力机械碾压 (6) 遭受霉变、腐烂、污染损失的 (7) 被保险人或其雇用人员、其家属的故意或重大过失行为 (8) 被盗、被抢造成的损失 (9) 旱灾、病虫害、鼠害造成的损失 (10) 运输、销售过程中发生的损失;套种在蔬菜中的非菜类瓜果,或其他在种的作物发生的损失;生长过程中的自然死亡;发生保险责任范围内的损失后,被保险人自行毁掉或放弃已种植的蔬菜或改种其他作物
保险金额	保险露地蔬菜的单位保险金额参照保险期间内当地相应各茬次保险露地蔬菜所发生的直接物化成本之和设定,包括:种苗、肥料、农药、机耕排灌费、燃料费等,单位保险金额不超过1 200元/亩,并在保险合同中载明 保险金额=单位保险金额(元/亩)×保险面积(亩)
免赔率	15%的绝对免赔率
保险期间	按露地蔬菜种植品种生长周期由投保人与保险人协商确定,最长不超过1年
赔偿金额	(1) 全部损失:赔偿金额=保险金额×相应茬次保险金额分布比例×(1-绝对免赔率)×不同生长周期赔偿比例-相应茬次已收获的金额 (2) 部分损失:赔偿金额=单位面积保险金额×相应茬次保险金额分布比例×损失面积×(损失程度-绝对免赔率)×不同生长周期赔偿比例-相应茬次的已收获的金额 蔬菜的茬次、各茬次时间分布及各茬次保险金额分布比例,由保险人根据保险露地蔬菜实际情况与投保人协商确定,并在保险单证中载明 损失程度=平均单位面积损失株数/平均单位面积种植株数
损失程度认定	保险露地蔬菜损失程度大于等于90%的为全部损失
多次受灾	相应茬次保险露地蔬菜发生全部损失经一次性赔偿后,经保险人的书面批注,剩余的总保险金额继续有效 相应茬次保险露地蔬菜在保险期间内遭受部分损失经保险人赔偿后,该茬次剩余的保险金额继续有效;如被保险人需恢复该茬次保险金额时,应补交相应的保险费,由保险人出具批单批注 保险人累计赔偿金额达到总保险金额时,本保险合同终止

四、果树保险

(一) 定义

果树保险的保险标的有核桃树、栗子树、红果树、海棠树、鲜枣树、桃树、苹果树、梨树、杏树、柿子树、葡萄树等。保险标的为专业户、村或乡的连片果树,通常不保零星果树。果树保险具体可分为果树产量保险和果树死亡保险,分别以果实收获量和树体存活状况为保险标的。我们分别选取长江财产保险公司湖北省枣阳市地方财政桃树种植保险及阳光农业相互保险公司黑龙江省果树产量保险为例,来看两类果树保险的条款。

(二) 特点

果树产量保险和果树死亡保险在保险金额的计算上不同,湖北省枣阳市地方财政桃树种植保险为果树存货保险,每亩保险金额参照了作物生长期内发生的直接物化成本。黑龙江省果树产量保险为果树产量保险,保险金额通常根据前2年或前4年果树正常年景的平均产量,并根据投保时的坐果情况,承保其实际年产量的70%,按所承保的产量和上年度国家收购部门的收购价格计算保险金额。

赔偿金额方面,湖北省枣阳市地方财政桃树种植保险规定的桃树不同生长期最高赔偿标准详见表8.7,黑龙江省果树产量保险规定的果树不同生长期赔偿比例详见表8.8。

表8.7 桃树不同生长期最高赔偿标准

生长期	最高赔偿标准
开花期	保险金额×60%
成熟期	保险金额×100%

表8.8 果树不同生长期赔偿比例

果品生长期	赔偿比例
花期至坐果期(含)	40%
坐果期至果实生长发育期(含)	70%
果实成熟采收期	100%

黑龙江省果树产量保险中规定已采摘部分果品的果园,在计算赔款时按采摘部分占保险金额的比例进行相应扣除。对于已采摘90%到完毕的,保险人不再承担保险责任。也就是说,该保险对已采摘果品的受灾果树是不赔偿保险金的,赔款时需扣除已采摘果品的受灾果树损失。如发生保险事故,投保人应及时通知保险人进行定损理赔。

表8.9为两种果树保险在具体条款方面的比较。

表8.9 果树保险比较

项目	湖北省枣阳市地方财政桃树种植保险 (长江财产保险公司)	黑龙江省果树产量保险 (阳光农业相互保险公司)
保险标的	(1) 桃树种植符合当地政府和农业部门的要求和规范标准 (2) 种植的桃树品种符合农业部门的规定 (3) 生长正常、管理正常 (4) 保险桃树品种在当地种植1年(含)以上,并且为能挂果的桃树,苗圃期的桃树不在承保范围之内 (5) 种植场所在当地洪水水位线以上的非蓄洪、行洪区 (6) 除外:与桃树间种或套种的其他作物	(1) 整地块连片种植 (2) 能够清晰地确定地块界线、标明具体位置 (3) 符合当地普遍采用的技术管理和规范标准要求 (4) 生长和管理正常

续　表

项目	湖北省枣阳市地方财政桃树种植保险（长江财产保险公司）	黑龙江省果树产量保险（阳光农业相互保险公司）
保险责任	在保险期间内,由于下列原因造成保险标的的直接损失,损失率达到30%(含)以上时,保险人依照本保险合同约定负责赔偿: (1) 火灾 (2) 暴风、暴雨、洪水(政府行、蓄洪除外)、内涝、冰雹、倒春寒、冻害、雪灾、旱灾 (3) 泥石流、滑坡 (4) 病虫害：桃树炭疽病、腐烂病、白锈病、黑霉病、根癌病、穿孔病、叶斑病、蚜虫、天牛、食心虫、椿虫	在保险期限内,由于下列原因直接造成保险果树产量损失,损失率达到30%(不含)以上,保险人按照本保险合同的约定,对受灾果树的绝产或减产损失负赔偿责任: (1) 火灾、雷击、爆炸、暴雨、洪水(政府行、蓄洪除外)、内涝、风灾、雹灾、冻灾、旱灾、地震等灾害 (2) 泥石流、山体滑坡等意外事故 (3) 病虫鼠害
责任免除	(1) 战争、敌对行为、军事行动、恐怖活动、武装冲突、民间冲突、罢工、骚乱、暴动 (2) 投保人及其家庭成员、被保险人及其家庭成员、投保人或被保险人雇用人员的故意或重大过失行为、管理不善；他人的恶意破坏行为 (3) 行政行为或司法行为 (4) 被保险人未经当地农业技术部门许可,盲目引进新品种,采用不成熟的新技术或管理措施失误(含误用农药) (5) 肥料、农药等质量问题或违反技术要求应用 (6) 鸟啄、自然落果等原因造成的损失 (7) 发生被盗、被抢损失的 (8) 发生保险责任范围内的损失后,被保险人自行毁掉或放弃已种植的果树或改种其他作物 (9) 因保险果树所产成熟果实的市价波动等原因造成的经济损失	(1) 投保人及其家庭成员、被保险人及其家庭成员、投保人或被保险人雇用人员的故意行为、管理不善 (2) 行政行为或司法行为 (3) 在果品生长期间正常的自然落果 (4) 农药残留、施肥、用药不当 (5) 发生保险责任范围内的损失后,被保险人未及时通知保险人自行毁掉或放弃保险果树种植的
保险金额	保险桃树中每亩保险金额参照作物生长期内所发生的直接物化成本(包括苗木成本、化肥成本、农药成本、灌溉成本、机耕成本等),由投保人与保险人协商确定,并在保险单中载明 保险金额＝每亩保险金额×保险面积 每亩保险金额：1 000元 保险面积以保险单载明为准	<table><tr><th>树种</th><th>保险金额（元/亩）</th><th>费率</th><th>保险费（元）</th></tr><tr><td rowspan="3">果树</td><td>500</td><td rowspan="3">9%</td><td>45</td></tr><tr><td>1 000</td><td>90</td></tr><tr><td>1 500</td><td>135</td></tr></table>
免赔率	30%的绝对免赔率	相同
保险期间	一年	自4月20日零时起至9月30日24时止晚熟品种保险责任期限最晚至10月20日24时止,或以各农场、区县事先约定期限为准

续　表

项目	湖北省枣阳市地方财政桃树种植保险 （长江财产保险公司）	黑龙江省果树产量保险 （阳光农业相互保险公司）
赔偿金额	（1）全部损失：赔偿金额＝每亩不同生长期的最高标准赔偿×损失面积 发生全部损失的保险桃树经一次性赔偿后，保险责任即行终止 （2）部分损失：赔偿金额＝每亩不同生长期的最高赔偿标准×损失面积×损失程度 损失程度＝（1－单位面积该桃树实际产量/单位面积该桃树正常年份3年平均产量） 保险桃树一次或多次受灾，每亩累计赔偿金额达到保单载明的每亩保险金额时，该受灾保险桃树保险责任终止	赔偿金额＝每亩保险金额×不同生长期每亩赔偿标准×损失率×受损面积 损失率＝单位面积花芽或幼果损失数量/单位面积正常生长花芽或幼果数量（以正常生长管理条件为前提） 单位面积正常生长果品数量可参考当地前5年果树生产平均产量或邻近正常生长果树产量。理赔定损时可根据各地生产实际情况的不同酌情调整
损失程度认定	保险桃树的损失程度在90%（含）以上为全部损失	/
多次受灾	保险桃树一次或多次受灾，每亩累计赔偿金额达到保单载明的每亩保险金额时，该受灾保险桃树保险责任终止	如果发生一次或一次以上赔款时，保险单的有效保险金额（有效保险金额＝保险金额－已付赔款）逐次递减，逐次累计赔款金额不得超过保险单列明的保险金额
其他	/	已采摘部分果品的果园，在计算赔款时按照采摘部分占保险金额的比例相应扣除 已采摘90%到完毕的果园，保险人不再承担保险责任

五、林木保险

（一）定义

林木保险以生长期的林木为保险标的，主要以火灾为承保责任，包括森林保险、经济林保险、苗圃保险等。

（二）特点

以太平洋安信农业保险公司上海市商业性林木种植保险（2021版）为例，保险除了弥补林木损失外，还可以对施救费用按照必要和合理的原则在保险金额以外另行补偿。但补偿措施一年最多发生两次，单次补偿金额最高不超过保单保费的100%，总补偿金额最高不超过保单保费的200%。

除外责任中较为特殊的条款是林木保险对融雪剂造成的损失不予赔偿。常用的融雪剂为氯化钠、氯化镁、氯化钙、氯化钾等氯盐类物质，会破坏土壤酸碱度，使种子无法正常萌发，阻止植物根系对水分的吸收，使植物枯萎、落叶甚至死亡。氯离子过多，还会影响植物光合作用和新陈代谢，使植物生长缓慢，植株矮小。这些工业盐融化后，可能促使土壤盐碱化，污染地下水，甚至危害人体。2007—2008年冬季，受持续低温雨雪冰冻灾害影响，我国平均气温极低,各地普降大雪,对农业和林业造成严重损害。当时各地在清理积雪过程中均使用了融雪剂,全国绿化委员会和国家林业局于 2008 年 2 月 22 日发出紧急通知,防止使用融雪剂造成树木危害。通知要求各地在清理积雪时尽量采取人工或机械除雪办法,尽量不用或少用融雪剂除雪。对于一些重点地段,确需使用融雪剂的,要及时清理并进行集中融化处理,不能堆积在树下,防止融雪剂造成次生灾害。可见使用融雪剂不仅会对林业造成巨大损失,而且是国家不提倡或限制的行为。因此,将其作为除外责任是合理且必要的。

另外,为防止道德风险,该险种还设置了 15 天为病虫害观察期。在病虫害观察期内保险林木因保险责任范围内的病虫害导致损失的,保险人不负责赔偿。但对于期满续保的林木,可免除观察期,以鼓励投保人积极续保,有利于保险人稳健经营。

表 8.10 为太平洋安信农业保险公司上海市商业性林木种植保险的具体条款。

表 8.10　太平洋安信农业保险公司上海市商业性林木种植保险(2021 版)

项目	内容
保险标的	(1) 保险的林木应当在保险单中列明种植密度。树种单一、分类清楚的林木,标的名称应当在保险单中具体列明 (2) 投保人、被保险人承揽的绿化造林工程,或投保人、被保险人为第三方管理养护的林木,或其他属于投保人或被保险人具有保险利益的林木 (3) 除外:正处在危险状态的林木;林产权属不清、标的地址或坐落边际不明的林木;在运输途中或移至保险地址以外的林木;已经采伐的林木
保险责任	(1) 火灾、爆炸、雷击 (2) 台风、暴风、龙卷风 (3) 暴雨、冰雹、雪灾、冻害 (4) 高温[连续 5 日日最高温度在 35℃(含)以上或连续 3 日日最高温度在 37℃(含)以上或连续 2 日日最高温度在 39℃(含)以上] (5) 病虫害
施救费用	在保险金额以外另行补偿。本补偿措施一年最多可以发生两次,一次补偿的金额最高不超过保单保费的 100%,总补偿金额最高不超过保单保费的 200%
责任免除	(1) 投保人及其家庭成员、被保险人及其家庭成员、投保人或被保险人雇用人员的故意或重大过失行为 (2) 行政行为或司法行为 (3) 未按国家或本市公益林养护技术标准(规范),对林木的有害生物灾害进行有效防控和除治的 (4) 使用融雪剂造成损失的 (5) 果实损失 (6) 动物侵蚀践踏造成损失的 (7) 弃管弃种行为,林场、林区改作其他用途造成保险标的正常灭失的
保险金额	保险林木的每亩保险金额参照林地建设成本,由投保人与保险人协商确定,并在保险单中载明 保险金额=每亩保险金额(元/亩)×保险面积(亩)
保险期间	一年 自本保险期间开始之日起 15 日内为病虫害观察期。保险林木在病虫害观察期内因保险责任范围内的病虫害导致损失的,保险人不负责赔偿。保险期间届满续保的林木,免除观察期

续　表

项　目	内　容
赔偿金额	(1) 全部损失、推定全损 　　赔偿金额＝每亩有效保险金额(元/亩)×(1－非保险事故损失率)×损失面积(亩) 　　注：保险期间内保险林木发生保险责任范围内损失的，在前期没有赔款的情况下，每亩有效保险金额等于每亩保险金额；如果前期已经发生了损失赔付的，每亩有效保险金额等于每亩保险金额减去每亩已赔付金额(下同) (2) 部分损失 　　赔偿金额＝每亩有效保险金额(元/亩)×(保险损失率－非保险事故损失率)×损失面积(亩) (3) 对因施救发生的费用按必要与合理的原则确定，具体赔偿金额由保险合同双方协商确定

六、畜禽养殖保险

畜禽养殖保险是以人工养殖的牲畜和家禽为保险对象的养殖保险，可分为小牲畜保险、大牲畜保险和家禽保险。其中，小牲畜包括育肥猪、藏系羊等；大牲畜包括耕牛、奶牛、肉牛、养马等；家禽包括鸡、鸭、鹅等。

(一) 猪养殖保险

对于畜禽类，养殖过程中除了自然灾害以外，传染性疾病是最大的风险来源。从长江财产保险公司湖北省商业性育肥猪养殖保险的保险责任界定上，我们可以看到条款中仔细列明了保障范围内的所有疾病名称，非常专业，以保证保险风险的定义足够明晰(见表8.11)。

表8.11　长江财产保险公司湖北省商业性育肥猪养殖保险

项　目	内　容
保险标的	(1) 投保的保险育肥猪品种必须在当地饲养1年(含)以上 (2) 投保时保险育肥猪体重达到20千克(含)以上 (3) 保险育肥猪经畜牧兽医部门验明无伤残，无本保险责任范围内的疾病，营养良好，饲养管理正常，能按所在地县级畜牧防疫部门审定的免疫程序接种并有记录，按国家规定佩戴能识别身份的畜禽标识 (4) 饲养场所在当地洪水水位线以上的非蓄洪、非行洪区 (5) 管理制度健全、饲养圈舍卫生，能够保证饲养质量 (6) 保险育肥猪饲养场(户)每批存栏数量达到30头(含)以上
保险责任	(1) 暴雨、洪水(政府行、蓄洪除外)、风灾、雷击、冰雹、冻灾、地震、泥石流、山体滑坡 (2) 火灾、爆炸、建筑物倒塌、空中运行物体坠落 (3) 猪瘟、猪丹毒、猪肺疫、口蹄疫、猪水泡病、猪链球菌、伪狂犬病、旋毛虫病、非洲猪瘟、猪乙型脑炎、猪副伤寒、猪细小病毒、猪囊尾蚴病、附红细胞体病、猪支原体肺炎、猪圆环病毒病、猪魏氏梭菌病、猪传染性胃肠炎、猪传染性萎缩性鼻炎、高致病性蓝耳病及其强制免疫副反应等疾病、疫病 当保险育肥猪发生以上高传染性疫病而被政府实施强制扑杀导致的死亡，保险人也按照本保险合同的约定负责赔偿，但每头保险育肥猪最高赔偿金额以保险金额扣减政府扑杀补贴金额的差额为限

续 表

项　目	内　　容
责任免除	(1) 投保人及其家庭成员、被保险人及其家庭成员、投保人或被保险人雇用人员的故意行为、重大过失、管理不善 (2) 除第六条约定的政府强制扑杀外的其他行政行为或司法行为 (3) 战争、军事行动、恐怖行动、武装冲突、敌对行为、罢工、骚乱、暴动 (4) 他人的恶意破坏行为 (5) 保险育肥猪未按免疫程序接种 (6) 被盗、走失、饿、淹溺、中暑、中毒及互斗 (7) 保险育肥猪在疫病观察期内患有保险责任范围内的疾病 (8) 违反防疫规定或发病后不及时治疗 (9) 保险育肥猪在保险合同约定的饲养场所之外死亡(含被捕杀)的 (10) 保险育肥猪因病死亡且不能确认已进行无害化处理的 (11) 猪场设施发生保险责任外的意外、管理不善导致的保险育肥猪损失 (12) 保险育肥猪未佩戴规定的畜禽标识 (13) 在购入、调入保险合同约定地点以前的中转途中或出售、调出保险合同约定地点以后所发生的死亡或捕杀(含同群猪) (14) 从保险期间开始之日起 15 日(含)为保险疾病观察期。观察期内因保险责任范围的疾病导致的伤残或者死亡,保险人不负责赔偿 (15) 发生保险责任范围内的损失后,投保人、被保险人自行处理保险标的;发生重大病害或疫病后不采取有效防治措施,致使损失扩大的
保险金额	保险育肥猪的每头保险金额参照当地市场价格、饲养成本、人工成本等分为 400 元、600 元、800 元 3 个档次,由投保人与保险人协商确定 按批次投保的,保险数量按每批育肥猪投保时可保存栏数量确定 按年度投保的,保险数量按年累计出栏数量确定,同时必须确定投保时可保存栏数量,当年累计出栏数量不低于投保时可保存栏数量的 2.5 倍 保险金额＝每头保险金额(元/头)×保险数量(头)
保险期间	按批次投保的,保险期间自双方约定的保险责任开始之日起至保险育肥猪出栏之日止,最长不超过 6 个月;按年累计出栏量投保的,保险期间为 1 年
赔偿金额	因第五条第(三)项导致保险育肥猪死亡的,需要有镇级及以上畜牧权威机构出具的证明材料。每头育肥猪最高赔偿金额以每头育肥猪最高赔偿标准扣减政府支付扑杀补贴金额的差额为限 赔偿金额＝∑每头赔偿金额

另外,根据猪的生长周期,分为小猪和生猪两个阶段。小猪或仔猪,指以供食用为目的饲养的小猪(体长小于 50 厘米)。生猪是指以供食用为目的饲养的活猪(体长≥50 厘米)。育肥猪是指仔猪在断奶后经过一段时间育肥但还未出栏的猪,是正处于快速增重阶段的商品猪。该险种将育肥猪作为保险标的,并要求投保的养殖户在养殖育肥猪上的经验在当地至少达 1 年。

保险金额方面,育肥猪的保额档次可由投保人与保险人协商。投保方式不同,保险数量的计算方式不同。按批次投保的,保险数量以每批育肥猪投保时可保存栏数量为标准;按年度投保的,保险数量以年累计出栏数量[①]为标准。

---

① 存栏数量是指某一阶段,如年初、某月、某季或年末的牲畜实有数。猪、羊等动物长到屠宰重量叫出栏。出栏时间与养殖方法有关,若全程放养,通常要经过 1 年左右才能出栏,若进行半放养,通常要经过 8～10 个月才能出栏,若进行全封闭饲养,则通常经过 5～6 个月即可出栏。出栏过早,生猪养殖成本过高,会降低经济效益;出栏过迟,生猪增重快,会降低瘦肉率,提高肥肉率,导致猪肉的商品性降低。出栏数量是指牲畜作为商品卖到市场上的数量。

赔偿金额方面,每头育肥猪最高赔偿金额以每头育肥猪最高赔偿标准扣减政府支付扑杀补贴金额的差额为限。每头育肥猪的最高赔偿金额通常根据保额和尸重确定。但在太平洋安信农险江苏省商业性育肥猪养殖保险(2021 版)条款中,每头育肥猪赔偿金额为每头保险金额乘以不同尸长赔付比例,即该保险是用保额和尸长来确定赔偿金额的。原因是尸长相比于尸重,能更好地区分每一头猪,确保出险标的是保险标的,理赔效率更高,而用尸重来确定赔偿金额,可能出现重复称重,造成重复理赔、虚假理赔,暗存道德风险,对保险人不利。

(二) 鸡养殖保险

作为农业保险品种的创新,我们将介绍安信农险在鸡养殖保险中使用的鸡脚环技术。智能鸡脚环类似于人类的手环,可以收集到鸡每日运动步数等数据信息,运动步数越多意味着这只鸡的运动能力越强,出栏时肉质紧实、口感较好。此类数据可以帮助养殖户将这些鸡挑选出来作为种鸡进行培育,同时大数据可以在鸡瘟发生前或初期,及早提示预防扩散。智能鸡脚环记录的数据可以明确告诉消费者这些鸡是生态散养鸡,一定程度上解决了产销两端信息不对称的问题。智能鸡脚环也为计算保险数量和保险鸡死亡数量提供了便利。

表 8.12 是安信农险上海市商业性互联网鸡养殖保险在计算赔偿金额时用到的对应阶段赔偿比例。

表 8.12　安信农险上海市商业性互联网鸡养殖保险对应阶段赔偿比例

入栏周数	饲养天数	赔偿比例(%)	入栏周数	饲养天数	赔偿比例(%)
1	61~67	40	9	117~123	80
2	68~74	45	10	124~130	85
3	75~81	50	11	131~137	90
4	82~88	55	12	138~144	95
5	89~95	60	13	145~151	100
6	96~102	65	14	152~158	100
7	103~109	70	15	159~165	100
8	110~116	75			

表 8.13 是安信农险上海市商业性互联网鸡养殖保险的具体条款。

表 8.13　安信农险上海市商业性互联网鸡养殖保险条款

项　目	内　　容
投保人与被保险人	(1) 投保人:能够实现利用智能脚环、区块链、物联网、互联网等新科技养殖管理模式且具备相关经营或养殖资质的经营主体 (2) 被保险人:投保人本人或者与上述能够实现利用智能脚环、区块链、物联网、互联网等新科技养殖管理模式且具备相关经营或养殖资质的经营主体(以下简称"代养经营主体")签订代养协议的养殖场(户)

续　表

项　目	内　容
保险标的	(1) 饲养场的设立经过政府行政部门批准,投保人持有的动物防疫合格证真实有效 (2) 投保的肉鸡不得在属于政府规定的畜禽养殖禁养区范围内 (3) 投保的肉鸡品种必须为代养经营主体指定品种且投保时肉鸡在60日龄以上(含) (4) 肉鸡存栏数1 000羽以上(含)且不与其他种类的畜禽混合饲养 (5) 无伤残、临床无异常、营养良好、饲养管理正常,按期进行国家规定的免疫程序接种疫苗并有记录 (6) 每一批肉鸡使用塑料网隔开放养,养殖密度符合代养协议要求 (7) 每一批肉鸡在同一天转进,同一天转出 (8) 每只肉鸡脚上必须佩戴智能鸡脚环且对应的身份编码唯一 (9) 除外:按照养殖合同规定应出栏而未出栏的肉鸡;已经离场的肉鸡;正处在危险状态的肉鸡;珍珠鸡、火鸡、鹌鹑、鸵鸟等
保险责任	(1) 雷击、台风、暴风、龙卷风、暴雨、涝灾、雪灾等自然灾害 (2) 火灾、爆炸、空中运行物体坠落等意外事故 (3) 疫病造成死亡的 (4) 按照国家有关规定,经畜牧兽医行政管理部门确认为发生疫情,并且经区(县)级以上政府实施强制扑杀的
责任免除	(1) 投保人及其家庭成员、被保险人及其家庭成员、投保人或被保险人雇用人员的故意或重大过失行为、管理不善;他人的恶意破坏行为 (2) 行政行为或司法行为,但被列为保险责任的行政行为不在此限 (3) 不按免疫程序进行免疫、私采疫苗进行免疫或根本不采取任何免疫措施造成死亡的 (4) 隐瞒疫情不向动物防疫部门报告,且未采取有效减灾措施致使损失扩大的部分 (5) 区(县)级以上政府强制扑杀后,获得政府扑杀专项资金补贴的损失部分 (6) 病死保险鸡未按国家规定进行无害化处理的 (7) 动物侵袭撕咬造成死亡的 (8) 无害化深埋、焚烧和消毒费用 (9) 一切间接损失或费用
保险金额	保险鸡的每羽保险金额由合同双方根据保险鸡的养殖成本等因素协商确定,并在保险单中载明 保险金额＝每羽保险金额×保险数量(羽) 保险数量按每一养殖批次存栏的鸡脚环数据确定并在保险单中载明
免赔率	15%的绝对免赔率
保险期间	原则上不超过15周,具体起止日期以保单中载明的为准
赔偿金额	(1) 发生保险责任范围内的保险事故: 　　赔偿金额＝保险鸡死亡数量×单位保险金额×对应阶段赔偿比例 (2) 发生保险责任范围内的强制扑杀事故: 　　赔偿金额＝保险鸡死亡数量×单位保险金额×对应阶段赔偿比例－每次事故需赔偿的保险鸡死亡数量×每只鸡政府扑杀专项补贴金额 根据代养经营主体收集的鸡脚环上传的日常数据,如出现自06:00至18:00没有数据,但设备正常运行的情况,则视为该保险标的死亡,保险人按照保险合同的约定承担赔偿责任 保险标的自行离开围栏后又返回且设备正常运作的,经代养经营主体后台认证后,不作为标的死亡处理

七、水产养殖保险

水产养殖保险大体上分为淡水养殖保险和海水养殖保险。淡水养殖保险具体包括池塘、湖泊、江河水库、深水网箱、流水、稻田等养殖保险。海水养殖保险中,按照养殖对象不同,可分为鱼类、虾类、藻类、贝类、海带养殖保险;按照养殖场所和养殖方式的不同,可分为滩涂、海上网箱(渔排)、海上贻贝、扇贝笼养、底播等养殖保险。

表8.14列出了长江财产保险公司湖北省商业性小龙虾养殖保险条款。在保险责任条款中,出现了"漫塘"和"溃塘"这两种水产养殖特有的风险。漫塘是指短期或极短期内的强降水,导致塘水溢出塘埂或淹没养殖塘,大量养殖水产品随流逃逸的事故损失。溃塘是指短期或极短期内的强降水,导致塘水冲破塘埂,大量水产养殖物随流逃逸的事故损失。漫塘和溃塘有可能同时发生。

表8.14 长江财产保险公司湖北省商业性小龙虾养殖保险

项 目	内 容
保险标的	投保人应将符合条件的小龙虾全部投保,不得选择性投保 (1) 养殖塘生态环境良好、保水性能好、布局规范、远离污染,在江河、湖泊防洪主大堤以内,且在当地洪水水位线以上,无引发灾害事故的明显隐患 (2) 养殖的小龙虾品种、养殖密度、投料量及养殖塘的水质、水深符合当地水产养殖管理部门相关养殖技术规范 (3) 养殖塘所必备的排灌设施、防逃逸设施齐全 (4) 除外:套养的其他水产品、已经离塘的小龙虾
保险责任	在保险期间内,由于下列原因直接造成保险小龙虾不能正常成熟或死亡的,损失率达到20%(含)以上时,保险人按照本保险合同的约定负责赔偿 (1) 养殖塘遭受洪水(政府行、蓄洪除外)、暴雨或内涝、暴风、台风、龙卷风、雷击,或者空中运行物体坠落,但不属于漫塘或溃塘情形的 (2) 养殖塘遭受洪水(政府行、蓄洪除外)、暴雨或内涝,发生漫塘,且超过12小时不能有效排水 (3) 养殖塘遭受洪水(政府行、蓄洪除外)、暴风、台风、龙卷风、暴雨、雷击,或者空中运行物体坠落,发生溃塘的
责任免除	(1) 投保人及其家庭成员、被保险人及其家庭成员、投保人或被保险人雇用人员的故意或重大过失行为、管理不善;他人的恶意破坏行为 (2) 行政行为或司法行为 (3) 污水、污物的排放污染和田间农药的流入 (4) 被保险人自主引进新品种,采用不成熟的新技术或管理措施失误(含误用药品) (5) 饵料、药品等质量问题或违反技术要求应用 (6) 盗窃、哄抢、投毒 (7) 冻灾、旱灾 (8) 动物猎食造成损失的
保险金额	单位保险金额由投保人和保险人在订立保险合同时协商确定,但最高不超过3 000元/亩,并在保险单中载明 保险金额=单位保险金额(元/亩)×保险面积(亩)
免赔率	每次事故免赔率由投保人与保险人在签订保险合同时协商确定
保险期间	按保险小龙虾养殖期确定,自虾苗投放起至小龙虾成熟捕捞期结束时止,最长不超过1年

续 表

项 目	内 容
赔偿金额	(1) 每亩赔偿金额＝(保险小龙虾不同生长期最高赔偿标准－每亩保险人已赔付金额)×损失率×(1－绝对免赔率) 总赔偿金额＝每亩赔偿金额×受损面积 损失率＝受损小龙虾数/该养殖塘投苗数×100% (2) 如保险小龙虾漫逃至属于同一被保险人所有、承包或管理的养殖塘,保险人不承担赔偿责任 每亩赔偿金额＝(保险小龙虾不同生长期最高赔偿标准－每亩保险人已赔付金额)×漫塘时间对应的赔付比例×(1－绝对免赔率) 总赔偿金额＝每亩赔偿金额×受损面积 (3) 如保险小龙虾溃逃至属于同一被保险人所有、承包或管理的养殖塘,或溃塘程度(出险堤长占堤周长的比例)小于等于0.5%,保险人不承担赔偿责任 每亩赔偿金额＝(保险小龙虾不同生长期最高赔偿标准－每亩保险人已赔付金额)×溃塘程度对应的赔付比例×(1－绝对免赔率) 总赔偿金额＝每亩赔偿金额×受损面积
多次受灾	每亩赔偿金额累计不超过单位保险金额上限标准,累计赔偿金额达到总保险金额时,本保险合同终止

赔偿金额方面,该保险针对3种损失情形,实行3种不同的赔偿金额计算公式。

(1) 第一种:

$$每亩赔偿金额 = (保险小龙虾不同生长期最高赔偿标准 - 每亩保险人已赔付金额) \times 损失率 \times (1 - 绝对免赔率)$$

$$总赔偿金额 = 每亩赔偿金额 \times 受损面积$$

$$损失率 = \frac{受损小龙虾数}{该养殖塘投苗数} \times 100\%$$

(2) 第二种:如果保险小龙虾漫逃至属于同一被保险人所有、承包或管理的养殖塘,保险人不承担赔偿责任。

$$每亩赔偿金额 = (保险小龙虾不同生长期最高赔偿标准 - 每亩保险人已赔付金额) \times 漫塘时间对应的赔付比例 \times (1 - 绝对免赔率)$$

$$总赔偿金额 = 每亩赔偿金额 \times 受损面积$$

其中,漫塘时间对应的赔付比例见表8.15。

表8.15 漫塘时间对应的赔付比例

漫塘时间(T)	12 小时＜T≤24 小时	24 小时＜T
赔付比例	40%	60%

(3) 第三种:如果保险小龙虾溃逃至属同一被保险人所有、承包或管理的养殖塘,或溃塘程度(出险堤长占堤周长的比例)小于等于0.5%,保险人不承担赔偿责任。

$$每亩赔偿金额 = (保险小龙虾不同生长期最高赔偿标准 - 每亩保险人已赔付金额) \times 溃塘程度对应的赔付比例 \times (1 - 绝对免赔率)$$

总赔偿金额＝每亩赔偿金额×受损面积

其中，溃塘时间对应的赔付比例见表8.16。

表8.16 溃塘时间对应的赔付比例

溃塘程度（I）	0.5％＜I≤1％	1％＜I≤5％	5％＜I
赔付比例	20％	40％	60％

第三节 新中国成立后我国的农业保险发展情况

一、新中国成立初期（1949—1979年）

新中国成立后，农业保险随着国家的保险政策几经起伏。20世纪50年代初国家曾试图大力恢复建设国内保险市场，包括试办农业保险。1953年中国人民保险公司（以下简称"中国人保"）决定停办农村保险业务，压缩城市业务。1954年后中国人保又提出恢复农村保险业务，发展城市保险业务的方针，保险市场自此有了起色。1958年10月，西安财贸会议再次决定停办国内保险业务，随后的20年我国国内保险一片空白，直到1979年4月才恢复。

20世纪50年代初，中国人保就开办了牲畜、养猪、农作物3种农村保险业务。牲畜保险对象是为耕作或力役而使用的牛、马、驴、骡、骆驼5种力畜。对疾病、胎产、阉割等原因导致力畜意外伤害、死亡或永久丧失全部劳动能力的，保险给予牲畜主人赔偿。保险额以投保时民主评定的应值价值的八成承保。牲畜价值由保险干部、当地农村干部、牲畜饲养有威信有经验的老农三方组成民主评议小组决定。1950年驴、骡保险费仅按保额每年收3％。1953年决定停办保险业务时，东北的牲畜保险继续经营，直到1958年国内保险停摆，此时全国已有6 000万头牲畜承保。养猪保险最初在苏北地区试点，1956年恢复业务后，发展也较为迅速，国内业务停办前全国承保的猪只达到3 400万头。农作物保险在新中国成立初期的试点以棉花保险和小麦保险为主，中国人保也尝试开发了水稻、甘蔗、烟草、苎麻、葡萄等其他保险产品。1953年3月，国家决定停办农作物保险，1954年保险业务恢复后重新在河北、吉林、河南试点了棉花、烟叶、大豆保险。但到"大跃进"时期，浮夸风盛行，亩产量难以确定，不久农作物保险停办。[1]

1979年国内保险业务恢复，农业保险先后经历了试点阶段和政策性与商业性并行阶段。

二、试点阶段（1982—2006年）

2006年以前我国农业保险由中国人保作为经营主体，农业保险试点以行政方式开展。1982年，国务院发布《关于国内保险业务恢复情况和今后发展意见的报告》，提出地方政府应该立足自身发展状况，提前布局，开展农村财产保险、牲畜保险等险种的试点工作，但并未出台针对农业保险特性的相关政策。在商业保险制度框架之下，农业保险试点发展缓慢，并且由于后期人保公司的商业化转型，因此农业保险业务量也大幅下降。

---

[1] 赵学军. 建国初期中国国内保险市场探析[J]. 中国经济史研究，2003(2)：74-84.

三、政策性与商业性并行阶段(2007年至今)

2002年《中华人民共和国农业法》重新修订后要求构建政策性农业保险体系,意味着我国正式进入农业保险制度的创新阶段。之后的2007年又成为另一标志性节点:在此之前中央"一号文件"要求保险公司需在商业性保险制度下开展农业保险试点,而在此之后国家将"农业保险保费补贴"列入财政补贴预算科目中,自此农业保险保费补贴试点拉开了序幕,体现了政策性农业保险制度建设取得实质性进展。2012年,《农业保险条例》颁布,在对农业保险制度条款进行初步设计之后,政策性农业保险制度开始于全国普遍推行。2020年,中央"十四五"规划对农业保险在防范农民因灾致贫、因灾返贫方面的重要地位做了充分肯定。2020年,我国实现了全面建成小康社会的目标,而在脱贫攻坚和乡村振兴有机衔接的背景下,如何持续发挥农业保险防范农民返贫作用是农业保险面临的新挑战。

四、我国农业保险的现状

(一)农业保险总体发展状况

如图8.2所示,从保费规模来看,中国的农业保险业务近年来有了突飞猛进的发展:2007年农业保险保费收入仅为51.8亿元,经过14年的发展,2020年已达到814.93亿元,其年均增长率超过20%,共为1.89亿户次农户提供风险保障4.13万亿元,目前我国农业保险保费规模已超越美国,跃居全球最大农险市场,而这一趋势或将长期保持。

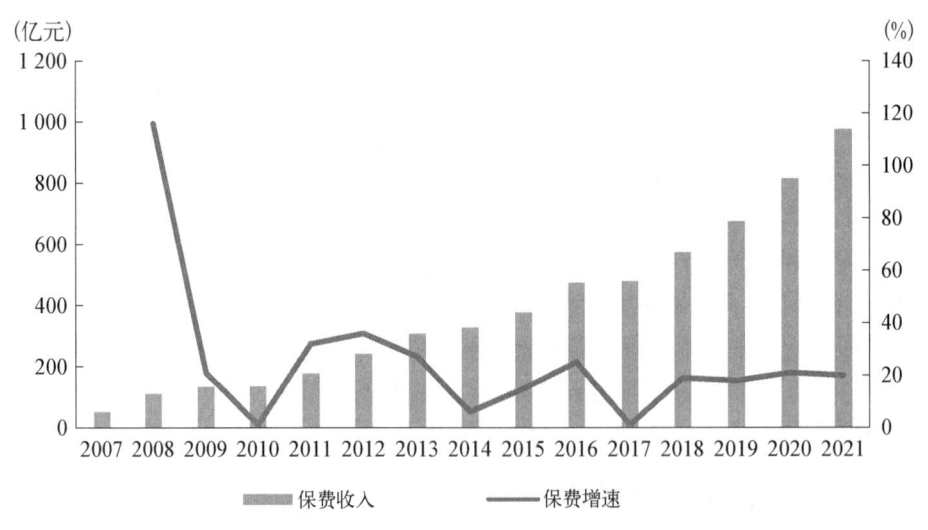

图 8.2 2007—2021年农业保险历年保费收入及增速图

资料来源:中国保险统计年鉴。

我国农业保险经营模式如图8.3所示。由经过审批的近40家保险公司负责经营农业保险,农业农村部、财政部及国家金融监督管理总局共同对农业保险经营进行监管。我国农业保险以省为单位决策,每省选取在该省经营的一家或多家农业保险公司,各省间农业保险经营方式具有较大差异。2014年,中国财产再保险股份有限公司和23家经授权的农业保险公司联合成立中国农业保险再保险共同体,为农业保险提供再保险保障,农业保险公司也可向其他国际再保险公司购买再保险服务。2020年,由财政部牵头,中再集团、太平洋财险、平安财险等9家单位联合组建中国农业再保险股份有限公司,再一次完善了我国农业再保险的经营框架。

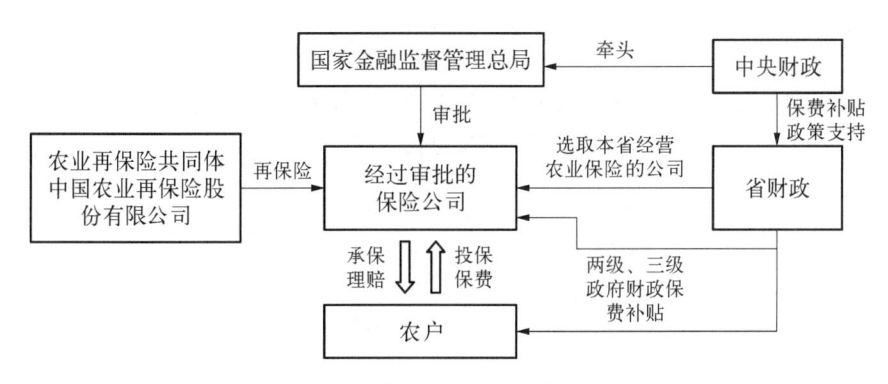

图8.3 我国农业保险经营模式

农业保险服务的农户在2007年数量仅为4 981万户,而到2020年已增至1.9亿户。风险保障范围增加到4.13万亿元,较2007年增加了37倍(见图8.4)。保险赔款增加到616.6亿元,2007年仅为32.8亿元,农业保险真正成为强农惠农的一个主要渠道。种植保险、养殖保险和森林保险三大业务领域均取得稳步进展。2020年,中国种植保险保费已经达到490.2亿元,养殖保险保费达到282.2亿元,森林保险保费达到42.5亿元,中国水稻、玉米、小麦三大主粮的整体覆盖率达到70%,总体承保面积达到0.773亿公顷。这种情况预计会增加。森林保险覆盖面积约为27.6亿亩,约占中国林业用地面积的40%。种母猪和育肥猪的保险覆盖面估计为4.1亿头,覆盖率约为40%。

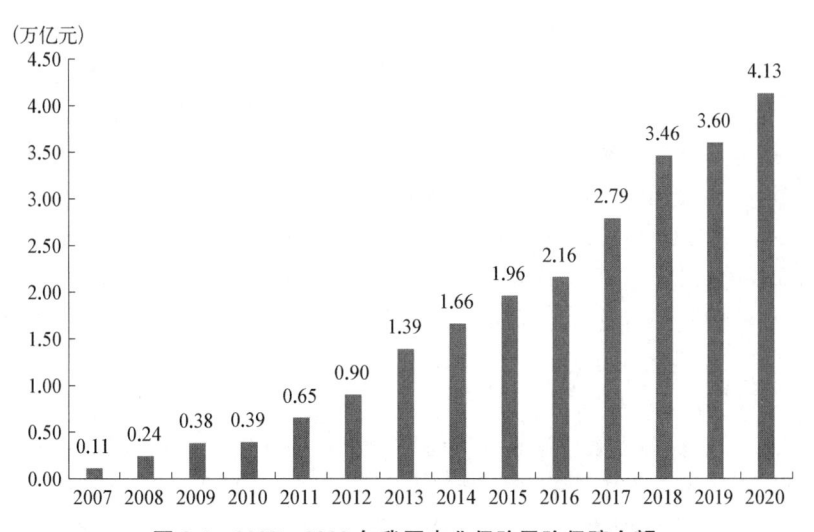

图8.4 2007—2020年我国农业保险风险保障金额

资料来源:原中国银行保险监督管理委员会官网。

在补贴品种方面,目前,中央财政补助作物种类已达到16个,省级财政补助的农险种类也较多。2019年,中央在山东、湖南等10个省下达省级特色农业保险补贴试点工作,2020

年扩大到20个省,2021年扩大到全国。在补贴标准方面,中央财政对不同地区采取不同的补贴政策。补贴标准参照财政部于2016年发布的《农险补贴管理办法》。总的来说,由中央财政和地方财政对农业保险提供的保费补贴比例已达80%左右,在世界范围内也属前列,即投保农户只需要支付20%左右的保费就可以获得农业保险保障,这就为农户缓解了支付更多保费的压力。2007—2020年,随着各级政府愈加重视对农业保险政策的支持,财政出资对农业保险保费补贴的规模也不断增加,到2020年保费补贴规模已达到603.5亿元,与2007年的40.6亿元相比增加了14.9倍之多(见图8.5)。

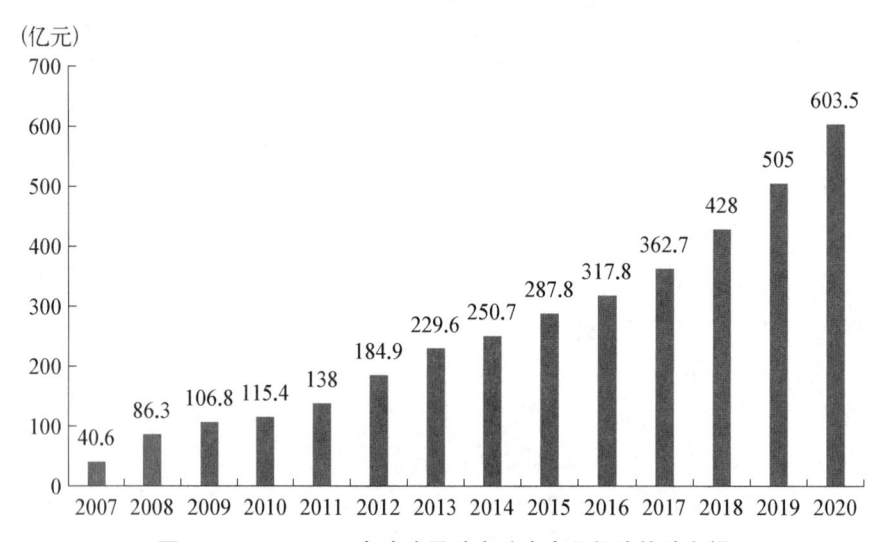

图8.5　2007—2020年中央及地方政府农业保险补贴金额

资料来源:原中国银行保险监督管理委员会官网。

在保险产品方面,中国的农业保险产品体系在整体上呈现高度同质化,不过也有各种形式的产品创新,包括保障成本的农作物保险和牲畜死亡保险产品,以及天气指数保险产品、"保险+期货"产品、农产品价格保险产品。财政部在200个产粮大县试点农业灾害保险项目,将地租成本也纳入农业保险的保障范围,而不是原来的只保障直接生产的物化成本。保障水平提高至800元每亩,较原来提高了整整1倍。2018年,三大主粮作物平均保险水平达到1 000元每亩。2021年6月,财政部、农业农村部和银保监会联合下发通知,规定实施全额费用和收入保险,保险范围进一步扩大。2019年,财政部提高了种母猪和育肥猪的保险水平,以确保非洲猪瘟疫情发生后活猪的稳定生产和供应。种母猪和育肥猪的保险单位保额分别提高到1 500元和800元。

(二)农业保险区域发展状况

我国各省的农业保险发展水平在空间维度上存在明显差异。黑龙江、吉林、辽宁的农业保险发展水平高,原因在于作为中国主要的农业生产地区,东北种植业和畜牧业发达,粮食产量占比较大。农业保险对农业的发展起到了很大的作用,据测定,东北地区的农业保险发展水平高于中东部地区,因为该地区的农业已经大规模发展。华北地区作为中国重要的粮棉油生产基地,该地区农业保险发展水平整体上高于全国,由于农业生产结构具有以粮食种植和畜牧业为主的生产特征,发展规模也较大,因此是农业保险发展水平走在全国前列的重要推动力。东南沿海地区的农业保险发展水平还较低,主要是因为该地区工业经济发达,山地和丘陵的地理特征不允许大规模的农业生产,所以农业发展规模相对较小。新疆地域辽阔,人口较少,农业以种植业和畜牧业为主,能够促进农业保险的大规模发展。西藏和青海是中国重要的牧区,农业结构虽然相对单一,但畜牧业的发展规模大,因此农业保险发展水平也较高。

目前,中国的农业保险还处于比较初级的发展阶段,整体发展水平还有待提升。总的来说,中国农业保险特别是养殖业保险的总体覆盖率较低,风险保障水平也不高,补充品种数量还不多,不能完全满足中国农业界和农民的风险保障需求。保险基础研究和相关产品费率厘定等科研能力仍滞后于实际农业保险需求,保险产品供应商设计能力和风险评估能力较为薄弱,多数省份仍旧实行省内统一费率,但不同地区面临着不同的风险程度,应根据这些不同的风险程度进行差异化和市场化定价。农业保险市场存在的道德风险和逆选择问题仍旧无法有效地规避。农民对保险的热情和认识仍需加强,农民对农业保险的购买率相对较低。虽然农业自然灾害的风险单位多,巨型灾害风险特征明显,且这些风险并不能全部有效预测,但与之相矛盾的是我国仍旧未建立完善的农业保险机制。许多地方在一定程度上仍存在服务不规范、不及时的问题,基层保险的承保和理赔服务仍需改进。尽管农村地区有近50万名基层保险工作人员,但专职工作人员数量不足、人员流动大、实际操作能力弱等问题依然明显,应加强保险市场参与者的信息互动,完善动态费率调整机制,促进保险产品设计更加迎合市场需求,让行业公开信息更好地服务产品开发,不得干预农业保险业务,以免导致定价不科学、保费水平低。

阅读材料　民国时期的耕牛保险

第四节　国外农业保险发展历史及现状

一、美国农业保险

(一) 美国农业特征

1. 规模化经营

美国农场的平均规模目前已达 475 英亩,其中较大的农场达到 3 000～4 000 英亩。其主要经营方式为集约经营式。64%的农场是小而全的兼业农场,但这些农场的产值仅占美国农业总产值的 6.4%;占比 12.6%的中型农场产值占 38%;而大型农场虽仅占 1%,但其提供了 27.8%的产值。

2. 专业化经营

首先,美国的粮食生产在各区域都有所不同。中西部农场带主要大规模种植小麦和玉米,包括艾奥瓦州、伊利诺伊州、内布拉斯加州、堪萨斯州等。畜牧业也有此特点,比如牛群养殖主要集中在得克萨斯州东北到伊利诺伊州。其次,农场仅选择生产特定的农产品,或是承担某一农产品生产经营的某个特定环节。例如,有专门种植粮食作物的农场,按照作物品种分为生产棉花、玉米、小麦、大豆和糖类等的农场;有专门种植蔬菜和水果的农场;还有专门的畜牧场,包括饲养猪、牛、羊和鸡等的农场。此外还有更细致的划分方式。以上农场中,专业化程度最高的是畜牧场,例如养牛业分为仔牛、奶牛和肉牛养殖场等,奶牛养殖场又可分为生产鲜奶、奶品加工、奶品销售的农场,以及从牛奶生产、加工到销售的综合性农场。另外,美国只经营一种农产品的专业化农场比例超过 90%,棉花农场的专业化比例达到 76.9%,蔬菜、肉牛、奶牛农场的专业化比例分别为 87.3%、87.9%、84.2%。农场的专业化经营有利于细化农业分工,提高生产效率,促进农业产出。

3. 科技化经营

私人商业投资模式被美国农场普遍采用,由于农业科技的飞速发展和广泛运用,企业化经营的美国农场大多实现了规模经济。耕地面积减少并不会带来减产。

(二) 美国农业保险发展历史和现状

美国农业保险遵循政府主导市场的经营模式,由联邦农作物保险公司和美国农业风险管理局作为主要的农业保险监管机构。

1938 年,《联邦农作物保险法》颁布,联邦农作物保险公司成立,标志着美国农业保险进入探索和试验阶段,此阶段进展缓慢,同时政府的管理成本较高,农民参与度也较低。至 1980 年,《联邦农作物保险法》修订后,开始实施保费补贴,联邦农作物保险公司将部分农业保险业务分配至商业保险公司,对这些商业保险公司的经营管理费用提供补贴,实现了"公私合营"。1990 年后,联邦农作物保险公司不再参与农业保险的直接经营,只参与农业再保险业务。1994 年,《农作物保险改革法》颁布,加大了保费补贴的力度,作物品种范围也得到扩展,同时推出灾害救助政策等,农业保险得到迅速发展。这段时间内,私人保险公司承保了 90% 左右的业务。联邦农作物保险公司负责制定全国农业保险的政策,除此之外还有农业保险产品开发、农业风险普查、农业保险产品审核、农业保险培训及宣传、政府补贴预算管理等。2000 年,《农业风险保障法案》颁布,继续增加对农业保险的保费补贴,同时完善财政补贴方式,私人保险公司占比提高。2008 年,《农业法案》鼓励私人保险公司对农业保险产品进行创新,提高了农业保险的覆盖率和保障水平。截至 2019 年,美国农业保险投保面积达到 13 557 万公顷,约占耕地面积的 80%,农业保险保费收入超过 100 亿美元。

美国农业保险经营模式如图 8.6 所示。州级政府通过将农业保险分保到风险转移基金和自由保障基金,同时通过比例再保险购买农业再保险服务,实现政府和私人保险公司收益和损失共担。在联邦政府层面,联邦政府通过成数再保险为私人保险公司自留保费比例部分进行分保。

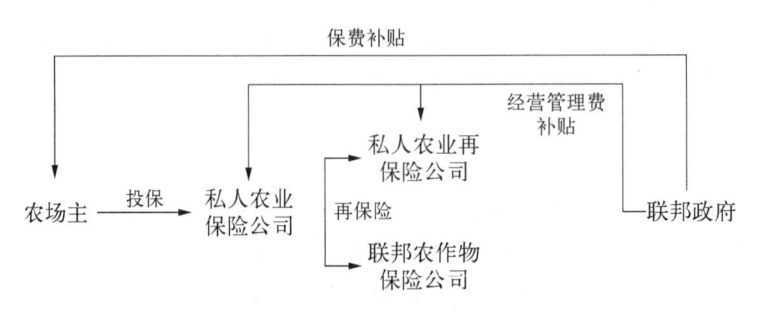

图 8.6 美国农业保险经营模式

(三) 美国农业保险产品

美国较为流行的农业保险产品包括天气指数保险、产量保险、价格保险和收入保险产品。其中，美国产量保险产品主要包括投保产量保障保险和团体风险保险计划。2002年，美国联邦农作物保险公司开始提供牲畜价格保险，涵盖生猪、肉牛、羔羊等产品。1996年，美国开始引入农作物收入保险，到2020年，收入保险已占美国农作物保险市场份额的90%以上。美国的农作物保险产品发展呈现从天气指数保险产品，到产量或价格保险产品，再到现在的收入保险产品占主导地位的转变趋势。相比之下，收入保险更满足美国农民的需要，提供了对于农作物产量和价格的风险保障，同时保障了自然风险和市场风险。美国农业收入保险产品主要包括作物收益保险、调整总收入保障计划、收入保障保险、团体风险收入保护计划等。

二、加拿大农业保险

(一) 加拿大农业特征

1. 全球生产份额占比大

加拿大农作物产量占全球生产总量份额较大，其中油菜、豌豆、小扁豆种植面积世界第一，燕麦产量全球占有率11.2%，是世界第二大燕麦产地，大麦产量全球占有率7.2%，种植面积为全球第六，小麦种植面积约占全球5%，为全球第六，玉米种植面积占全球1.2%，是世界第十大玉米产地，此外也是世界第七大大豆产地，是世界第十二大马铃薯产地。

2. 区域布局和产业分工专业化

加拿大81%的农业生产主要集中在中部的草原三省，这块区域堪称"世界粮仓"。萨斯喀彻温省具有全国最大的农田规模，其小麦产量占全国总产量的60%，该省还设有联邦农业部双低油菜研究中心。中部地区的代表省份是安大略和魁北克，其毗邻美国，畜牧业方面主要养殖奶牛、肉牛、鸡、猪等，包含全国3/4以上的乳牛场。精细农业也包含蔬菜、马铃薯、水果等，另外也包括特种作物如烟草、枫树产业等。安大略省是加拿大农业科技最发达的地区，也是玉米和大豆的重要产区之一。

3. 农业经营方式高度市场化

在加拿大，绝大多数家庭农场和其经营的土地属于私人财产，只有很少部分土地是向国家租赁的，属于国有。根据法律规定，家庭农场应当依法设立并作企业登记，农场主应与包括供应商、运输商、加工商和零售商等的交易对手方按照市场规则进行交易，家庭农场的整体运行规范应严格按照公司制企业的标准。部分产品即便实行配额管理，配额的分配和转让也都通过市场手段进行。部分产品即便实施全国统一价格，价格的制定也都按照市场规定进行，都由家庭农场主和收购商代表通过谈判确定价格，各个利益体的权利均受法律保护。

(二) 加拿大农业保险发展历史和现状

1959年加拿大政府对农业保险保费开始提供财政补贴。《农业稳定法案》《农业保险法案》等的颁布为政策性农业保险奠定了法律基础。加拿大采用联邦政府和省政府共同补贴制度，对保险公司的经营管理费用提供全额补贴，为农户纯保费提供60%的补贴。各省建立一家农业保险公司，由政府主导，负责经营加拿大的农业保险业务，该公司具有非营利性。不同于美国，加拿大并没有在联邦层面建立全国性的农业保险公司，且其禁止私人保险公司参与农业保险经营业务。加拿大的农业保险业务经营较为高效，平均管理费用只占保费的

7%。各省也会设立 CI 储备基金,每年通过保费结余滚存。联邦农业部和各省农业部门对农业保险进行监管,并且负责制订保险计划、研发产品、研究政策、分析保费费率合理性以及提供补贴等。加拿大的不同省份在农业保险产品、保障水平以及保费补贴等方面存在较大差异,联邦政府设立"农业保险基金",为各省农业保险公司提供再保险服务。

(三)加拿大农业保险产品

加拿大的天气指数保险种类较少,覆盖面小,保费占比也较低。以草料指数保险为例,在亚伯达省,草料指数保险包括遥感产量指数保险和土壤亏缺指数保险;在萨斯喀彻温省以降水指数保险为主。由于加拿大自身没有期货市场,因此其为生猪和肉牛提供价格保障的畜牧价格指数保险,同样规模有限。目前以农作物多灾种保险(MPCI)为主,占农业保险总保费收入的 80% 左右。根据不同产品类型,农作物多灾种保险细分为旱涝灾害险、冰冻灾害险、疾病险、其他。其针对自然灾害和病虫害造成的损失对生产者给予赔付。如果当年产量少于投保产量,则保险公司按产量差额乘以选择的投保价进行赔付。目前加拿大农业保险呈现向收入保险转变的趋势。收入保险主要包括农业保险计划、农业投资计划及农业稳定计划,主要目的是保障全农场的经营收入、利润以及现金流等。2017 年,政府对农业保险计划提供的财政保费补贴为 12.3 亿加元,对农业投资计划和农业稳定计划的补贴分别为 2.81 亿加元和 3.56 亿加元。

三、日本农业保险

(一)日本农业特征

1. 农产品精益求精

日本农产品具有销路畅和价格优的特点。以大米为例,虽然亩产量只有 300～400 千克,但无论从外观还是口感上都属于上乘,产品质量较好。日本农户都是专业户,每年只生产 1～2 个品种,并且生产的产品几乎全部可以作为商品,商品率极高。

2. 农户家庭经营与法人等经营主体规模逐渐扩大

农户家庭经营与法人等经营主体并存,每个经营主体的规模都在扩大。日本传统的经营方式以农户家庭经营方式为主,近年来,法人、团体等经营主体在农业经营中的地位在提升。农户经营者的数量虽然在减少,但每个农户经营者的规模在扩大。

3. 具有规范的农产品流通体系

长期以来,日本形成了规范的农产品流通体系。一个特点是农产品批发市场占有重要地位,往往有 80% 以上的蔬菜和水果等农产品经由批发市场进入市场,并且《农产品批发市场法》规范了农产品的流通,为分散的农户所生产的农产品顺利进入市场发挥重要作用。然而随着农业生产状况和市场条件的改变,经由批发市场的比率在下降,分析其原因:一是大规模的农业经营者,为了压缩流通成本,减少流通环节,通过订单农业、农超对接等形式销售农产品。二是直销市场的发展,从生产端直接进入零售端。三是其他流通新业态的出现,比如电商销售农产品的增加,此外 24 小时便利店在日本数量巨大,分布密集,以往便利店销售日常生活用品,食品也是以点心及加工食品为主,近年来对应人口老龄化等形势,在便利店也追加了生鲜蔬菜水果等售货点。

(二)日本农业保险发展历史和现状

1947 年,日本《农业保险法》和《家禽保险法》修订并整理合并为《农业灾害补偿法》,规定农业保险的经营形式为政府支持下的互助模式,存在 3 个级别的农业共济组合,分别为市、町、村级,还包括都道府、县级共济组合联合会和国家级再保险特别会计处。其中农业共济组合负责直接经营农业保险业务,农户向农业共济组合购买保险,参保农户也成为农业共济组合成员。当农业共济组合难以承担风险时可向农业共济组合联合会要求分保,联合会同时设立赔偿基金,主要用于灾后理赔。大灾年份,当基金也无法满足赔偿要求时,中央政府会为其提供贷款。联合会和特别会计处能够为农业保险提供两级再保险服务。日本农业保险经营模式如图 8.7 所示。

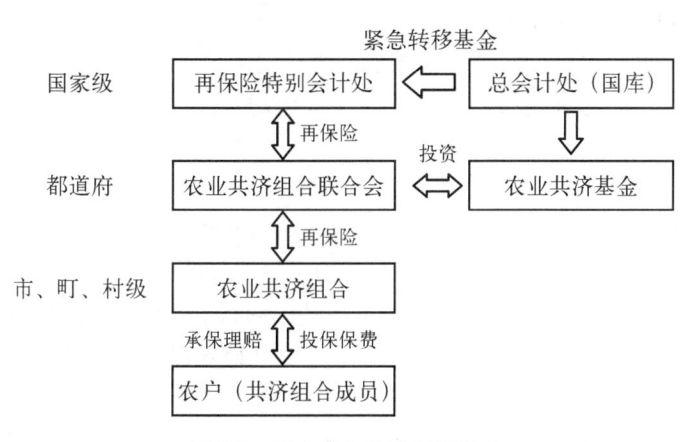

图 8.7 日本农业保险经营模式

此外,日本规定农业保险全部由非营利性互助组织经营,禁止私人保险公司参与。中央政府农业保险相关部门负责农业保险的政策制定、产品研发、费率厘定,以及保费、管理费的财政补贴等。2017 年,《农业灾害补偿法》修订并更名为《农业保险法》,该法规定成立全国性的农业共济组合联合会,日本政府为其提供经营管理费补贴和再保险服务。日本农业保险根据作物品种分为强制保险和自愿保险,针对水稻、小麦等重要农作物以及猪、牛、马等牲畜的保险为强制保险。日本政府对强制保险的保费补贴力度较大,相较之下非强制性保险的补贴比例较低。

(三)日本农业保险产品

1973 年,日本开始发展大田农作物保险,随后又推出了温室植物保险,保险类型由物化成本保险逐渐向产量保险转变。2019 年起,日本开展农业收入保险试点,该产品以申报农户过去 5 年的平均收入为基准,为农户的经营收入提供保险保障。虽然日本的农业保险产品面向所有农户,但只有收入和经营信息透明的农户才有资格购买,这样做的目的是降低道德风险。承保率较大的农作物包括小麦、水稻、啤酒花和甜菜等,保险覆盖面积超过 90%,前两个作物品种是强制性保险,后两个为自愿保险。日本收入保险产品的保障程度最多为农产品损失的 90%,其中 80% 以保险赔偿金的方式赔付,其余 10% 为储蓄资金方式。

四、法国农业保险

(一)法国农业特征

1. 区域、农场和作业专业化

在区域专业化方面,法国根据各农作物生长的自然条件要求,充分合理布局不同的农作物生产,同时利用各地区农业资源和畜牧业养殖条件,积极布局畜牧业生产,形成了专业化的商品产区。在农场专业化方面,体现在谷物、蔬菜、水果、畜牧农场等经营分区,其中最具代表性的就是法国葡萄庄园,大多只经营一种特定产品。作业专业化是指法国将过去农场需要完成的一部分工作分配给其他企业来做,为农产品商品化生产创造条件,分布在各个环节,例如耕种、田间管理、收割、运输、储存、销售等。

2. 农业合作社十分普遍

在法国,农业合作社的普及率非常高,超过 90% 的农场已加入农业合作社,形成农业产业链一体化网络。许多世界知名大型农业和食品企业集团也曾是法国农业合作社及其联合组织的一员。中等规模的家庭农场是法国农业生产的主体,由小农经济发展而来,且适应法国国情。由农业合作社与家庭农场组成独立又稳定的双层经营结构,实现了农工商一条龙和产供销一体化经营的模式。

(二)法国农业保险发展历史和现状

作为欧洲主要的农业生产国,法国的农业保险出现时间较早。19 世纪,为了防范火灾对农业的影响,法国成立了农业保险互助社,是早期的农业保险经营机构。1900 年,随着《农业互助保险法》的颁布,大量相互农业保险公司成立。1964 年,法国颁布了《农业损害保证制度》,并建立国家农业灾害保障基金,此举标志着法国通过立法确立了农业巨灾风险保障机制,该基金的资金主要来源是农业保险的税收和政府的财政支持。1976 年,《保险法典》的颁布确立了农业互助保险的地位。1982 年,《农业保险法》规定了农业保险为非营利业务。1986 年,法国成立了农业互助保险集团,负责经营农业保险业务。从 2004 年起,法国在国家层面上开展多灾种农业保险补贴试点,农业保险得到迅速发展,至 2007 年农业灾害保障基金保费赔偿比例已经达到 75%。

法国农业保险经营模式如图 8.8 所示,农业保险组织机构可分为 3 层,分别是基层农业保险互助社、地区/省级保险公司和中央保险公司。其中基层农业保险互助社负责具体经营农业保险业务,地区/省级保险公司和中央保险公司提供农业保险的两级再保险服务。法国政府为农业保险公司提供经营管理费用补贴,同时为农户提供纯保费补贴,对农业保险公司提供税收减免。法国政府对农业保险保费补贴的比例为 50%~80%。

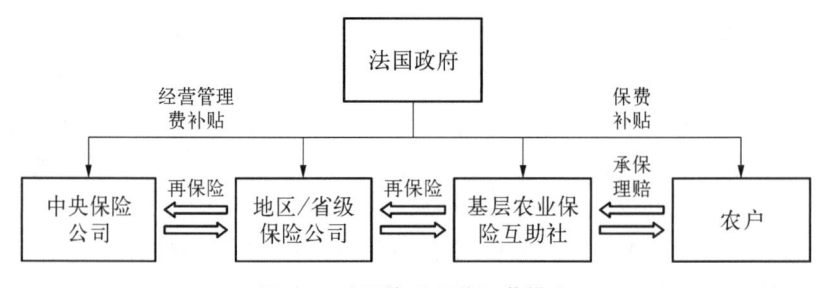

图 8.8 法国农业保险经营模式

农业保险互助社作为基层组织,其性质是民间组织,直接对接农民起互助共济作用,是法国农业部门的保险合作组织。农业互助保险社覆盖率较高,遍及所有乡镇,其通过避险、保险来转移风险,减轻自然风险给农民带来的损失。

(三)法国农业保险产品

法国农业保险中主要包括气象综合灾害保险、草原草地综合气象灾害保险、冰雹灾害保险以及目标收入保险。其中,气象灾害保险理赔额呈现上升趋势,1984—1989 年,其保险理赔额年均在 12 亿欧元左右,而在 2016—2020 年,年均理赔额达到 36 亿欧元左右。对于冰雹农业保险,1994—2004 年,其保险覆盖率均超过 80%。目标收入保险的保险产品覆盖的农作物包括小麦、玉米、油菜以及大麦等。

第五节 我国农业保险产品创新思路

一、我国农业保险创新动因

(一) 政策性农业保险难以满足多种风险需求

现行的政策性农业保险销售的多是传统型农业保险产品,主要承担生产风险,属于以成本为基础的产量保险。然而我国幅员辽阔,地理状况极为复杂,且自然灾害频发,农业风险多变且不可预测,一旦巨灾风险发生,就意味着保险机构和政府都将承担巨大压力。伴随着农民日益增长的风险保障需求,农业保险亟须创新。

(二) 农业保险具有市场运作的需求

由国务院颁布的《农业保险条例》明确指出"农业保险实行政府引导、市场运作和协同推进的原则"。市场运作,即指保险公司以商业化方式直接开展保险业务,包括信息的收集与处理、产品方案设计、费率厘定、承保和理赔等。由于农业风险复杂,保险标的也具有特殊性,因此传统农业保险产品的保障范围受到限制。相关研究认为,中央和地方政府通过不断加大保费补贴力度来推动农业保险发展,可能催生出更严重的道德风险问题,涉及农民、保险公司和地方政府等多方。但是目前农业保险商业化进程难以推动的主要原因在于过高的风险和过低的保费之间产生的矛盾。保险机构在获取关于气候、土壤、作物、畜禽等标的物信息时难度较大,容易导致保险机构在灾前的展业成本提高的同时灾后赔付率也升高。并且在农业风险损失发生之后,由于信息隐蔽,因此保险机构需要花费大量成本来获取定损信息和提升相关技术。

二、我国农业保险创新方向

(一) 发展创新指数保险

指数保险和传统保险的不同之处在于:传统农业保险产品规定核保到户、验标到户和查勘定损到户,在小农经济条件下此要求的经营成本极高,并且在实践中也难以规范操作。指数保险以特定区域内农作物的平均产品或者气象数据指标计算为损害程度指数,其赔偿基于预设参数是否达到触发标准,而非实际损失数额,因而通常对核保到户、验标到户、查勘定损到户不作要求。由此可见,指数保险本质上是一种产品创新,设想是将小规模分散经营的农户合并成一个虚拟的规模化农场,从而达到降低农业保险在承保、定损和赔付环节的成本。

我国农业指数保险产品创新,主要有两个方向:一是基于农作物系统性风险设计的区域产量保险和天气指数保险,二是基于市场价格风险设计的价格指数保险。

1. 区域产量保险

区域产量保险,也叫区域产量指数保险,是一种团体农作物保险产品,在以单个农户产量损失为理赔依据的基础上发展而来。该保险的赔偿标准：以区域内的历史平均产量为基准，即"指数"，而非单个农户。该保险的保险责任：以水稻、玉米、小麦、油菜、大豆等大宗农作物的风险损失为主要承保标的，保障范围为生产大宗农作物的主产区。

区域产量保险的创新之处在于：(1) 用区域风险保障替代了个体风险保障。区域历史平均产量相关信息容易获取，能抑制逆选择行为和道德风险，且降低了保险公司的交易成本。此外，保险合同标准化和透明化程度高，利于在二级市场和再保险市场流通。(2) 保障范围更全。区域产量保险实行一切险式赔偿模式，对于除人为因素外的任何原因导致的减损都提供赔偿。(3) 从事后赔付转向事前防范。发挥保险科技作用，通过保险手段为粮食生产提质保量，保障粮食的安全生产。比如在播种阶段开展监测，如发现存在当季弃耕或者推迟播种等情况，就可采用预赔付的手段，介入粮食的种植工作，保证其产量。

表 8.17 以安华农险黑龙江省中央财政玉米种植区域产量保险条款为例，介绍区域产量保险产品的内容。

表 8.17 安华农险黑龙江省中央财政玉米种植区域产量保险条款

项目	内容
保险标的	凡从事玉米种植的专业大户、家庭农场、农民合作社、农业产业化龙头企业等农业经营主体均可作为本保险合同的被保险人，同时符合下列条件的玉米可作为本保险合同的保险标的(以下简称"保险玉米")：(一)经过政府部门审定的合格品种，符合当地普遍采用的种植规范标准和技术管理要求；(二)种植地块位于当地洪水水位线以上的非蓄洪、行洪区；(三)生长和管理正常
保险责任	在保险期间内，由于自然灾害、意外事故及生物灾害造成保险玉米产量的损失，且保险玉米约定区域农场内的实际平均单产低于保险合同约定的保障单产，或被保险人所在农场管理区的实际平均单产低于农场管理区的保障单产，保险人在保险金额内按照本保险合同的约定负责赔偿，二者不能兼得。保障单产参照政府统计部门的保险玉米所在约定区域农场前3年玉米单位面积平均产量确定，但最高不得超过前3年平均单产的80%，并在保险单中载明。农场管理区保障单产为该管理区所在农场保障单产的80%，以保险单载明为准。实际平均单产由保险人、被保险人和农业技术相关部门，在保险玉米成熟收割前按照农业技术规范测量确定
责任免除	下列原因造成保险玉米的损失，保险人不负责赔偿：(一)投保人及其家庭成员、被保险人及其家庭成员、投保人或被保险人雇用人员的故意或重大过失行为、管理不善；(二)行政行为或司法行为；(三)没有按照生产技术规程进行生产管理；(四)发生保险责任范围内的损失后，被保险人自行毁掉、放弃种植保险玉米或改种其他作物；(五)间种或套种的其他作物的损失
保险金额	保险玉米的每亩保险金额根据保险玉米约定区域农场的每亩保障单产和约定价格确定，以保险单载明的为准。每亩保险金额＝保险单产×约定价格 保险金额＝每亩保险金额×保险面积 约定价格参照玉米播种期的市场价格，由保险人与投保人协商确定，并在保险单中载明。保险面积以保险单载明的为准。保险费＝保险金额×保险费率
保险数量	保险数量以保险单载明为准，应分别约定每个理赔结算期间内的保险数量。所有理赔结算期间的保险数量之和等于保险数量
保险期间	本保险合同的保险责任期间自保险玉米正常播种时起至收获期结束止，但不得超出保险单载明的保险期间费用，具体保险期间以保险单载明为准

续表

项　目	内　　容
赔偿金额	（一）当保险玉米所在约定区域农场实际平均单产低于该约定区域农场保险单产时：赔偿金额＝（保险玉米所在约定区域农场保障单产－该约定区域农场实际平均单产）×约定价格×保险面积；（二）当保险玉米所在约定区域农场实际平均单产高于该约定区域农场保险单产，但保险玉米所在农场管理区实际平均单产低于该农场管理区保障单产时：赔偿金额＝（保险玉米所在农场管理区保障单产－该农场管理区实际平均单产）×约定价格×保险面积

2. 天气指数保险

天气指数保险，也叫气象指数保险，是以区域产量保险为基础发展形成的一种创新性农业保险产品，与区域产量保险具有指数类保险产品的共通优势。天气指数保险的赔付基于地区气象站测出的天气指数，例如降雨和温度。对于每个指数都设有相应的农作物产量及损益，当指数达到一定阈值并对农作物造成一定影响时，投保人可以根据保险合同约定获得相应赔偿。天气指数保险保费较低，投保手续简单，且保障水平高，容易被广大农民接受。在指数设计上，方法较为科学且形式多样，比如通过分离相对气象变量确定柑橘低温冻害指数、根据气候区设计玉米生长期间的温度指数等。总的来说，天气指数可与现行政策性农业保险互相协调，互为补充。

表 8.18 以安信农险黑龙江省商业性综合气象指数保险条款为例，介绍天气指数保险产品的内容。

表 8.18　安信农险黑龙江省商业性综合气象指数保险条款

项目	霜冻指数保险	降雨量指数保险	低温指数保险	稻瘟病指数保险
保险区域	黑龙江垦区各农场	黑龙江垦区各农场	黑龙江垦区各农场	黑龙江垦区各农场
保险责任	在本保险期间内，当霜冻指数达到保险合同载明的赔付标准时，保险人按照保险合同约定负责赔偿。霜冻指数是指在保险合同中载明的约定期间内的日最低温度。具体约定期间以保险单载明为准	在本保险期间内，当降雨量指数达到保险合同载明的赔付标准时，保险人按照保险合同约定负责赔偿。降雨量指数是指在保险合同中载明的约定期间内的累计降雨量之和。具体约定期间以保险单载明为准	在本保险期间内，当低温指数达到保险合同载明的赔付标准时，保险人按照保险合同约定负责赔偿。低温指数是指在保险合同中载明的约定期间内，连续3天及以上平均温度低于约定温度阈值的天数。具体约定期间以及阈值选取以保险单载明为准	在本保险期间内，当稻瘟病指数达到保险合同载明的赔付标准时，保险人按照保险合同约定负责赔偿。稻瘟病指数是指在保险合同中载明的约定期间内日平均气温超过约定温度阈值且空气相对湿度大于约定湿度阈值的天数之和。具体约定期间以及阈值选取以保险单载明为准
保险数量	保险数量以保险单载明为准，应分别约定每个理赔结算期间内的保险数量。所有理赔结算期间的保险数量之和等于保险数量	保险数量以保险单载明为准，应分别约定每个理赔结算期间内的保险数量。所有理赔结算期间的保险数量之和等于保险数量	保险数量以保险单载明为准，应分别约定每个理赔结算期间内的保险数量。所有理赔结算期间的保险数量之和等于保险数量	保险数量以保险单载明为准，应分别约定每个理赔结算期间内的保险数量。所有理赔结算期间的保险数量之和等于保险数量

续 表

项目	霜冻指数保险	降雨量指数保险	低温指数保险	稻瘟病指数保险
保险期间	保险期间内,保险人累计赔款以保险金额为限,保险人累计赔款达到保险金额的,保险责任终止	保险期间内,保险人累计赔款以保险金额为限,保险人累计赔款达到保险金额的,保险责任终止	保险期间内,保险人累计赔款以保险金额为限,保险人累计赔款达到保险金额的,保险责任终止	保险期间内,保险人累计赔款以保险金额为限,保险人累计赔款达到保险金额的,保险责任终止
赔偿处理	当霜冻指数小于触发点1,但大于触发点2时,启动赔付:每亩赔付金额=(触发点1-实际霜冻指数)×单位面积赔付标准1;当霜冻指数小于触发点2(含)时:每亩赔付金额=每亩保险金额,每亩最高赔付不超过每亩保险金额。其中:触发点:约定霜冻指数,当实际霜冻指数低于该值时,按照上述公式进行赔付。单位面积赔付标准:当实际霜冻指数低于触发点时,实际霜冻指数每降低1个单位的每亩赔偿金额。总赔付金额=每亩赔付金额×投保面积	当降雨量指数大于触发点1,但小于触发点2时,启动赔付:每亩赔付金额=(降雨量指数-触发点1)×单位面积赔付标准1;当降雨量指数大于触发点2(含),但小于触发点3时:每亩赔付金额=(触发点2-触发点1)×单位面积赔付标准1+(降雨量指数-触发点2)×单位面积赔付标准2;当降雨量指数大于触发点3(含)时:每亩赔付金额=每亩保险金额。每亩最高赔付不超过每亩保险金额	保险人按照本保险合同约定计算被保险人损失及赔偿金额。当低温指数大于触发点1(含)时,但小于触发点2时,启动赔付:每亩赔付金额=实际低温指数×单位面积赔付标准1;当低温指数大于触发点2(含),但小于触发点3时:每亩赔付金额=(触发点2-触发点1)×单位面积赔付标准1+(低温指数-触发点2)×单位面积赔付标准2;当低温指数大于触发点3(含)时:每亩赔付金额=每亩保险金额。每亩最高赔付不超过每亩保险金额	保险人按照本保险合同约定计算被保险人损失及赔偿金额。当稻瘟病指数大于触发点1,但小于触发点2时,启动赔付:每亩赔付金额=(稻瘟病指数-触发点1)×单位面积赔付标准1;当稻瘟病指数大于触发点2(含),但小于触发点3时:每亩赔付金额=(触发点2-触发点1)×单位面积赔付标准1+(稻瘟病指数-触发点2)×单位面积赔付标准2;当稻瘟病指数大于触发点3(含)时:每亩赔付金额=每亩保险金额。每亩最高赔付不超过每亩保险金额

3. 价格指数保险

农产品价格指数保险,也叫价格保险,是指对于因自然灾害风险或经济环境等的变化,导致农产品实际价格大幅波动,低于目标价格或价格指数的情况进行保障的一种创新型农业保险产品。在价格指数保险基础上,可以继续进行一些新的创新,比如"农业+保险+期货"模式、开发收入保险等。表8.19以上海市地方财政生猪价格指数保险为例,介绍价格指数保险的内容。

表8.19 上海市地方财政生猪价格指数保险

项 目	内 容
保险标的	同时符合下列条件的生猪可作为本保险合同的保险标的(以下简称"保险生猪"):(1)保险期间内持续养殖,且生长管理正常;(2)管理制度健全、饲养圈舍卫生,能按所在县(市、区)畜牧防疫部门审定的免疫程序接种且有记录
保险责任	在理赔结算期间内,保险生猪的市场价格低于保险价格时,视为保险事故发生,保险人按照本保险合同的约定负责赔偿。保险价格参照保险生猪的饲养成本结合合理利润,由投保人与保险人协商确定,并在保险单中载明。除另有约定外,保险价格为16元/千克。保险生猪的市场价格根据理赔结算期间内政府统计部门或保险合同双方认可的第三方机构提供的生猪价格数据的算术平均值确定

续　表

项　目	内　　容
责任免除	下列原因导致保险生猪价格异常下跌的,保险人不负责赔偿:(1) 行政行为或司法行为;(2) 战争、军事行动、恐怖行动、敌对行为、武装冲突、民间冲突、罢工、骚乱或暴动;(3) 地震及其次生灾害、水污染、大气污染、核辐射、核爆炸、核污染及其他放射性污染
保险金额	保险金额＝约定生猪出场价格×约定单猪平均重量(千克)×承保头数,其中:(1) 约定生猪出场价格按生猪养殖成本价格与农户协商确定,具体金额以保单说明为准;(2) 约定单猪平均重量以养殖企业上一年度出栏平均重量为基准协商确定,最高不超过 150 千克,具体以保险单载明为准;(3) 承保头数最高不得超过被保险人年计划出栏生猪的总头数
保险期间与理赔结算期间	保险期间为一年,保险期间的具体起讫时间以保险单载明为准。理赔结算期间为保险期间内的一段时间,具体由保险合同双方协商确定,并在保险单中载明
赔偿处理	单一理赔结算周期赔偿金额＝该理赔结算周期内的单位赔偿金额(元/千克)×约定每头平均重量(千克/头)×单一理赔结算周期保险数量(头) 赔偿金额＝∑单一理赔结算周期赔偿金额(元) 单一理赔结算周期保险数量由投保人与保险人协商确定,并在保险单中载明 　　价格下跌值(X)　　　　单位赔偿金额(Y) 　　(元/千克)　　　　　　(元/千克) 　　(0, 1]　　　　　　　　X 　　(1, 1.5]　　　　　　　$1+(X-1)\times 80\%$ 　　(1.5, 2]　　　　　　　$1.4+(X-1.5)\times 60\%$ 　　(2, 保险价格×0.8]　　$1.7+(X-2)\times 40\%$ 　　(保险价格×0.8, 保险价格]　　X 注:价格下跌值＝保险价格－市场价格

（二）科技赋能农业保险服务模式创新

科技赋能农业保险服务模式创新体现在"科技＋数据"赋能承保验标精准化和勘灾理赔精准化上。2020 年,太平洋财产保险股份有限公司广西分公司(以下简称"太平洋产险广西分公司")对广西宾阳县的水稻提供了保险服务工作。为了提升作业效率,并且向农户提供更全面、精准化的风险保障,太平洋产险广西分公司与科技公司合作,委托其利用卫星遥感技术对宾阳县的部分承保区域的水稻种植情况进行监测,外加对农户关键信息进行数据标准化、筛选与匹配,并叠加地块信息验标结果,最后精确得到宾阳县四镇种植水稻的地块分布情况,在短时间内快速而精准地完成验标任务。在勘灾定损方面,卫星遥感技术也具有极强的实用性。比如2020 年中华联合财产保险股份有限公司四川分公司(以下简称"中华财险四川分公司")承保了四川绵阳的玉米和水稻保险,同年 8 月,标的作物受到水灾的严重影响。为及时挽回农户损失,实现快速定损及理赔到户,中华财险四川分公司在迅速启动勘灾理赔工作的同时,委托科技公司利用卫星遥感技术对玉米和水稻的损失情况进行监测和评估,通过相关遥感影像数据进行识别和解译处理,识别作物的种植及受灾分布,最终达到精确勘灾理赔的效果。按照传统的人工勘灾定损方式,人工成本较高,效率以及准确度都不能保证。借助科技手段后,以遥感勘灾定损为基,不仅能够在短时间内实现大面积定损,为尽快理赔提供条件,而且遥感技术能够使得定损的精确性大大提高,降低了赔付的不合理概率,有利于赔付的公平性和客观性,还能够减少成本。

除了利用遥感技术之外,还能通过结合互联网为农业保险赋能,促进服务创新,如表8.20 所示。

表 8.20　保险公司"科技＋农业"创新形式

保险公司	创新形式	具 体 流 程
太平洋保险	"电子农业保险"系统	—
平安集团	"农业保险＋综合风险管理系统"	**客户信息管理体系**：致力于解决"谁参保，赔给谁"的问题，智能读取农户身份证、银行卡、一卡通等信息减少人为录入管理系统错误风险；**标的信息管理体系**：承保理赔标的进行唯一性识别和智能定损，做到标的科技化管理，重点解决"保什么，赔什么，保在哪，赔在哪"，实现标的精细化管理；**风险管理体系**：为客户打造专属的农业风险管理地图，输出风控研究成果，通过智慧农业、智能定价、智能作业模块，提高风险管控能力，强化防灾防损工作；**互联网＋金融管理体系**：建立农险线上销售平台，还可提供农产品交易平台、农资电销平台、农技服务平台以及气象、价格等数据查询平台，通过集团综合金融优势，提升农业全产业链服务能力 依托集团强大的科技平台，融合中国农科院信息研究所、中国四维、大疆创新等战略合作伙伴的创新技术应用，平安推出多模态生物识别、牲畜识别、OCR 票证通、卫星遥感、无人机＋移动互联网、DRS 鹰眼系统六大"黑科技"，助推四大综合管理系统顺畅运行
人保财险	"农业保险＋V平台"	GPS 技术及相关应用软件在线检测，同步将相关图片和位置等地理信息上传，对承保种植标的所在地块或养殖标的厂房直接绘制平面图并自动计算测绘面积，自动理赔 自全面推广以来承保验标 8 214 件，应用率 91.05％；通过该平台理赔查勘 113 985 件，应用率 89.71％，极大地提高了工作效率，促进了农业保险合规经营。效率上，当日就可完成勘灾定损理赔。如赔付常州溧阳市南渡镇农户黄才根育肥猪死亡，接到任务 5 小时就到达现场，通过了平台手机端定位出险地点，然后查勘照片、简易协议赔案书，提交后台人员审核通过。该案件于当日结案，理赔金额当日打入农户账户
中国人保	"区块链、物联网技术"全生命周期追踪	充分整合共享农业保险金融、食品溯源防伪等跨部门、全产业链和供应链的信息，实现动物畜禽保险标的全生命周期流程追踪

本章小结

本章首先分析了农业面临的风险和农业保险的特点；随后按照粮食作物保险、经济作物保险、蔬菜园艺作物保险、果树保险、林木保险、畜禽养殖保险、水产养殖保险的顺序，分别选取我国保险公司经营的农业保险产品，通过对比，解释了这些险种的保险责任和险种特征。最后详细分析了新中国成立后我国农业保险的发展现状和面临的问题。作为拓展性阅读，本章还在阅读材料中安排了我国最早的农业险种——民国时期的耕牛险。

本章思考题

1. 我国农业保险可以借鉴的国际经验有哪些？

2. 如何将人工智能运用到养殖保险中？
3. 我国农业保险产品创新还有哪些创新路径？

本章附录

本章参考文献

[1] 方蕊,安毅,胡可为."保险＋期货"试点保险与传统农业保险——替代还是互补[J].农业技术经济,2021(11):16-30.

[2] 郭梓盛.实施乡村振兴战略与构建新型农业保险研究[J].中国集体经济,2022(24):98-100.

[3] 蒋和平,蒋辉,詹琳.我国农业保险发展思路与策略选择:基于粮食安全保障视角[J].改革,2022(11):84-94.

[4] 李俊逸.农业保险对我国农业经济发展的影响探析[J].中国市场,2022(20):50-52+81.

[5] 李俊俊.我国"保险＋期货"的运作模式及优化路径研究[D].开封:河南大学,2022.

[6] 李林.粮食作物保险在灾害补偿中的问题与成因分析——以河北省为例[J].北京农业,2012(6):300-301.

[7] 李政.玉米多因子天气指数保险产品费率厘定与适宜性研究[D].泰安:山东农业大学,2022.

[8] 梁来存.我国粮食作物保险风险区划的实证研究[J].山西财经大学学报,2010,32(1):65-71.

[9] 刘福星,贺娟,吴汉辉,等.政策性农业保险的收入效应分析——来自华中三省的微观调查[J].中国农业资源与区划,2022(10):1-18.

[10] 吕晓英,度国柱,蒲应燕.我国农业保险和再保险应对大灾风险能力的模拟研究[J].保险研究,2022(3):44-57.

[11] 苗雨薇.农业保险创新对我国农业保险发展的影响研究[J].现代农业研究,2022,28(1):35-37.

[12] 荣泽升.保障程度对农业保险支付意愿的影响[D].泰安:山东农业大学,2022.

[13] 佘宗昀,孙乐,陈盛伟.农业保险促进农业固碳增效了吗？——基于有调节的多重并行中介效应模型[J].中国农业资源与区划,2022(6):1-11.

[14] 孙乐.农业保险投保意愿与投保行为一致性研究[D].泰安:山东农业大学,2022.

[15] 王巧义,李婷,张丽平.农业保险助力乡村振兴战略的创新路径研究[J].山西农经,2022(14):184-186+189.

[16] 王亚许,吕娟,左惠强,等.典型国家农业保险制度与产品综述[J].灾害学,2022,37(4):69-74+91.

［17］谢炯辉.乡村振兴下农业保险的价值功能和作用路径［J］.经济研究导刊,2022(10):82-84+95.

［18］赵学军.建国初期中国国内保险市场探析［J］.中国经济史研究.2003(2):74-84.

第九章

绿 色 保 险

本章要点

1. 了解绿色保险的概念和分类。
2. 了解环境污染责任保险的法律依据、保险责任和除外责任。
3. 了解林业碳汇价值保险的保险责任和除外责任。
4. 了解绿色能源保险的保险责任和除外责任。

在双碳战略目标的背景下,经济低碳转型已经成为不可逆转的社会潮流。绿色保险是绿色金融体系中不可或缺的一部分,在生态文明建设和绿色低碳发展中的地位也愈发不可忽视。中国保险行业协会于2023年9月发布《绿色保险分类指引》(见本章附录2),将绿色保险定义为"保险业在环境资源保护与社会治理、绿色产业运行和绿色生活消费等方面提供风险保障的保险产品"。绿色保险范围较广,不仅包括负债端的保险产品与业务,而且包括资产端的绿色产业投资。其中,负债端业务分为3类:第一类为ESG(环境、社会、治理)相关风险提供保险保障,有代表性的产品包括环境污染责任保险、碳保险等;第二类为绿色产业提供保障,如清洁能源产业、清洁生产产业、生态农业、绿色服务等领域的业务;第三类则是为绿色生活方式提供保障,比如新能源汽车险等。

本书第七章专门介绍了车险,本章将以负债端前两大类业务为重点,从风险特征、定价、条款、具体产品、国内外发展情况与创新等角度,对绿色保险进行全面介绍,为绿色保险产品创新提供参考。

第一节 环境污染责任保险

绿色保险发展历史悠久,在产品种类上除了典型的环境责任保险(简称"环责险")外,保险机构还在碳汇保险、绿色能源保险、绿色技术保险等方面有所创新。随着金融体系的发展与环境保护意识的增强,我国绿色保险的产品体系也日渐完善。目前,我国的绿色保险险种主要分为两大类:一类用于保障环境污染、自然灾害等相对传统的风险,有代表性的产品包括环责险、森林保险;另一类是保障绿色产业、绿色信用风险等与"绿色"更加紧密相关的风险,比如绿色能源、绿色交通、绿色建筑、绿色技术等领域的保险产品。本小节主要介绍环责险,后面将介绍林业碳汇价值保险、绿色能源保险和绿色技术保险。

环境污染责任保险是绿色保险最具代表性的险种,环责险的本质顾名思义是一种责任险,标的风险是企业发生环境污染事故对第三者造成损害后的赔偿责任。承保环责险的保险公司在事故发生后,按照保险条款承担环境污染赔偿与治理的费用。

一、环境污染风险和损失

根据2021年《中国环境统计年鉴》(以下称为"环境年鉴")中与环境突发事件相关的数据,2020年全国范围内的环境突发事件(自然灾害或工业生产导致的大气污染、水体污染、土壤污染、核污染等突发性环境污染事件)多达208起,其中重大环境事件2起,较大环境事件8起。在省级层面,广东省的环境污染事件数居全国首位,有24起均为一般程度。此外,各省2020年的环境突发事件以一般环境事件为主,有极少数重大环境事件(如图9.1所示)。

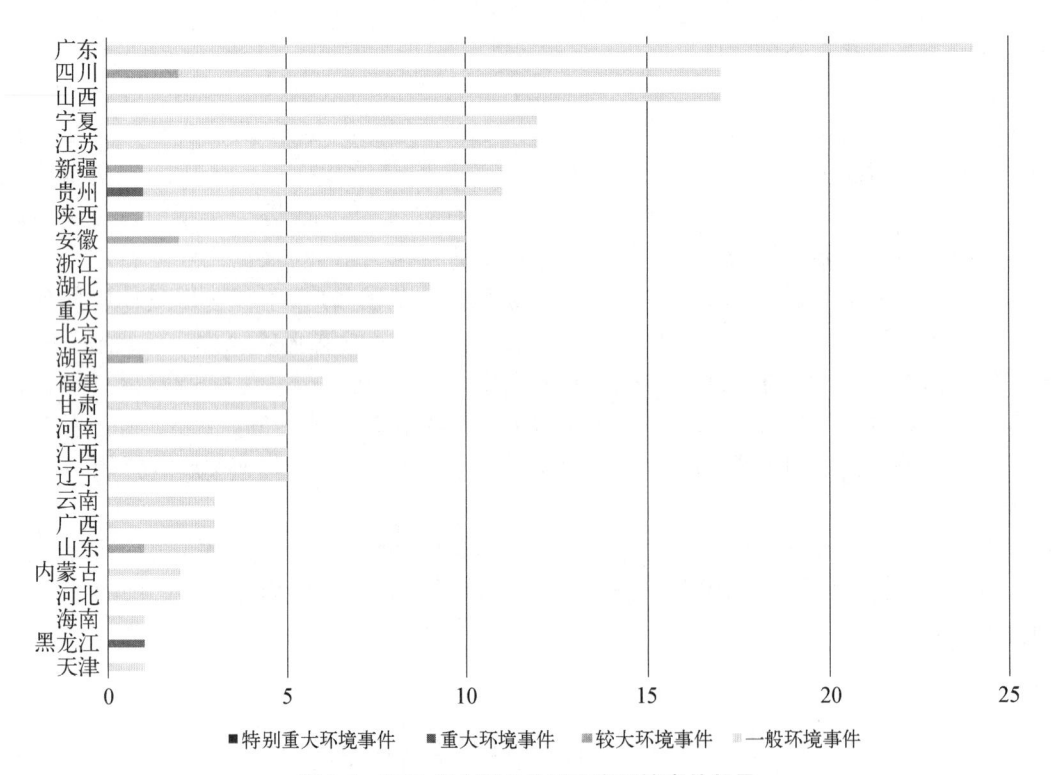

图9.1 2020年全国各地区突发环境事件数量

资料来源:国家统计局,生态环境部.中国环境统计年鉴2021[M].北京:中国统计出版社,2021.

另外,环境年鉴中关于环境污染治理投资的数据表明,全国环境污染治理投资的总额从2001年的1 166.7亿元增加到2017年的9 539亿元,除了2015年投资较2014年总额小幅度下滑之外,大致呈逐年增长的趋势。2001—2017年,每年环境污染治理投资总额占GDP的1%以上,其中,2008—2012年更是超过1.6%(如图9.2所示)。虽然这17年内政府与企业的资金投入大幅增加,但是与环境污染造成的经济损失相比仍然微不足道。

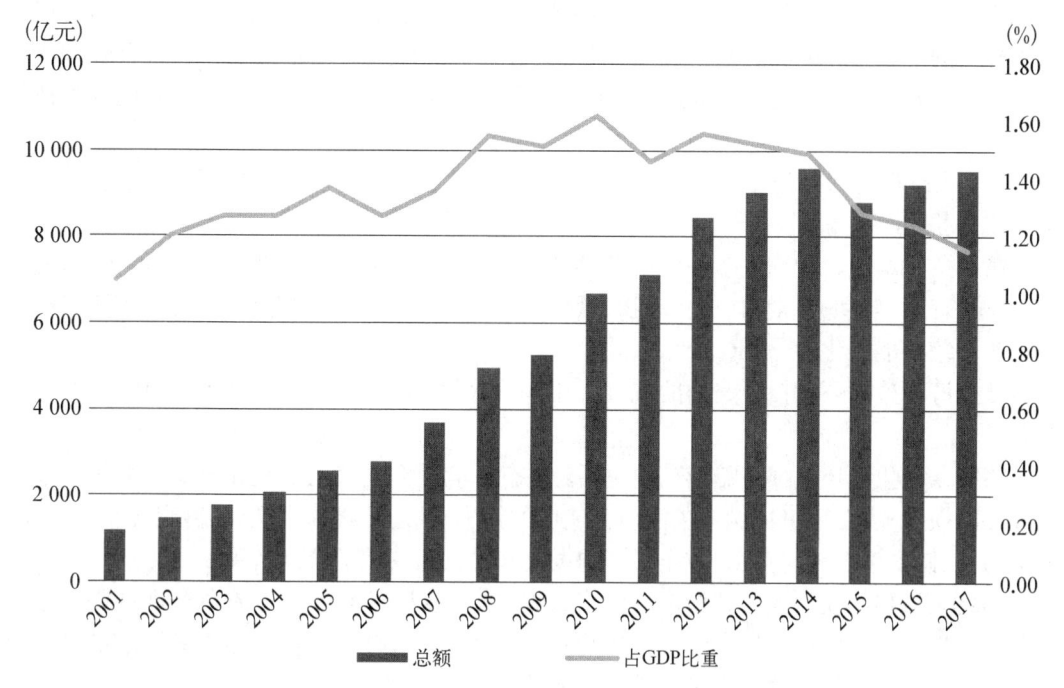

图 9.2　2001—2017 年全国环境污染治理投资情况

资料来源：国家统计局，生态环境部. 中国环境统计年鉴 2021[M]. 北京：中国统计出版社，2001.

二、涉及环境污染赔偿责任的法律法规

我国有若干部法律法规涉及环境污染的赔偿责任。

(1) 2021 年 1 月 1 日开始实施的《中华人民共和国民法典》(以下简称《民法典》)，其中的第七编第七章即"环境污染和生态破坏责任"，涉及环境污染赔偿责任的规定有：

第一千二百二十九条规定，因污染环境、破坏生态造成他人损害的，侵权人应当承担侵权责任。

第一千二百三十三条规定，因第三人的过错污染环境、破坏生态的，被侵权人可以向侵权人请求赔偿，也可以向第三人请求赔偿。侵权人赔偿后，有权向第三人追偿。

第一千二百三十五条对侵权人赔偿范围做了界定，包括：生态环境受到损害至修复完成期间服务功能丧失导致的损失；生态环境功能永久性损害造成的损失；生态环境损害调查、鉴定评估等费用；清除污染、修复生态环境费用；防止损害的发生和扩大所支出的合理费用。

(2)《中华人民共和国环境保护法》，2015 年 1 月 1 日实施。

其中第六十四条规定，因污染环境和破坏生态造成损害的，应当依照《中华人民共和国侵权责任法》的有关规定承担侵权责任。

2021 年《民法典》实施后，取代了《中华人民共和国侵权责任法》，因此污染环境的赔偿责任参照以上《民法典》的相关条文。

(3)《中华人民共和国海洋环境保护法》，1982 年 8 月 23 日公布，1999 年修订，2013 年、2016 年、2017 年三次修正，2023 年第二次修订。

《中华人民共和国海洋环境保护法》第四十一条规定：造成环境污染危害的，有责任排

除危害,并对直接受到损害的单位或者个人赔偿损失。赔偿责任和赔偿金额的纠纷,可以根据当事人的请求,由环境保护行政主管部门或者其他依照法律规定行使环境监督管理权的部门处理;当事人对处理决定不服的,可以向人民法院起诉。当事人也可以直接向人民法院起诉。

（4）生态环境部办公厅2022年4月28日印发的《生态环境损害赔偿管理规定》。该规定相关条款内容如下:

第四条　本规定所称生态环境损害,是指因污染环境、破坏生态造成大气、地表水、地下水、土壤、森林等环境要素和植物、动物、微生物等生物要素的不利改变,以及上述要素构成的生态系统功能退化。

涉及海洋生态环境损害赔偿的,适用《中华人民共和国海洋环境保护法》等法律及相关规定。

第五条　生态环境损害赔偿范围包括:生态环境受到损害至修复完成期间服务功能丧失导致的损失;生态环境功能永久性损害造成的损失;生态环境损害调查、鉴定评估等费用;清除污染、修复生态环境费用;防止损害的发生和扩大所支出的合理费用。

第九条　赔偿权利人及其指定的部门或机构,有权请求赔偿义务人在合理期限内承担生态环境损害赔偿责任。生态环境损害可以修复的,应当修复至生态环境受损前的基线水平或者生态环境风险可接受水平。赔偿义务人根据赔偿协议或者生效判决要求,自行或者委托开展修复的,应当依法赔偿生态环境受到损害至修复完成期间服务功能丧失导致的损失和生态环境损害赔偿范围内的相关费用。生态环境损害无法修复的,赔偿义务人应当依法赔偿相关损失和生态环境损害赔偿范围内的相关费用,或者在符合有关生态环境修复法规政策和规划的前提下,开展替代修复,实现生态环境及其服务功能等量恢复。

> **阅读材料　我国实施强制环责险的政策实践**

三、环境污染责任保险

我们以中华联合财产保险股份有限公司山西省环境污染责任保险(2020版)为例,说明环责险的保险责任和除外责任。

该条款覆盖了4类保险责任。在保险期间内或保险单载明的追溯期内,被保险人在保险单载明的生产经营场所内依法从事生产经营活动时:

（1）由于突发环境事件或生产经营过程中污染环境,导致承保区域内第三者的生命、健康、身体遭受侵害,造成人体疾病、伤残、死亡等,以及第三者财产损失,由受到损害的第三者在保险期间内首次向被保险人提出损害赔偿请求,依照中华人民共和国法律(不包括港、澳、台地区法律)应由被保险人承担的经济赔偿责任,保险人按照本保险合同约定负责赔偿。

（2）发生较大及以上突发环境事件,或者发生严重影响生态环境的行为,导致生态环境损害,生态环境损害赔偿权利人在保险期间内首次向被保险人提出损害赔偿请求,依照中华人民共和国法律(不包括港、澳、台地区法律)应由被保险人承担的经济赔偿责任,包括生态环境修复费用,生态环境修复期间服务功能的损失和生态环境功能永久性损害造成的损失,生态环境损害赔偿调查、鉴定评估等合理费用,保险人按照本保险合同约定负责赔偿。

(3) 发生保险责任范围内的环境污染事故,被保险人、第三者或者政府有关部门为避免或者减少第三者人身损害、财产损失或者生态环境损害而支出的必要、合理的应急监测及处置费用、污染物清理及处置费用,保险人按照本保险合同约定负责赔偿。

(4) 保险事故发生后,被保险人因保险事故而被提起仲裁或者诉讼的,对应由被保险人支付的仲裁或诉讼费用,以及事先经保险人书面同意支付的其他必要的、合理的法律费用(以下简称"法律费用"),保险人按照本保险合同约定也负责赔偿。

由以上描述,可以总结环责险的几个特征:一是被保险人必须遵守法律。二是保险事故为突发的环境事故,定义是由于污染物排放、生产安全事故等因素,导致污染物或者放射性物质等有毒有害物质进入大气、水体、土壤等环境介质,突然造成环境质量下降,危及公众身体健康和财产安全,或者造成生态环境破坏,或者造成重大社会影响,需要采取紧急措施予以应对的事件。三是赔偿范围限定在法院判定的经济赔偿责任之内。四是设置了追溯期,追溯期是指自本保险合同保险期间开始向前追溯约定的期间,投保人连续向同一保险人投保。追溯期可以连续计算。该项产品中的追溯期最长不得超过3年。

四、环责险的除外责任

环责险产品从道德风险、巨灾风险和其他损失等方面设置了除外责任。

(一) 道德风险

道德风险的除外责任包括投保人、被保险人或其工作人员因故意犯罪被追究刑事责任的,其犯罪行为直接引发的环境污染;投保人或被保险人故意采取通过暗管、渗井、渗坑、灌注等逃避监管的方式违法排放污染物的行为;追溯期以前(未列明追溯期的,则为"保险期间开始以前")就已发生的意外事故或已存在的污染状况;被政府有关部门责令改正,但是投保企业不改正或者不按期限改正而直接导致的损害;投保人、被保险人在投保前已经知道或可以合理预见的损害赔偿请求,以及因在其他保险单项下已经通知保险人的,相同的、持续的、重复的或相互关联的污染事件引起的损害赔偿请求;行政行为或司法行为;罚款、罚金及惩罚性赔偿。

(二) 巨灾风险

巨灾风险的除外责任包括战争、敌对行动、军事行为、武装冲突、罢工、骚乱、暴动、恐怖活动;核辐射、核爆炸、核污染及其他放射性污染,光电、噪声、电磁辐射、微生物质污染;酸雨;地下储罐;井喷;因地震、火山爆发、海啸、龙卷风等完全属于不可抗拒的自然灾害,被保险人经过及时采取合理措施,仍然不能避免造成的损害。

(三) 其他损失

其他损失的除外责任包括被保险人或其工作人员的人身损害或财产损失;被保险人生产经营场所内的清污费用;生产经营场所范围外机动车、飞机、船只等交通工具发生事故;被保险人的产品或完工操作引起的损失、费用和责任;被保险人应该承担的合同责任;任何间接损失;精神损害赔偿,但由法院判决支持的除外。本条款仅承保大气污染、水体污染、土壤污染、噪声污染、辐射污染等污染引起的赔偿不在承保范围内。

> **阅读材料** 美国和德国强制环责险的实施情况

五、9 款环责险产品的比较

表 9.1 比较了 9 款备案日期相对较近，且普遍适用的环责险产品。

表 9.1　9 款环责险产品明细

保 险 公 司	环 责 险 产 品
太平财产保险有限公司(太平财险)	太平财险(备-责任)〔2015〕主 1 号环境污染责任保险(协会 2014 版)条款
亚太财产保险有限公司(亚太财险)	环境污染责任保险条款
阳光财产保险股份有限公司(阳光财险)	环境污染责任保险 C 款(2021 版)条款
长安责任保险股份有限公司(长安保险)	环境污染责任保险条款(2015 版)
中国平安财产保险股份有限公司(平安产险)	平安环境污染责任保险(2011 年 3 月 2 日披露)
中国人民财产保险股份有限公司(人保财险)	环境污染责任保险条款(B 款)
中国人寿财产保险股份有限公司(国寿保险)	环境污染责任保险条款
中国太平洋财产保险股份有限公司(太保产险)	环境污染责任保险(2018 版)
紫金财产保险股份有限公司(紫金保险)	环境污染责任保险(2019 版)

(一) 主险框架

9 家保险公司的环责险主险框架大致相同，基本包括总则、保险责任、责任免除、责任限额与免赔额、保险期间、投保人义务等 12 项内容，但也有 4 家保险公司的保险条款涉及事项相对较少。长安保险的保险条款只有 8 项，无争议处理、其他事项、释义和短期费率表，而平安产险、人保财险和太保产险的条款均未涉及短期费率表(见表 9.2)。

表 9.2　9 款环责险主险涉及事项

涉 及 事 项	太平财险	亚太财险	阳光财险	长安保险	平安产险	人保财险	国寿财险	太保产险	紫金保险
总则	√	√	√	√	√	√	√	√	√
保险责任	√	√	√	√	√	√	√	√	√
责任免除	√	√	√	√	√	√	√	√	√

续 表

涉 及 事 项	太平财险	亚太财险	阳光财险	长安保险	平安产险	人保财险	国寿财险	太保产险	紫金保险
责任限额、免赔额（率）	√	√	√	√	√	√	√	√	√
保险期间（和追溯期）	√	√	√	√	√	√	√	√	√
保险人义务	√	√	√	√	√	√	√	√	√
投保人、被保险人义务	√	√	√	√	√	√	√	√	√
赔偿处理	√	√	√	√	√	√	√	√	√
争议处理	√	√	√		√	√	√	√	√
其他事项	√	√	√		√	√	√	√	√
释义	√	√	√		√	√	√	√	√
短期费率表	√	√	√				√		

（二）保险责任条款

在保险责任方面，9家保险公司中有6家保险公司的责任范围只包括突发环境事件导致的相关损失，另外3家包括阳光财险、人保财险、太保产险，除了突发环境事件之外，还包括生产经营过程中的环境污染导致的损失。这9家保险公司的环责险责任都包括第三者责任、清污费用、法律费用3项，个别保险在此基础上有所创新和延伸（见表9.3）。

表9.3 9款环责险保险责任涉及事项

保险公司	第三者责任	清污费用	法律费用	生态环境损害	应急处置费用	紧急应对费用	施救费用
太平财险	√	√	√			√	
亚太财险	√	√	√				
阳光财险	√	√	√	√	√		
长安保险	√	√	√			√	
平安产险	√	√	√				√
人保财险	√	√	√	√	√		
国寿财险	√	√	√				√
太保产险	√	√	√	√	√		
紫金保险	√	√	√			√	

阳光财险、人保财险、太保产险的环责险条款的保险责任不仅包含3项基本条款,而且包含被保险人在环境污染事故发生后导致生态环境损害而产生的修复、调查及评估等额外费用。另外3家保险公司还考虑到事故发生后产生的应急处置费用,包括应急救援费用、人员安置费用等,其中阳光财险、人保财险还约定了这些费用产生的时限,如应急救援费用产生于突发环境事件发生后的12小时以内,或保险单约定的时间段;人员转移安置费用,应产生于突发环境事件发生后的30日内,或保险单约定的时间段等。太平财险、长安保险、紫金保险在3项条款的基础上增加了一项"紧急应对费用",以保证在事故发生36小时内被保险止损时无后顾之忧。平安产险、国寿财险除3项基本条款之外,还包括发生环境污染事故时,被保险人为了立刻、快速控制污染物的扩散而产生的必要施救费用。

(三)除外责任

在除外责任方面,这9家保险公司中有7家在责任免除条款中,都明确了被保险人依法经营过程中的正常排污行为所导致的渐进性污染造成的相关损失不在赔偿范围内,只有太保产险和人保财险的责任免除未包括渐进性污染。

(四)责任限额与免赔

这9款产品责任限额涉及的事项不尽相同,均涉及每次事故责任限额与累计责任限额。如表9.4所示,阳光财险、人保财险、太保产险的环责险条款的保险责任包含生态环境损害相关费用,因此在责任限额中,3家保险公司均涉及生态环境损害赔偿限额。免赔额方面,9家公司的条款相差无几,都载明由投保人和保险人协商确定。

表9.4 9款环责险责任限额涉及事项

涉及事项	太平财险	亚太财险	阳光财险	长安保险	平安产险	人保财险	国寿财险	太保产险	紫金保险
每次事故责任限额	√	√	√	√	√	√	√	√	√
每次事故人身伤亡责任限额	√		√	√	√				√
每次事故每人人身伤亡责任限额			√						
每次事故每人医疗费用责任限额						√			
每次事故清污费用责任限额	√	√	√	√		√			√
每次事故应急处置与清污费用责任限额					√				
每次事故财产损失责任限额	√	√	√		√				√
每次事故法律费用责任限额	√	√	√	√		√	√		√

续 表

涉 及 事 项	太平财险	亚太财险	阳光财险	长安保险	平安产险	人保财险	国寿财险	太保产险	紫金保险
累计法律费用责任限额							√		
每次事故每人责任限额			√		√				
生态环境损害赔偿限额			√			√		√	
累计责任限额	√	√	√	√	√	√			√
每人人身伤亡责任限额				√		√		√	
每次事故紧急应对费用责任限额	√			√					√

（五）保险期间和追溯期

这 9 款产品的保险期限均为 1 年,但对追溯期(自保险期间开始向前追溯约定的时间)的约定不尽相同,其中阳光财险、平安产险、国寿财险、太保产险、紫金保险 5 家保险公司对追诉期未做任何约定,另外 4 家保险公司中只有亚太财险约定追溯期最长不得超过 3 年,而太平财险、长安财险、人保财险虽在条款中提及追溯期,但对追诉期的最长期限未做说明。

（六）保险人义务

这 9 家保险公司均在条款中对保险人义务做了约定,条款涉及的事项不尽相同,但同一事项的具体内容基本一致。其中亚太财险、阳光财险和国寿财险要求保险人在保险合同订立时,应对免除责任的条款明确说明;太平财险、长安保险和国寿财险约定保险人因被保险人未履行如实告知义务而取得的合同解除权,超过 30 日不行使的即视为弃权。

此 9 家保险公司中只有阳光财险和人保财险在条款中对环境风险评估及环境安全隐患排查做了约定(见表 9.5),要求保险人承保前,对被保企业的环境风险进行评估并出具报告,在保险期间内开展至少 1 次环境安全隐患现场排查,发现隐患后应当向被保险人出具化解隐患建议书,并报送环境保护主管部门。

表 9.5　9 款环责险保险人义务涉及事项

保险公司	合同免责条款说明	保险凭证	环境风险评估	环境安全隐患排查	合同解除权	索赔证明和资料补充通知	保险责任核定	赔偿金有关规定
太平财险		√			√	√	√	√
亚太财险	√					√	√	√
阳光财险	√	√	√	√		√	√	√
长安保险		√			√	√	√	√

续 表

保险公司	合同免责条款说明	保险凭证	环境风险评估	环境安全隐患排查	合同解除权	索赔证明和资料补充通知	保险责任核定	赔偿金有关规定
平安产险		√				√	√	√
人保财险		√	√	√		√	√	√
国寿财险	√	√			√	√	√	√
太保产险		√				√	√	√
紫金保险		√				√	√	√

（七）投保人、被保险人义务

如表9.6所示，此9家保险公司在环责险条款中均对投保人、被保险人义务做了详细说明，包括如实告知/通知、保费交纳等内容，其中投保人、被保险人在订立合同的过程中以及保险责任期间需如实告知/通知保险公司的事项较多，包括如实告知保险人有关情况的询问、重大事项变更通知、出险通知、赔偿通知、诉讼/仲裁书面通知等。

表9.6　9款环责险投保人、被保险人义务涉及事项

保险公司	如实告知/通知	保费交纳	环境安全管理	避免损失扩大	保护现场	证明材料提供	其他赔偿责任方
太平财险	√	√	√	√	√	√	√
亚太财险	√	√	√	√	√	√	
阳光财险	√	√	√	√	√	√	
长安保险	√	√	√	√	√	√	√
平安产险	√	√	√	√	√	√	
人保财险	√	√	√	√	√	√	√
国寿财险	√	√	√	√	√	√	
太保产险	√	√	√	√	√	√	
紫金保险	√	√	√	√	√	√	

太保产险的环境安全管理要求保险人与被保险人一致同意后，由保险人组建的环境风险评估与隐患排查服务专家组或保单载明的风险评估机构对被保险人开展环境风险评估和环境安全隐患排查，且在20个工作日内出具环境安全隐患排查报告，相关费用不再额外收取。其余8家保险公司的环境安全管理包括严格遵守国家及政府有关部门制定的其他相关法律、法规及规定，选用合格的工作人员并且确保生产经营场所内的建筑物、道路、厂房、机

器、设备、设施、装置处于坚实、良好、可供使用的状态,且发现安全隐患应立即排除等。

另外,太平财险、长安保险和人保财险在该项条款中均涉及其他赔偿责任方,约定保险事故发生后,应由有关责任方负责赔偿的,在保险人向被保险人赔偿保险金后,保险人可向有关责任方行使代位请求赔偿权利,且被保险人应当向保险人提供必要的文件和其所知道的有关情况。

（八）赔偿处理

这9家保险公司环责险的赔偿处理涉及事项如表9.7所示,其中8家保险公司对每次事故的法律费用的赔偿计算方式的约定有所不同。亚太财险、平安产险、太保产险和紫金保险要求保险人对每次事故承担的法律费用的赔偿金额不超过每次事故赔偿限额的10%。而太平财险、阳光财险、人保财险和国寿财险要求保险人对每次事故法律费用的赔偿金额不超过每次事故法律费用责任限额,长安保险则未提到每次事故的法律费用的计算方式。

表9.7　9款环责险赔偿处理涉及事项

保险公司	被保险人赔偿责任认定方式	赔偿金计算方式	赔偿和索赔方式	重复保险	其他赔偿责任方	赔偿承诺	支付顺序	诉讼时效
太平财险	√	√		√				
亚太财险	√	√	√	√	√			√
阳光财险	√	√	√	√	√			
长安保险	√	√						
平安产险	√			√	√	√		√
人保财险								
国寿财险								
太保产险	√	√	√	√	√	√	√	
紫金保险	√	√		√	√	√		

另外,亚太财险、阳光财险、国寿财险和太保产险均约定在事故发生后,若被保险人怠于向保险公司请求赔偿保险金,受害人可以就其应获得赔偿部分直接向保险公司请求赔偿保险金。亚太财险和平安产险均约定自被保险人知道或者应当知道保险事故发生之日起,其向保险人请求赔偿保险金的诉讼时效期间为2年。只有太保产险在条款中对赔款的支付顺序做出了说明,依次是第三者的人身损害、第三者的直接财产损失、应急处置与清污费用、生态环境损害。

（九）环责险附加险

9家保险公司中,有5家保险公司披露了主险对应的附加险条款,但条款涉及事项有所不同。5家保险公司附加险涉及的事项共有18项,其中国寿财险披露的附加险涉及事项最多,达12项,其次是阳光财险,涉及事项较少的是长安保险以及太保产险,分别只有2项和1项。

表9.8中的18项附加险事项中有5项被多家保险公司同时关注,包括自有场地清污费用、精神损害、自然灾害、雇员人身伤亡以及盗抢。除太保产险外的其他4家保险公司均关注精神损害以及自有场地清污费用,关注精神损害说明保险公司在受害人层面越来越重视其因环境污染所遭受的精神上的痛苦,在环责险上体现为对精神损害的赔偿。在主险的保

险责任条款中也涉及清污费用,但承保范围是在第三者所属场所内,即非自有场地,因此有多家保险公司在附加险中增加了自有场地清污费用一项。

表9.8　5款环责附加险涉及事项

保险公司附加险涉及事项	阳光财险	长安保险	国寿财险	太保产险	紫金保险
自有场地清污费用	√	√	√		√
精神损害	√	√			√
自然灾害	√		√		√
雇员人身伤亡	√		√	√	
盗抢	√		√		
地下储存罐	√				
货物运输	√				
雇佣车辆货物运输	√				
扩展消防	√				
清理服务	√				
交通工具					
废物处理场			√		
特定地区			√		
扩展报告期			√		
生产经营过程中的污染			√		
生态环境损害			√		
疏散人群费用			√		
运输车辆			√		

自然灾害在本文中涉及的9家保险公司的环责险条款中均属于"责任免除"事项,但自然灾害有时也会导致企业环境污染事故的发生。因此,有3家保险公司将自然灾害导致的环境污染事故加入环责险的附加险事项中。雇员人身伤亡也有3家公司关注,环境污染事故造成雇员人身伤亡的事件屡见不鲜,而人员伤亡的赔偿很可能导致刚发生事故的企业有面临破产的风险,在此情况下由保险公司承担这部分的赔偿对企业来说至关重要。

盗抢导致的环境污染事故并不是被保险人从事生产经营活动所导致的,从某种意义上来说属于外因导致的突发性的环境污染事故,因此,有2家保险公司在附加险中对其进行了约定及详细说明。

阳光财险、国寿财险在上述5项之外还分别关注了其他事项，包括地下储存罐、货物运输、扩展消防等。值得一提的是，国寿财险还特别关注了被保险人在生产经营过程中的环境污染，也就是说，投保人在投保环责险主险时选择了该项作为附加险，那么被保险人在生产经营过程中由非突发意外事故造成的环境污染，也是在保险公司的承保范围中。此外，国寿财险的环责险附加险还包括突发环境污染事件造成的生态环境损害。

第二节　林业碳汇价值保险

一、碳汇、碳市场和林业碳汇项目

全球变暖引发的气候变化对地球生态系统和人类社会产生了巨大的影响，二氧化碳浓度的增加被普遍认为是全球变暖的重要推动因素。为缓解全球气候变化，《联合国气候变化框架公约》和《京都议定书》对各国二氧化碳的排放指标给出了配额。《京都议定书》生效后，碳交易市场随之产生，企业可以将温室气体的排放配额或温室气体减排信用作为商品在碳市场上进行交易。如果企业通过节能降耗，省出了温室气体的排放权，就可以将多余的配额拿到碳市场上进行交易，超额排放的企业可以在碳市场上购买碳排放配额。

碳汇（Carbon Sink）指通过植树造林、植被恢复等措施，吸收大气中的二氧化碳，从而减少温室气体在大气中浓度的过程、活动或机制。森林吸收并固定二氧化碳的能力称为森林碳汇。为改善地球环境，鼓励发达国家将资金投入发展中国家的环境改造项目。《京都议定书》创造了清洁发展机制（CDM）。允许制造出大量温室气体的工业化国家，在无法通过技术革新降低温室气体排放量时，可以通过在发展中国家投资造林，抵消碳排放，以降低本身总的碳排放指标。《京都议定书》生效后，森林碳汇的价值可在碳市场进行交易。林业碳汇是碳交易的产品之一，林业碳汇利用森林的储碳、固碳功能，通过造林、再造林和专业化、人为化的森林经营管理等活动，吸收和固定大气中的二氧化碳，并按照相关规则将碳汇减排量进行交易。发达国家在碳市场上购买林业碳汇，相当于将资金投入发展中国家的植树造林项目，为改善这些国家的环境做贡献。企业买家也可以通过购买碳汇来体现企业的社会责任，树立企业的绿色品牌形象。很多知名企业如微软、壳牌、汇丰、建设银行等通过购买碳汇来履行社会责任。在那些开设了碳交易市场的国家，个人也可以购买碳汇，以补偿个人活动排放的温室气体。如中国绿色碳汇基金会就曾经在2014年组织北京的车主购买碳补偿额度，用于吸收车主自己的车辆在行驶中排放的二氧化碳。

我国的碳市场始于2011年，当年国家发展改革委发布《碳排放权交易试点工作通知》，同意在北京市、天津市、上海市、重庆市、湖北省、广东省及深圳市开展碳排放权交易试点。2013年到2014年7个国内碳排放权交易试点开始运行。各试点地区的覆盖行业有差异，如深圳市覆盖的行业有电力、天然气、供水、制造、大型公共建筑、公共交通。广东省覆盖了电力、水泥、钢铁、石化、造纸和民航6个行业。开展试点后的7年内，2013—2021年6月我国共完成碳交易总量24 130.91万吨，于2017年达到交易峰值4 900.31万吨。[1] 经过7年试

---

[1] 前瞻产业研究院. 过去七年全国碳市场的试点情况回顾[EB/OL]. (2021-09-17)[2023-10-05]. https://finance.sina.com.cn/esg/ep/2021-09-17-doc_iktzscyx4726277.shtml.

点,国家发展改革委于2017年12月发布《全国碳排放权交易市场建设方案(发电行业)》(以下简称《方案》),标志着全国碳市场启动。国家发展改革委副主任张勇曾经在2017年12月19日的新闻发布会上表示,国家发展改革委将从发电行业开始,按照《方案》的要求,建立并完善碳排放监测、报告、核查制度,重点排放单位的配额管理制度以及市场交易的相关制度3个制度,加上碳排放数据报送系统、碳排放权注册登记系统、碳排放权交易系统和结算系统4个支撑系统,在此基础上建立全国碳市场。2018年,生态环境部接替国家发展改革委承担气候变化与发展碳市场的职责,于2020年12月和2021年3月分别发布《碳排放权交易管理办法(试行)》和《碳排放权交易管理暂行条例(草案修改稿)》,明确重点排放单位纳入门槛、配额总额设定与分配规则、交易规则等,启动全国碳市场。2021年7月16日,全国碳市场开市,开盘价48元/吨,首日配额成交量410万吨,成交额2.1亿元。

我国的林业碳汇项目早于碳市场的试点工作,开始于2005年的国际碳市场交易。2005年生效的《京都议定书》将造林再造林碳汇项目列为第一个承诺期内的CDM项目。按照CDM碳汇项目要求,参与实施项目的发达国家和发展中国家都必须是《京都议定书》的签约国,且必须满足3个要求:(1)造林是在过去至少50年以来的无林地上开展的人为造林活动;(2)再造林则是在自1990年1月1日以来的无林地上开展的人为造林活动;(3)所实施的造林再造林碳汇项目还应对项目所在区域的生物多样性保护、当地社区发展等产生积极影响。为推进CDM造林再造林碳汇项目在我国的实施,国家林业局碳汇管理办公室(现更名为国家林业和草原局应对气候变化和节能减排工作领导小组办公室)牵头组织有关专家,开展了中国CDM造林再造林碳汇项目优先发展区域选择与评价研究工作。通过综合分析我国1990年土地利用资料和森林资源调查资料,综合考虑不同区域的林木生长率、造林成本、社会经济发展水平、生物多样性保护和社区发展等因素,建立了综合评价指标体系与评价方法,最终确定了在第一个承诺期内,我国适合开展CDM造林再造林碳汇项目的优先区域。2006—2013年我国CDM项目注册备案3 740个,包括"中国广西珠江流域再造林项目""四川西北退化土地造林/再造林项目""内蒙古和林格尔县退化土地再造林项目"等项目。由于欧盟碳市场规定2013年以后只接受最不发达国家的CDM项目用于履约,我国CDM项目数量锐减,近几年CDM项目注册数几乎为零。

2012年国内开展碳市场试点后,就将林业碳汇纳入其中。2012年国家发展改革委印发《温室气体自愿减排交易管理暂行办法》,明确了林业碳汇可作为国家自愿核证减排量(China Certified Emission Reductions,CCER)的项目,参与我国碳排放权交易市场的交易,抵消重点排放企业的碳排放配额清缴。2014年首批CCER备案完成,2015年进入交易阶段。但由于经验不足,CCER项目在施行过程中存在交易量小、个别项目不够规范、市场价格波动大、交易风险高等问题,国家发展改革委于2017年做出了暂停CCER项目备案的决定。2023年9月15日,生态环境部召开部务会议,审议并原则通过《温室气体自愿减排交易管理办法(试行)》(以下简称《管理办法》)。会议强调,《管理办法》印发后,要为启动全国CCER交易市场做好准备工作,抓紧完善CCER交易市场制度体系,及时发布项目设计与实施规范、项目审定与核查规则、注册登记和交易规则等配套管理制度。因此,我国CCER项目有望重启。

除了CDM和CCER之外,我国还有一些自愿类项目可供选择,如林业自愿碳减排标准(VCS)项目、贵州单株碳汇扶贫项目等。

二、林业碳汇保险的保险责任

与林业保险相似,林业碳汇保险也是以林木为保险标的,保障的风险分为自然灾害和病虫害两类:自然灾害是指暴雨、暴风、暴雪、洪水(政府行、蓄洪除外)、雨雪冰冻、霜冻、干旱;火灾、泥石流、滑坡;病虫害是指林业有害生物以及由此采取的合理必要的施救行为导致保险林木死亡。与林业保险不同的是,林业碳汇价值保险将保险事故造成的保险林木碳汇能力损失指数化,当损失达到保险合同约定的标准时,视为保险事故发生。

以下我们以中国太平洋财产保险股份有限公司开发的贵州省商业性森林碳汇保险为例,分析该项险种的特征。

该产品最显著的特色是被保险人、保险标的和保险金额的计算公式都与碳汇价值相关。投保人和被保险人必须为具备森林经营权且获得碳汇交易平台碳票资质的林农、合作社、企业。保险标的为投保地理区域内已完成林业碳票注册或登记,具备林业碳票交付或者交易资质,生长正常且管理规范的林木。

保险林木的每亩保险金额参照保险林木碳汇价值计算,计算公式如下:

$$\begin{aligned}
\text{保险金额} &= [\text{约定年限碳汇量(吨)} + \text{林木地上生物量(吨)}] \times \text{碳汇单价(元/吨二氧化碳)} \\
&= [\text{约定每亩碳汇量(吨/亩)} \times \text{约定碳汇年限} + \text{单位面积林木地上生物量}] \\
&\quad \times \text{保险面积(亩)} \times \text{碳汇单价(元/吨二氧化碳)}
\end{aligned}$$

其中:

约定碳汇年限为自保险生效年至碳汇项目结束年期间的连续年份,最长不超过 10 年。

碳汇单价参考全国 CCER 市场履约平均价和地方实际交易情况,由双方协商确定,并在保单中载明。

约定年限碳汇量和林木地上生物量按照毕节市林业碳票碳减排量计量方法(试行),由双方协商确定,并在保险单中载明。

华农财产保险股份有限公司推出的广东省商业性林业碳汇价格保险对碳汇单价的规定更加实用和详细:

本保险合同约定保险林木碳汇保障价格与碳汇实际价格均按照广州碳排放权交易所公开发布的广东省碳排放配额(简称"GDEA")价格的 60% 确定。保险林木碳汇保障价格参照投保前 1 周内 GDEA 平均成交价的 60%,由投保人与保险人协商确定,并在保险单上载明。

保险林木碳汇实际价格为采价期内广碳所所有交易日的各日实际价格的简单平均值。

采价期根据被保险人碳汇交易的时间,由投保人与保险人协商确定,并在保险单上载明。

各日实际价格为 GDEA 当日收盘价格的 60% 与保险林木碳汇投保实时价格的最小值。

保险林木碳汇投保实时价格根据投保当日广碳所 GDEA 实时价格的 60%,由投保人与保险人协商确定,并在保险单上载明。

$$\begin{aligned}
\text{保险林木碳汇实际价格} &= \frac{\text{采价期内广碳所所有交易日的各日实际价格之和}}{\text{采价期内交易日总天数}} \\
&= \frac{\text{GDEA 当日收盘价格的 60\%} + \text{保险林木碳汇投保实时价格中最小值}}{\text{采价期内交易日总天数}}
\end{aligned}$$

为规避碳汇价格意外变动带来的风险，华农财产保险股份有限公司此款产品还规定了两项除外责任：在保险期间内，碳汇价格遭到政府限制；广州碳排放权交易所数据缺失导致无法计算保险碳汇实际价格。

华农财产保险股份有限公司此款产品中的另一特色是科技的运用，在估计每亩碳汇量上，将依据地面与卫星遥感监测相结合的方式进行测量，由投保人与被保险人共同协商约定的科技公司提供碳汇遥感测量结果，并在保险单中载明。

阅读材料　我国"陆地生态系统碳监测卫星"发射成功

三、除外责任

除外责任有 4 项，包括：(1) 投保人及其家庭成员、被保险人及其家庭成员、投保人或被保险人雇用人员的故意行为；(2) 行政行为或司法行为；(3) 当地洪水水位线以下的保险林木由于洪水造成的损失；(4) 其他不属于保险合同责任范围内的损失、费用。

阅读材料　国内外碳保险产品

第三节　绿色能源保险

一、典型产品

太阳能光伏、水电、风电等清洁能源生产过程中大规模使用新技术，再加上生产环境恶劣、生产条件极不稳定等因素，导致清洁能源行业存在诸多风险。绿色能源保险是以清洁能源设备与工程在安装和运营过程中的财产损失、利润损失和第三者责任为标的提供保险保障的金融产品，是典型的服务能源结构调整的绿色保险。绿色能源保险可以分为财产保险、保证保险和特殊风险保险 3 类。各类别包括的险种及对应的保障范围如表 9.9 所示。

表 9.9　绿色能源保险的典型产品

产品分类	产品名称	保障风险
财产保险	太阳能光伏电站建设期和运营期物资损失险	太阳能光伏电站建设期和运营期间的财产损失
	建筑工程险	清洁能源电站建设中的财产损失和第三者责任
	安装工程险	清洁能源设备、特高压工程安装过程中的财产损失和第三者责任

续　表

产品分类	产品名称	保障风险
财产保险	机器设备损失险	清洁能源电站、变电站/换流站设备的财产损失
	收入损失保险	发电量低于预期造成的收入损失
	利润损失保险	发电设备停止运行造成的利润损失
	光伏日照指数保险	日照强度不达标影响发电量
	风电指数保险	风速不达标影响发电量
	海上风电专属保险	超设计风速导致机械损坏和利润损失
保证保险	光伏组件能效损失补偿责任保险	光伏企业销售的光伏组件后期运行过程中效能未能达到约定标准，所需要维修、置换的费用或损失
	光伏组件质量保险	光伏组件的产品质量
	风机质量保证保险	风电设备的产品质量
	发电量保证保险	发电量不达标造成的利润损失
特殊风险保险	核物质损失险	核电厂的财产损失
	核电厂责任保险	核电厂运营过程中发生意外事故造成第三者责任
	核电站建筑安装工程一切险	核电厂开展建设安装工程过程中的财产损失和第三者责任

二、保险责任和除外责任

鉴于绿色能源保险种类繁多，我们只选择太平洋财险的 3 种产品介绍保险责任和除外责任。

第一种产品为光伏发电站收入损失补偿保险，该产品保障光伏发电站所在场址区的太阳辐射低于预期，导致发电量不足，被保险人在保险期间内的实际发电收入低于保险单载明的预期发电收入时的实际发电收入损失。其中太阳辐射量数据来源机构可以是气象部门、美国国家航天航空局（NASA）或第三方机构，由双方事先约定并在保险合同中载明。如果保险期间内太阳辐射量数据来源机构停止发布投保场址数据，则由双方协商更换为有效的数据来源机构并书面确认，如无有效数据来源机构可替换，则按日比例退还税后保险费。

除外责任按巨灾、道德风险分为以下几项：

投保人、被保险人及其代表的故意或重大过失行为；战争、类似战争行为、敌对行动、军事行动、武装冲突、罢工、骚乱、暴动、政变、谋反、恐怖活动；核辐射、核爆炸、核污染及其他放射性污染；土地污染、水污染及其他非放射性污染，因保险事故造成的非放射性污染不在此限；行政行为或司法行为。

保险事故发生后引起的各种间接损失或费用；被保险电站本身设备质量原因造成的损失；被保险人及其雇员的操作不当、技术缺陷造成的损失；因电网调度造成的损失；应由第三方负责的损失或费用。

第二种产品为太阳能发电站收入补偿保险[①]，保障太阳能发电站因投保地点在保险期间内的太阳光照量不足导致发电量不足造成保险期间内的实际发电收入低于预期发电收入的损失。

除外责任主体部分与光伏发电站产品相同，增加了针对太阳能发电站特殊风险的条款：因太阳能电池板功率衰减造成的发电量损失；任何原因导致公共供电、供水、供气及其他能源供应中断造成的损失和费用；环境改变所导致的永久阴影等原因造成的发电量损失；因电力计数器（电表）的故障而造成的损失；其他因太阳光照以外的原因导致的发电量损失。

第三种产品为光伏电站发电量指数保险，保障的风险是光伏电站所在场址区的成灾指数达到本合同约定的起赔标准，导致被保险电站发电量不足，保险人按照本合同约定承担赔偿责任。该产品将成灾指数定义为太阳辐射总量，太阳辐射量数据来源机构可以是中国气象部门、NASA或第三方机构，由投保人与保险人事先约定，并在保单中载明。保险期间内，如果保单载明的太阳辐射量数据来源机构停止发布投保场址数据，则由投保人与保险人协商并书面约定更换其他有效的数据来源机构。如投保人与保险人未就更换其他有效的数据来源机构达成一致，则本合同自保单载明的太阳辐射量数据来源机构停止发布投保场址数据之日起终止，保险人按日比例退还保险费。

产品的除外责任与光伏发电站收入损失补偿保险相同。

第四节 绿色技术保险

一、典型产品

清洁能源生产、工业生产和交通运输都离不开低碳减排技术。针对绿色技术研发经费、知识产权、产品质量等方面的风险，保险公司推出了多种绿色技术保险产品，为新技术落地提供全面的风险保障。绿色技术保险可以分为责任保险和保证保险两类，其包括的险种及对应的保障范围如表9.10所示。

表9.10 绿色技术保险的典型产品

产品分类	产品名称	保障风险
责任保险	研发费用损失保险	绿色技术研发失败的研发费用补偿
	专利执行保险	通过法律程序排除他人对该专利权的侵权行为过程中的调查费用、法律费用和直接损失

[①] 太阳能发电与光伏发电的差异：太阳能发电是通过集热装置来驱动汽轮机发电的，是热转电的方式，主要的部件是集热器或装置；而光伏发电是利用半导体的光生伏打效应将光能直接转换成电能，基本的部件太阳能电池板，采用的是光转电的方式。

续　表

产品分类	产品名称	保障风险
责任保险	专利被侵权损失保险	预赔付通过法律程序排除他人对该专利权的侵权行为过程中的调查费用、法律费用和直接损失
	产品质量安全责任保险	生产者、销售者应当承担的修理、更换、退货责任以及产品存在缺陷造成人身损害、缺陷产品以外的其他财产损害的赔偿责任
	首台套重大技术装备险	绿色首台套重大技术装备在销售后的产品质量风险和责任风险
	重点新材料首批次应用保险	首批次应用绿色新材料在销售后的产品质量风险和责任风险
保证保险	专利质押融资还款保证保险	绿色专利质押人不能还款的信用风险
	产品质量保证保险	制造商、销售商或修理商因其制造、销售或修理的产品质量有内在缺陷而给消费者带来的经济损失

二、保险责任和除外责任

鉴于绿色技术保险产品种类繁多，以下不一一介绍，重点解读太平洋财险的高新技术企业产品研发责任保险。这是一款责任保险产品，保障保险期间或追溯期内，由于被保险人的产品存在缺陷，造成使用、消费该产品的人或其他任何人的人身伤害或财产损失，且在保险期间内由受害人首次向被保险人提出的索赔申请，依照中华人民共和国法律应由被保险人承担的经济赔偿责任，保险人按照本保险合同的约定负责赔偿。保险事故发生后，被保险人因保险事故而被提起仲裁或者诉讼的，对应由被保险人支付的仲裁或诉讼费用以及事先经保险人书面同意支付的其他必要的、合理的费用，保险人按照合同约定也负责赔偿。

该产品的保险期限为1年，追溯期是指自保险期间开始向前追溯约定的期间，投保人连续投保，追溯期可以连续计算，但最长不得超过3年。

除外责任为道德风险或巨灾损失以及保障范围以外的损失，包括：

投保人、被保险人及其代表的故意或重大过失行为；战争、敌对行动、军事行为、武装冲突、罢工、骚乱、暴动、恐怖活动；核辐射、核爆炸、核污染及其他放射性污染；行政行为或司法行为；大气、土地、水体污染及其他各种污染；被保险研发成果被错误使用、不当使用或违法违规使用。

被保险人或其雇员的人身伤亡及其所有或管理的财产的损失；被保险人应该承担的合同责任，但无合同存在时仍然应由被保险人承担的法律责任不在此限；被保险研发成果本身的损失；产品退换、召回发生的损失；任何罚款、罚金或惩罚性赔款；精神损害赔偿；任何间接损失；保险合同中规定的免赔额以内的损失和费用；其他不属于保险责任范围内的损失、费用和责任。

此外，该产品也不保障直接或间接地涉及航空器、航天器、航海器、石油钻井平台、涉核设施或装置的科研成果。

第五节　国内绿色保险发展现状

2016年8月,保监会发布了《中国保险业发展"十三五"规划纲要》,提出保险业要"配合国家新能源战略,加快发展绿色保险,完善配套保险产品开发"。近几年来,我国保险行业不断创新,紧跟产业转型、绿色发展的时代潮流,在绿色保险产品的开发与创新上不断努力,不仅主推"双碳"目标的达成,而且体现了保险行业的社会责任感。据行业统计,从2018年到2020年,保险行业累计为全社会提供了45.05万亿元的绿色保险保障,累计赔款达到533.77亿元。2020年,绿色保险保额达到18.3万亿元,较2018年的12万亿元增长逾50%;2020年赔付达到213.57亿元,较2018年的128.79亿元增长近66%(见图9.3)。

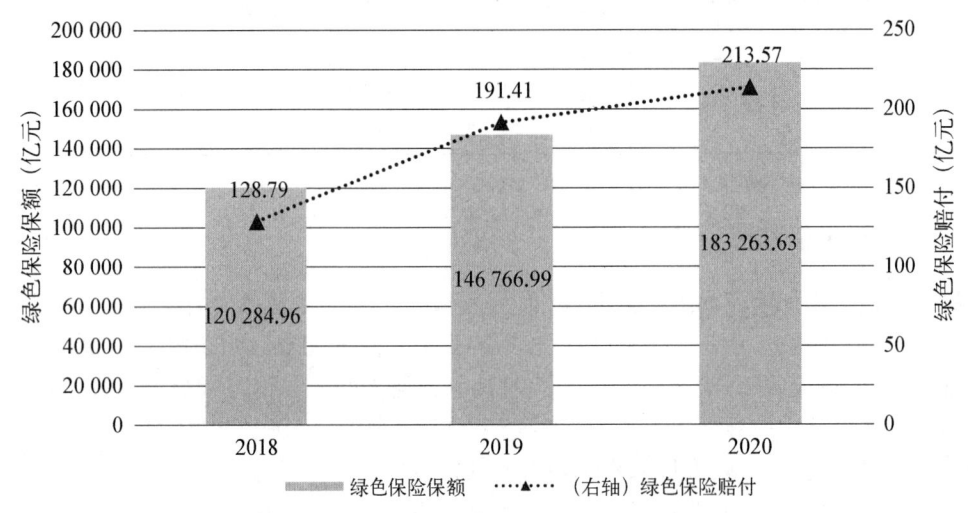

图9.3　2018—2020年绿色保险保额与赔款趋势图

资料来源:中国保险行业协会。

按照不同险种对保障与赔付进行统计,不计其他保险,绿色保险的保额主要集中在清洁能源保险、绿色交通保险、绿色资源(森林、草原等碳汇资源)保险与环境污染保险(见图9.4),赔付最高的险种是绿色交通保险(见图9.5)。

2018年,绿色保险为清洁能源产业提供了13.9万亿元的保障,2020年这一数字增长至19.6万亿元,年均增幅达到20.5%。企财险和特殊风险保险是保障和赔付的主要构成部分,其中企财险的保额占比从2018年到2020年一直保持在85%以上,特殊风险保险保额占到了10%以上;赔付方面,企财险占比增长迅速,从2018年的53.6%增长到2020年的78.56%。

绿色交通保险保额增长速度同样不容小觑,2018年保险行业为绿色交通行业提供了25.6万亿元的保障,而到2020年这一数字增至63.4万亿元,年度增速达到73.8%;赔款在2020年达到63.77亿元,较2018年的45.1亿元增加了19.68亿元,年度增速为21.8%。

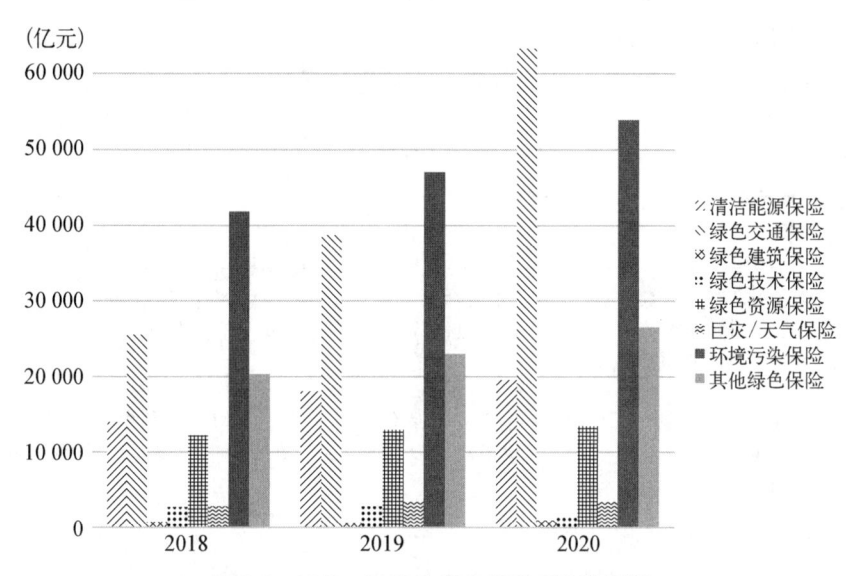

图 9.4 2018—2020 年绿色保险各险种保额

资料来源：中国保险行业协会。

绿色资源保险保障森林、草原、湿地、耕地等碳汇资源，2020 年保额达到 13.5 万亿元，较 2018 年增长 0.1 万亿元，年均增速为 4.9%。从结构上来看，森林保险是绿色资源保险保额与赔款的重要组成部分，2018—2020 年保额与赔付的比例均在 96% 以上，可见森林资源是绿色保险的主要保障对象。

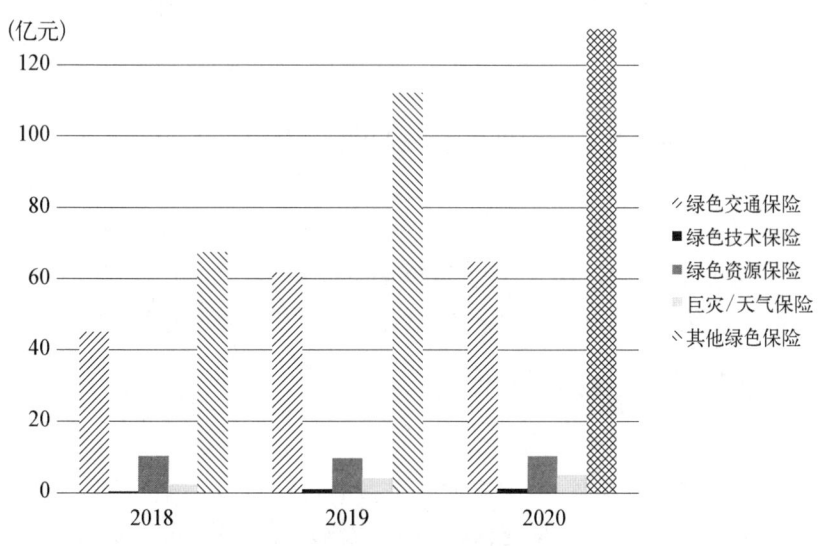

图 9.5 2018—2020 年绿色保险各险种赔款

资料来源：中国保险行业协会。

环境污染保险的保额自 2018 年起不断增长，到 2020 年已达到 5.4 万亿元，年均增速达到 14.4%。责任保险（环责险）是环境污染保额与赔付最高的种类，2018—2020 年保额比例均超过 96%，远超船舶险与特殊风险保险，赔付均超过 37%，仅次于船舶险。

绿色保险在我国的覆盖范围不断扩大，险种在全国范围内的分布也体现了各省市在资源特征与发展战略上的多样性。表9.11简单总结了几个省份的绿色保险产品种类，可以看出绿色保险在我国种类丰富多样，能覆盖到经济转型与绿色发展的众多方面与环节。

表9.11 各省绿色保险产品种类（截至2021年10月）

省份	产品种类
广东	巨灾指数保险、环境污染责任保险、蔬菜降雨气象指数险、绿色农保＋、绿色产品食安心责任保险、油污赔偿、责任保险、降水发电指数保险、森林保险、绿色卫士装修污染责任保险、创新型药品置换责任保险等
浙江	生猪保险、安全生产和环境污染综合责任保险、巨灾保险、森林保险、气象指数保险（如茶叶气象指数保险、杨梅采摘期降雨气象指数保险、大黄鱼养殖气象指数保险等）、"保险＋服务"绿色建筑性能保险
江西	环境污染责任险、农业大灾险、船舶污染责任保险、政府救助保险、建筑工程绿色综合保险、"保险＋科技＋服务"电梯安全综合保险、家庭装修有害气体治理保险、林业碳汇指数保险
新疆	棉花低温气象指数保险、环境污染责任保险
贵州	山地茶叶气象指数保险、环境污染责任保险、森林保险、气象指数保险、生猪价格指数保险
甘肃	环境污染责任保险、茶叶低温气象指数保险、生猪价格指数保险、森林保险

资料来源：中央财经大学绿色金融国际研究院.泰康绿色金融发展白皮书[R/OL].(2022-05-19)[2023-10-05]. https://iigf.cufe.edu.cn/info/1014/5245.htm.

第六节 国外绿色保险发展现状

在全球节能减碳、绿色发展的浪潮下，绿色保险的影响力也不断扩大，在欧美等发达经济体已经形成较为完善的绿色低碳与巨灾风险管理相结合的"绿色保险整合方案"。在这个过程中，国际绿色保险市场不断进行探索研究，在保险产品上不断迭代创新。

一、发达经济体绿色金融保险体制

（一）欧盟——绿色发展长期战略

在绿色金融与绿色保险领域，欧盟有相对丰富的实践经验。欧盟委员会不断提出可持续发展投资计划，结合专门化的金融与保险工具，以满足绿色项目的融资需求。这些举措不但支持了可持续投资与风险管理，而且有助于推进绿色发展战略。除此之外，欧盟委员会起草了一系列可持续项目，包括绿色技术帮助与绿色咨询，并将气候变化对企业和社会影响的审查纳入欧盟发展计划中，将绿色发展放在首要位置。

在后疫情时代，绿色金融和保险成为欧盟从疫情冲击中复苏的重要工具之一。绿色保险的发展，为资源节约型经济产业转型、清洁技术的发展与迭代、提高绿色企业的综合竞争力、绿色就业机会等方面提供了保障。除了7 500亿欧元的"复苏基金"及欧盟长期预算支持成员国绿色转型,欧盟还颁布了再生能源融资机制和风险处置相关规则,为成员国的绿色项目融资与安全部署提供便利。

(二) 美国——绿色市场化

在美国,私人部门是绿色转型融资过程中的关键力量。美国的经济政策为资金流向绿色产业提供了引导,而银行等金融中介对可持续活动进行分类,对缺乏可持续性的短视行为进行监督,激励企业向长期绿色发展方向转型。同时,工业企业和金融机构对企业在环境和气候方面的数据披露进行监督,以便于投资者尽可能多地掌握企业信息。为了应对气候与环境风险的负面效应,美国将气候风险纳入宏观审慎框架,将重点集中在提高巨灾保险对气候环境风险的抵御能力。美国与欧盟呈现不同的绿色金融保险发展战略,两个经济体在不同环境下推出了不同的绿色环境产品。

二、大型保险公司绿色保险实例

综合比较大型跨国保险公司现有的绿色产品,在产品体系上这些公司主要具有3个特征:一是不断强化保险企业的绿色发展意识,提升企业的管理能力;二是不断创新,增加企业的绿色价值;三是督促企业披露环境信息,增强投资者信心。

(一) 美国国际集团

无论是财产保险还是投资板块,美国国际集团(AIG)都投入了大量资源以支持绿色产业的发展,并将企业的绿色转型风险管理作为保险业务的关注重点。2020年,AIG承保的绿色能源业务超过3.6亿美元,较2018年增加了20%。比较有代表性的业务是AIG为风电场和太阳能发电厂提供的保障方案,为企业的安全生产和技术升级保驾护航。在对绿色企业提供保障的同时,AIG仍然重视非绿色企业的承保和投资。此外,AIG建立了专门的ESG投资工作组,投资对象涵盖风电、太阳能、地热、水力发电等项目。绿色保险与绿色投资双管齐下,是AIG对企业发展的有力推动。

(二) 慕尼黑再保险

与AIG不同,慕尼黑再保险(Munich Re)的绿色保险产品着力于为企业提供绿色技术解决方案。汇集了众多领域的专家与先进技术,慕尼黑再保险在全球范围内为风能、太阳能、生物质能生产与其他绿色技术提供了多样化的保险解决方案。比如,在光伏产业,慕尼黑再保险提供的保障包括光伏企业险、销售和买家保险、太阳能发电厂性能保险、光伏保修保险等;在风电产业,慕尼黑再保险的保障涵盖了陆海风电场的大额技术损失险、海上物流险、运营和维护保险、工程总承包(EPC)险、风力不足保险等。除此之外,慕尼黑再保险的绿色技术解决方案部门(GTS)也积极开展了绿色新兴企业的保险管理业务。自2011年以来,在国际范围内,一些新兴企业(生物能、土壤和环境修复、净化领域等)与GTS合作,慕尼黑再保险的国际业务范围不断扩大。

(三) 德国安联集团

德国安联集团(Allianz)积极推出创新性险种,在环责险的基础上,推出了气象保险、碳排放信用保险等新型产品。其中,气候保险保障气候变化引起的极端灾害造成的损失,不仅使用了遥感和大数据等手段进行气象风险的识别与信息共享,而且通过其子公司Allianz Risk Transfer与全球领先的保险连结证券(ILS)公司Nephila合作,利用区块链技术,提高巨灾债券、掉期等ILS产品的安全性。

(四) 日本财产保险

日本财产保险(SOMPO)对环责险业务极其重视,根据行业不同,将环责险产品进一步细化,分为产业废弃物排出者责任险、医疗废弃物排出者责任险、土壤污染净化费用保险与信赖恢复费用保险等。此外,日本财产保险推出了绿色化改进后的新型农业保险,以降低农业生产过程中产生的污染。

国际上,绿色保险产品已经经历由政策驱动向市场化的转变,产品种类经过不断更新与细化,形成了绿色资源、产业、信用、交通、建筑与气象风险全覆盖的产品体系,不仅更高效地激励了企业的绿色行为,形成了更科学的风险管理体制,而且提高了保险企业的竞争力和盈利能力。欧美等经济体的绿色保险发展历程,对我国绿色保险发展不失为一个有益的启示。

本章小结

绿色保险涵盖的保险险种众多,风险涉及面广。本章将最具代表性的绿色保险——环境污染责任保险作为第一节,分析了该险种的保障风险、环境污染赔偿责任的法律基础和保单条款。第二节介绍了创新型险种——林业碳汇价值保险,具体内容包括与该险种相关的碳汇、碳市场等相关概念,保险责任和除外责任。第三、四节解释绿色能源保险、绿色技术保险的保险责任。最后两节介绍了国内和国外绿色保险的现状。

本章思考题

1. 绿色保险,尤其是碳保险等新型保险种类,在产品创新的过程中对精算技术产生了哪些挑战与机遇?
2. 我国未来在环境污染保险方面可以做出哪些服务上的提升与创新?
3. 在保险科技与人工智能高速发展的背景下,绿色保险还有哪些潜在的创新空间?
4. 接上题,保险公司和社会需要如何应对保险科技带来的潜在挑战?

本章附录

本章参考文献

[1] 李文. 渐进性污染纳入我国环境污染责任保险的承保范围探析[J]. 保险职业学院学报,2021,35(3):25-30.

[2] 唐金成,刘钰聪. 环境污染责任保险数字化转型创新发展研究[J]. 西南金融,2023(1):87-100.

[3] 邵成多,邱峰. "双碳"目标下绿色保险创新发展的国内外实践[J]. 北方金融,2023(1):42-50.

[4] 李强. 国际绿色保险发展与借鉴:体制结构和产品体系[J]. 中国保险,2022(6):

28-32.

[5] 蒋琪. 绿色保险的定价研究[J]. 时代金融, 2019(35): 115-118.

[6] 赵鹏飞. 绿色发展视角下渐进性环境污染责任保险探析[J]. 保险职业学院学报, 2022, 36(1): 73-77.

[7] 中央财经大学绿色金融国际研究院. 泰康绿色金融发展白皮书[R/OL]. (2022-05-19)[2023-05-07]. http://iigf.cufe.edu.cn/info/1014/5245.htm.

[8] 中国保险行业协会. 保险业聚焦碳达峰碳中和目标助推绿色发展蓝皮书[R/OL]. (2021-06-12)[2023-05-07]. http://iigf.cufe.edu.cn/info/1014/5245.htm.

[9] 国家林业和草原局. 中华人民共和国林业行业标准 森林保险查勘定损技术规程(报批稿)[R]. 2021.

[10] 环境保护部, 保监会. 关于开展环境污染强制责任保险试点工作的指导意见[R]. 2013.

[11] 湖北省生态环境厅, 中国银行保险监督管理委员会湖北监督局. 关于印发《湖北省环境污染责任保险管理办法》的通知[R]. 2021.

[12] 国际环保组织绿色和平中国环境污染责任保险问题与分析[EB/OL]. (2020-12-24)[2024-04-01]. https://www.greenpeace.org.cn/wp-content/uploads/2024/03/eli-report.pdf.

第十章

洪水保险产品

本章要点

1. 了解洪水风险的特征和评估工具。
2. 了解我国保险产品中的洪水保险责任。
3. 了解美国的强制洪水保险模式。
4. 了解英国的市场主导洪水保险模式。

洪水保险保障被保险人因洪水风险而遭受的直接或间接经济损失。我国目前还没有单独的洪水保险产品。家庭财产保险、企业财产保险产品的保险责任中包含了对洪水造成的财产损失提供保障，人身保险产品的保险责任中也包含洪水导致的人身伤亡事故。但是洪水是自然灾害的一种，具有突发性强、影响范围广等特征。洪水一旦暴发，就会造成财产和人员的巨大伤亡，一次灾害造成的损失往往超过商业保险公司的承保能力。洪水风险的补偿和保险机制需要政府从顶层设计出发，制定国家层面的洪水巨灾风险保障体系。因此本章所要讨论的洪水保险产品，主要是对各国洪水巨灾保险体制的研究。以下我们先分析洪水风险的特征，再介绍英国、法国和美国的洪水保险保障体系。

第一节 洪 水 风 险

一、洪水的定义

洪水的定义中要界定两点：哪些因素引发洪水，洪水可能造成哪些灾难或损失。

百度百科对洪水的定义如下："洪水是暴雨、急剧融冰化雪、风暴潮等自然因素引起的江河湖泊水量迅速增加，或者水位迅猛上涨的一种自然现象，是自然灾害。"这一定义给出了造成洪水的自然因素，但没有描述洪水造成的损失。

Investopedia对洪水的定义也强调了洪水的成因，包括自然因素和非自然因素，但没有说明洪水造成的损失："Floods may be caused by heavy or prolonged rain, melting snow, coastal storm surges, blocked storm drainage systems, or levee dam failure(洪水可能是由大雨或长时间的降雨、融雪、沿海风暴潮、暴雨排水系统堵塞或堤坝溃决引起的)。"

以上两个定义都不适合在保险产品中使用。更为恰当的定义是保险条款中的定义。例如国元农业保险在其财产基本险的"附加暴雨、洪水保险条款"中对洪水的定义如下：山洪暴发、江河泛滥、湖水上岸及倒灌使保险标的遭受浸泡、冲散、冲毁等损失。

根据这一定义,只有山洪暴发、江河泛滥、湖水上岸及倒灌引发的洪水才在保险范围内,地震或海啸引发的洪水则不在保险范围内。对于损失,保险只承担保险标的遭受浸泡、冲散、冲毁的损失,人员伤亡除外。

二、洪水风险的特征

(一)损失金额高

洪水灾害的第一个特征是损失金额高。表 10.1 列出了新中国成立以来特大洪水灾害造成的人员及财物损失。可以发现,随着经济的发展,尽管洪水造成的损失占国内生产总值之比越来越小,但其绝对数额仍然十分庞大。

表 10.1 新中国成立以来特大洪水灾害造成的损失[①]

事　件	受灾农作物 (万亩)	受灾人口 (万人)	倒塌房屋 (万间)	经济损失 (亿元)	当年国内生产 总值(亿元)[②]
1954 年长江洪水	4 755	1 888	300	147	859.8
1963 年海河洪水	6 600	2 200	1 265	60	1 248.3
1985 年辽河洪水	2 400	1 200	68.3	47	9 098.9
1991 年江淮及太湖流域洪水	23 000	10 000	227	700	22 005.6
1994 年华南江南南部洪水	5 143	6 126	70.1	420	48 637.5
1998 年长江、松花江、嫩江特大洪水	18 000	22 300	1 000	1 666	85 195.5
2016 年长江流域洪灾(截至 2020 年 6 月 12 日)	6 841.71	5 813.54	17.19	1 726.13	746 395.1
2020 年南方洪涝灾害(6 月 2 日—14 日)	866.2	714.4	6 700	210.6	1 013 567.0

(二)发生区域集中

洪水灾害的第二个特征是地域性。我国洪水多发、面临较大洪水风险的城市主要分布在七大江河[③]中下游的平原地区。

[①] 1954—1958 年的数据来源于赵苑达. 洪水灾害损失的风险分析与国家洪水保险制度的探讨[J]. 管理世界,2005(4):48-55+64。
2016 年数据来自于晶晶,许田柱. 2016 年长江流域洪涝灾情探析[J]. 人民长江,2017,48(04):78-80。
2020 年数据来自中华人民共和国应急管理部. 2020 年全国十大自然灾害[EB/OL].(2021-01-02)[2023-10-05]. https://www.mem.gov.cn/xw/yjglbgzdt/202101/t20210102_376288.shtml。
[②] 国内生产总值数据来自国家统计局相关数据。
[③] 中国七大江河指的是长江、黄河、淮河、海河、珠江、辽河、松花江 7 条江河,总流域面积四百三十多万平方公里(约占全国外流河流域面积的 70%),年水量 15 400 亿立方米(约占全国年水量的 60%),生活着 12 亿人,包括海口、南宁、广州、南昌、武汉、长沙、杭州、南京、北京、石家庄、长春、沈阳等地,这些地方都较容易出现洪涝灾害。

我国洪涝灾害分布，从空间上来看，东部灾害严重于西部：雨涝频率由西北向东南递增，且差异巨大；西北大部雨涝频率几乎为零，而东南沿海的诸多省市有多达一半的降水有发展为洪涝灾害的可能——这是多方面因素的综合影响，例如东部平原较多，地势相对平坦，容易积蓄降水；与此同时，东部靠近太平洋，受到洋流影响较大，从北到南是温带季风、亚热带季风、热带季风气候，而季风气候一般来说降雨量较大，气候比较湿润（见图10.1）。图10.1中包块面积大的地方，即洪水灾害最频发的地方，有广西南宁、广州、海南一带（均属于热带季风气候）、江西南昌一块、四川成都一小块、辽宁沈阳一小块——这些地区的洪水发生频率在50%以上。

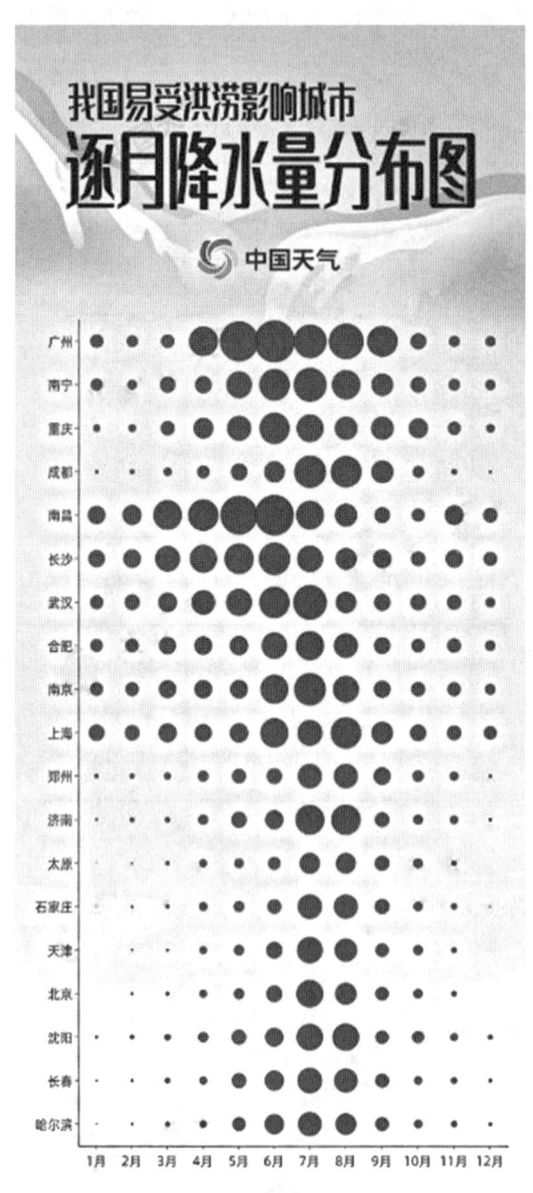

图 10.1 我国易受洪涝影响城市的降水量

注：本图为示意图。数据基于各城市1991—2020年期间逐月平均降水量。

资料来源：中国天气网。

总体来说,我国遭受洪水灾害的地区集中在东部。一旦发生洪水,大量保险标的就会同时遭受损失。因此,洪水风险不满足"每个风险单位是相互独立的"这一要求。它是巨灾风险,很难被设计为商业保险产品。事实上,其他国家也有同样的问题,洪水风险集中在某些区域,很难利用大数法则进行分散。

(三) 发生频率有规律可循,损失程度可以估算

从时间的分布上看,洪水多发生在夏季,尤其是 7—8 月。部分城市比较特殊,包括广州、南昌、长沙、重庆,降水量大,延续时间长,遍布 5—9 月,并且降水时间偏早,5 月的时候规模已经非常可观,6 月左右到达峰值。中东部大部分地区 6—9 月这 4 个月的降水量可占到全年降水量的 50%～70%。其中,华北地区、东北地区等地的降水多集中在 7—8 月,在个别极端的年份中,一天的降雨量甚至可以超过当月的平均降雨量,存在极大的洪涝灾害风险。

对于某一年份来说,洪水的发生是偶然的、意外的。但随着技术的发展,利用卫星遥感和监测技术,以及多年累积的历史数据,洪水风险的损失程度、发生频率和发生时间也可以用模型估算。[①]

因此,洪水风险在某个国家内部很难分散,但可以利用再保险公司的精算技术进行估算,通过再保险分散到国际再保险市场,由全球的保险市场进行分摊。事实上,英国对于洪水风险就是采取了商业化的手段,洪水保险完全由商业保险公司提供,保险公司再通过购买再保险将风险分散到全球保险市场。

阅读材料　洪水风险图

第二节　我国保险产品中的洪水保险责任

洪水保险造成的损失包括财产的直接损失、利润和收入等间接损失以及人员伤亡。在家财险、企财险和人身保险中,洪水造成的损失都在保障范围内。被保险人可以通过这些产品获得赔付。

一、平安家庭财产保险

平安家庭财产保险中,保险责任包括洪水风险,且承保洪水造成的地面突然下陷下沉带来的财产损失。其中洪水的定义如下:山洪暴发、江河泛滥、潮水上岸及倒灌,排除了"规律性涨潮、自动灭火设施漏水以及在常年水位以下或地下渗水、水管爆裂"等情况。

[①] 王帆,张大伟,向立云,等. 基于深度学习框架的洪水预报模型及洪水预报方法(专利号 ZL202111477271.2)[P]. 2021-12-06.

二、大地农村家庭综合保险

大地财产保险公司的农村家庭综合保险也承保洪水带来的损失，但排除了坐落在蓄洪区、行洪区，或在江河岸边、低洼地区以及防洪堤以外常年警戒水位线以下的家庭财产。

其中蓄滞洪区指河堤外贮存洪水的低洼地带，多数是江河洪水淹没和蓄洪的场所。蓄滞洪区又分为行洪区、分洪区、蓄洪区和滞洪区四部分。其中，行洪区是泄洪的区域，位于河道及两侧或河岸大堤之间；分洪区可利用平原区湖泊、洼地或原有低洼分泄河段超额洪水；蓄洪区是分洪区发挥调洪性能的一部分，是用于暂存分泄的超额洪水，待防洪情况许可时再向外泄洪的区域；滞洪区也是分洪区发挥调洪性能的一部分，可对分泄的洪水起到削减洪峰，或短期阻滞洪水的作用。因此，行洪区与蓄洪区是水利工程中用于泄洪的区域，并且从概念上来说，造成损失的风险比滞洪区更高，若承保在这个区域的房屋财产，保险公司承受的财务压力会非常大。

三、大地城市家庭综合保险

大地城市家庭综合保险的保险责任中覆盖了洪水保险造成的损失，但未提出有关洪水风险的除外责任。

四、大地企业财产保险

大地企业财产保险的保险责任中覆盖了因暴风雨和洪水造成的保险标的损失。其中，因暴风雨、洪水、水管或藏水容器爆裂、溢出或渗漏造成的损失，每次免赔额600元。

大地商业楼宇一切险条款承保洪水责任，但免责情况包括广告牌、天线、霓虹灯、太阳能装置等建筑物外部附属设施或存放于露天或简易建筑物内的保险标的以及简易建筑。这些装置由洪水造成的损失不保。

该产品有一系列附加险，其中之一是投保人可以选择将洪水风险排除在保险责任之外，也可以选择另一款附加险，赔偿暴雨和洪水风险引起的所有财产损失，前提是被保险人已经采取合理的安全保护措施。合理的安全保护措施是指在整个保险期间内，根据气象部门提供的数据，被保险人在保险标的所在地点采取能够预防当地20年一遇的降雨、洪水的措施。但因被保险人没有及时清理保险标的所在地内的沟渠中的障碍物以保持水流畅通而造成的损失、损坏或由此而产生的责任，保险人不负责赔偿。

五、农业保险

大地财产保险公司的奶牛养殖保险，对保险标的的要求中有排除高洪水风险区域的规定：饲养场在非传染疫区内，且在当地洪水水位线以上的非蓄洪区内。只要满足这些要求，该产品就可以承保洪水造成的奶牛死亡损失。

大地水稻种植保险中，对台风、洪水造成的水稻绝收损失，也可以予以赔偿。

六、其他险种

除了上述几个险种，我国的车险和工程险也可以补偿洪水风险造成的损失。车险中直接将洪水作为自然灾害承保。工程险在险种分类上与农险类似，以具体行业工程为险种分类标准,不同种类工程考虑的洪水风险不同。在条款设置上与企财险类似,拥有多个附加条款以调整对洪水风险承保的程度。

对于洪水和暴雨等带来的巨灾损失,我国目前的情况是,财险产品、人身保险和医疗保险都可以予以赔付,但保险的投保率不高,保额也不充分,导致保险赔付与全社会总损失之间差异巨大,保险发挥的作用有限。

人保财险原副总裁、中国精算师协会会长王和曾经表示:"与国外、特别是发达国家相比,保险对于台风、洪水等自然灾害的赔付率能够达到20%～30%,最高甚至能够达到40%～50%,其背后非常重要的原因在于这些国家大多采用强制或者半强制的方式来推广巨灾保险,这就使得巨灾保险覆盖率比较高,保险作用能够发挥得较好。"[1]但我国保险行业自身的实力并不雄厚,依靠保险行业自身的力量开发商业性的巨灾保险,在资金、技术和市场需求方面,都会遇到不小的困难。业内人士曾经表示,首先,由于巨灾保险风险较大,因此保险公司在定价方面会比较保守,整体行业内价格比较高,很多企业不愿意购买;其次,重大自然灾害风险巨大,任何一家保险公司都难以独自承受,即使采用分保或再保险方式分散风险,其成本也很高;另外,很多企业对于巨灾保险尚缺乏基本认知,产品的市场规模很难上去。[2]

因此,建立巨灾保险体系,还需要政府和保险企业的共同参与。我国目前尚未建立洪水巨灾保险制度,以下我们以美国、英国和法国为例,说明3种不同的洪水巨灾保险制度。

第三节 国家强制洪水保险模式——美国

美国地域辽阔,气候多样,美国任何地区都有可能突发洪水,一英寸深度的洪水就会给家庭造成平均2.5万美元的损失。据美国联邦应急管理署(Federal Emergency Management Agency,FEMA)的统计,99%的美国区域在1996—2019年遭受了洪水袭击,90%的自然灾害涉及洪水。30年的房屋抵押期内平均会遭受27次洪水灾害。

图10.2上半部分显示的是亚拉巴马州历史上洪水事件对地区的影响,可以发现边缘地区是洪水的高发地。下半部分显示了历年来美国经历的洪水事件总数。仅仅是洪水发生次数不过100次的2019年,美国洪水巨灾的整体平均洪水保险赔款就高达约5.17万美元(见图10.3)。而2016年路易斯安那州发生的洪水灾害,整体造成约7.65亿美元的支出。可见,洪水几乎对美国来说是常态的特大威胁。

正因为洪水发生频繁以及造成的高额损失,美国很早就开展了洪水风险管理。1936年美国国会颁布《洪水控制法案》,该法案将洪水救助责任都交由政府负责。政府在洪水多发区域修建堤坝、沟渠及防洪设施来控制洪水,以减少洪水的危害;同时建立洪水基金,在洪水发生后为民众提供救济。但是,这种政府救济模式的成本超过了财政承受能力,政府不得已需要寻求新的风险分散方式。

---

[1] 丁艳.银保监会鼓励为巨灾保险提供再保险!要求建立再保险业务流动性风险管理制度[EB/OL].(2021-07-29)[2024-04-01]. https://m.21jingji.com/article/20210729/herald/24faf04dd00c46f00d362bcec4cacd30.html.

[2] 丁艳,杨芮.暴雨洪灾之后,近百亿损失巨灾保险如何理赔?[EB/OL].(2023-08-17)[2023-10-05]. https://finance.sina.com.cn/jjxw/2023-08-17/doc-imzhppru2777384.shtml.

历史洪水影响

根据美国国家海洋和大气管理局风暴事件数据库的数据，查看洪水如何影响您的州。

选择一个州

亚拉巴马州 ▼

洪水事件
- 1-10
- 11-20
- 21-30
- 31-40
- 41-50
- 50+

这张图显示了什么？ ?

图 10.2　美国洪水灾害的影响和发生次数

资料来源：FEMA 官网。

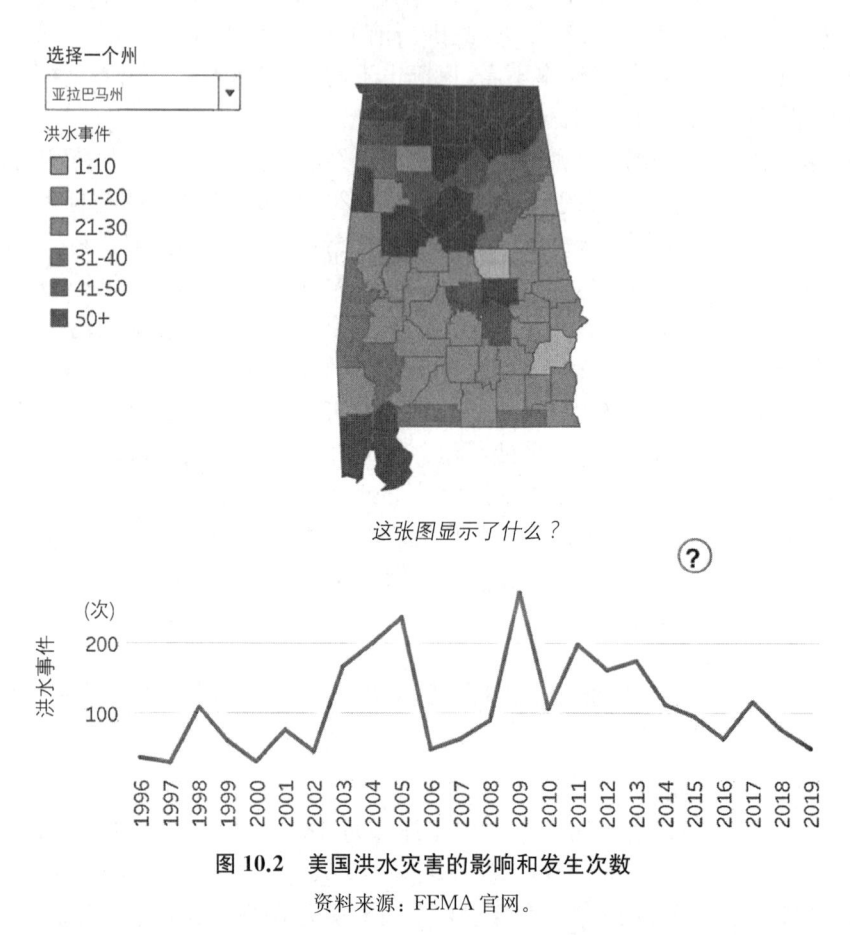

事件编号-州	事故报告年	灾害类型	赔付责任
4277-LA	2016	洪水	$765,511,070
4308-CA	2017	洪水	$760,023,567
4420-NE	2019	洪水	$517,261,881
4273-WV	2016	洪水	$438,781,121
4145-CO	2013	洪水	$357,922,961
1981-ND	2011	洪水	$224,355,762
4421-IA	2019	洪水	$166,723,929
4030-PA	2011	洪水	$148,024,629
4241-SC	2015	洪水	$119,029,499

图 10.3　2005—2022 年美国洪水灾害的赔付责任

资料来源：FEMA 官网。

1956年美国国会正式通过《联邦洪水保险法》。依据该法,美国联邦政府建立了洪水保险制度(the National Flood Insurance Program,NFIP)。该制度采用专门机构和保险公司经营,政府补助和兜底的方式。利用保险的风险管理功能,将洪水灾害损失进行更有效的分散与控制。

但NFIP的建立并非一帆风顺,由于制度建立之初没有考虑到商业保险公司的承保能力,因此遭到了保险行业的整体抵制,导致此法当时并未实行。1965年,美国南部的佛罗里达州与路易斯安那州遭到了贝特斯飓风的袭击,飓风带来的洪水造成了数十亿美元的损失。此事件再一次推动了洪水保险的制度设计。1968年《全国洪水保险法案》通过,1969年《国家洪水保险计划》出台,标志着美国洪水保险体制的正式形成。《全国洪水保险法案》是对《联邦洪水保险法》的一次重要修订,明确了洪水保险制度的自愿参与原则。法案规定,洪水保险以社区为单位自愿购买,可以得到联邦政府的保费补助。参加该计划的社区需要按照洪水法案的要求,加强区域内的防洪管理。换言之,该法案所述的洪水保险客户群体,应居住于符合国家防洪管理基准的社区。

但该法案实行之初,出现了民众"搭便车"、费率差异不合理等情况,虽然国会对此做了一些法案修订,但自愿性的洪水保险参与率始终不高,使得政府的公共财政负担依旧繁重。1973年,强热带风暴奥格尼斯袭击美国南部。该区域的NFIP参与度很低,导致联邦政府再次通过公共财政进行灾后救助。同年,美国通过《洪水灾害防御法》,将NFIP的自愿模式改为局部的强制性模式。该法规定,位于高洪水风险区域的房屋、农田、工业厂房等,必须购买洪水保险才能接受联邦政府贷款。这种强制性的保险模式遭到了民众的强烈反对。1977年出台的《洪水保险计划修正法案》废除了洪水保险与政府贷款绑定的做法,洪水风险的巨大压力难以从联邦政府手中转移。

1979年,联邦保险管理局(FIA)的部分职责交由联邦紧急事务管理署(FEMA)管理,FEMA希望继续执行NFIP的强制保险模式。1994年,国会通过了《国家洪水保险改革法案》,再次重申了强制模式。在洪水多发区域,拒绝履行洪水保险计划的联邦信贷机构会受到惩罚。同时采用了将信贷与洪水强制保险绑定的做法,明确了该项义务不因不动产或土地的转让而消失。如果借贷人无力购买洪水强制保险,信贷机构就有义务为其购买。2004年,国会为了减轻保险机构的负担,对于多次发生洪水灾害而不愿搬迁的不动产所有人,提升70%的保费额度。历经崎岖的探索,NFIP的强制模式才得到巩固与稳定,暂时平衡了各方利益。

(一) 美国NFIP的运营

1. 政府保险机构主导——FEMA和FIA的共同职责

FEMA是处理地震、台风和洪水等自然灾害及恐怖袭击等人为灾祸的政府机构。对于洪水风险,FEMA的职责是制定洪泛区管制法规、洪泛区内建筑物的防洪规范以及洪泛区风险图管理等全国性政策。洪水保险的具体经营由FIA负责,包括制定费率、规范承保范围、审核投保及理赔案件。FEMA类似于我国的水利局,处理洪水风险整体的国家政策以及水利设施问题,而FIA是洪水保险的制度和具体执行的管理者。

2. 私营保险公司参与销售——Write Your Own Program(WYO)

洪水保险计划建立时,只有FIA一家机构经营。1981年FIA提出了WYO计划。1983年,FIA邀请私营保险公司参与计划。如今有约60家保险公司加入WYO计划,承保高达

95%的NFIP业务。参加了WYO计划的私营保险公司依然以自己的名义承保和理赔,超出私营保险公司保费的损失由FEMA承担。这样既能保持私营保险公司的参与,提高市场活跃度,又能减轻FEMA的财政负担。

但这仅仅是美国洪水保险经营中的较大部分经营者,实际上长期的洪水灾害频发也刺激着一些私营保险公司,他们凭借比FIA更强的风险管理能力经营私人洪水保险。可见,美国的洪水保险市场是在政府的刺激下产生并壮大的。

3. 社区参与下的个人购买

只有个人所居住的社区参与了国家洪水保险计划,遵循了联邦政府的一系列安全措施,个人才能够购买洪水保险。美国的洪水风险地图将社区按洪水危险级分区,住在高风险区域的社区被强制购买洪水保险。居住在低风险区域的个人能够选择是否购买洪水保险。那些坚持不参加NFIP的社区,在洪灾后无权享受联邦政府的相关救济与援助。

因此,进入国家洪水保险计划的人需要首先满足自身住宅参与了NFIP,再根据社区被划分的洪水区等级决定是否被强制买保险。而部分不满足前述条件的住宅拥有者以及认为NFIP计划的整体风险管理水平不足或是想要更多保障的住户也可以选择美国的私人保险公司经营的私人洪水保险。

(二) 美国NFIP的经营状况

根据FEMA的统计,NFIP自强制性实施以来发展迅速。该计划所提供保障的总体规模,已经从20世纪80年代末前的不足2 000亿美元,增长到了2009年的逾12 000亿美元,近20年来年均复合增长率约为9.37%。提供的有效保单数量,从20世纪80年代前的不足200万件,到2009年的超过570万件。尤其在2005年的卡特里娜飓风后,NFIP有效保单的数量明显增长,2006年同期增长近10%。正因如此,NFIP在美国洪水灾害风险管理中的作用举足轻重。近30年来,其赔付金额在洪水损失中的平均占比高达18.32%左右。这一比例在某些年份如1992年和2009年,甚至高达58.22%和61.82%;在2005年卡特里娜等飓风侵袭的情况下,也达到39.34%(见图10.4)。

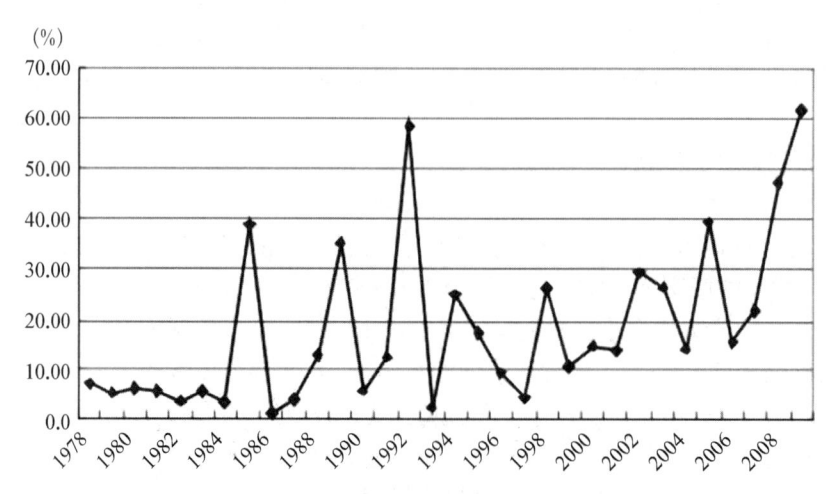

图10.4 NFIP支出占洪水造成的损失支出的比例

资料来源:FEMA网站。

(三) NFIP 与私营公司的洪水保险计划

NFIP 是美国主流的洪水保险提供商,占据了绝大多数洪水保险市场,洪水保险单由加入 NFIP 的私营保险公司售卖,FEMA 作为超额损失支持。NFIP 提供两种洪水保险单:住房洪水保险以及私营财产洪水保险。住房洪水保险承保被洪水毁坏的房屋或车库,保险金额为 25 万美元;私营财产洪水保险承保被洪水毁坏的家具、电器等物品,最大的保险金额为 10 万美元。

私营保险公司承保与支持的私人洪水保单,没有 FEMA 作为后备资金支撑。尽管只占据 5% 的洪水保险市场份额,近年来也逐渐变得更加热门。根据保险行业的统计数据,2022 年私人洪水保险的保费收入为 7.68 亿美元[①]。私人洪水保险能发展起来,一方面是因为市场对洪水风险的研究更加清晰透彻,预测更加准确,各家保险公司认为洪水并非他们不可碰的风险,由此加大了这方面的投入;另一方面,NFIP 的后备支撑 FEMA 常年负债运营,财务的不可靠使得投保人开始转向私营保险公司。另外,从 2019 年 7 月 1 日起,贷款机构开始接受居住在高风险地区的住户用合适的私人洪水保险来替代 NFIP。

表 10.2 和表 10.3 对 NFIP 和私人洪水保险计划做了对比。表 10.2 中显示,私人洪水保险计划提供更高的保额、更短的等待期,承担更多的责任,比如房屋内的财产损失、碎片残渣清除等。但也存在一些问题,比如通常具有较高的免赔额,而且当房屋的洪水保险升级时,可能选择不再同意续保,而 NFIP 的客户并不用担心这些。不过,那些中低风险地区的居民,可以用更低的费率购买私人洪水保险计划。

表 10.2 NFIP 与私人洪水保险计划的保单条款比较

类 别	NFIP	私人洪水保险计划
房屋重建上限	25 万美元	通常 50 万美元或更高
可获得性	所有州参与洪水保险计划的社区	可能高风险区域购买有限制
等待期	30 天	最短的两周
贷款机构是否接受	接受	接受
是否覆盖建筑置换成本	是	是
是否覆盖财产置换成本	否	是
是否覆盖租房等房屋或财产无法使用的成本	否	是
是否覆盖抢险成本(沙袋等)	否	是
是否覆盖碎片残渣清理成本	否	是

资料来源:参见 https://www.policygenius.com/homeowners-insurance/private-flood-insurance-vs-nfip/。

---

① 参见 https://www.iii.org/fact-statistic/facts-statistics-flood-insurance。

表 10.3　NFIP 与私人洪水计划的保费比较

州（部分）	平均年保费（美元）	与 NFIP 保费的差异
亚拉巴马州	821	−11%
阿拉斯加州	1 281	182%
亚利桑那州	505	−39%
加利福尼亚州	850	−6%
科罗拉多州	909	6%
特拉华州	1 364	56%
佛罗里达州	1 439	50%
纽约州	1 420	20%
得克萨斯州	730	−6%

资料来源：参见 https://www.policygenius.com/homeowners-insurance/private-flood-insurance-vs-nfip/。

第四节　市场主导的洪水保险模式——英国

一、英国的洪水风险

英国也是洪水高发地区，有以下几个特点。

（一）受灾面积大

根据英国环境署（Environment Agency）报告，英国有 240 万处房产面临河流和海洋洪涝风险，有 380 万处房产易受地表水洪涝影响，其中有 100 万处房产同时面临两种洪涝风险，即总共有 520 万处（约 1/6）英国房产面临洪水风险。

（二）损失程度较高

英格兰地区的住宅和非住宅财产每年因河流和海洋洪水而遭受的损失估计超过 10 亿英镑。从 2015 年冬季到 2016 年，洪水给英国造成的经济损失估计在 13 亿～19 亿英镑（最佳估计为 16 亿英镑）。商业非住宅财产损失比例最大为 32%，约损失 5.13 亿美元。

（三）间接影响严重

英国洪水风险评估项目（National Flood Risk Assessment）显示，英国有相当一部分重要基础设施（如能源、水、通信、运输）、公共服务（如学校、医院）位于洪水地区，有因洪水而遭到严重破坏的可能。

英国政府投资创建了完善的工程性防灾减损体系，在完成对洪水风险实现进一步控制的同时，提高其商业可保性。2020 年，英国政府在英格兰的防洪工程上花费了 26 亿英镑。在 2020 年预算中，政府宣布这一投资将在未来 6 年内翻一番，达到 52 亿英镑。

二、英国的洪水保险市场

英国市场经济高度发达,经济体制本身少有人为干预(多仅限于最低的法律规范和引导),其保险市场、再保险市场经历悠久的历史发展均已十分发达,保费规模为欧洲第一、世界第四(2019年),具有雄厚的承保力量、丰富的承保经验、先进的技术管理手段,且国民的保险意识较强、保费负担能力也较强。

在英国,政府与保险公司达成"君子协定"(the Statement of Principles,SoP),将洪水保险责任纳入家庭财产险和中小型企业财产险的标准保单,完全由商业保险公司承保,政府承诺继续投资于洪水风险的控制。

这种政府与保险企业合作的关系,可以追溯到1952年严重洪灾与1953年东海岸洪水造成巨大亏损的时期。当时,洪水风险并未被特别承保,且很多受灾财产并未投保房屋险,保险公司首次对洪水风险做出了赔付,政府也在考虑执行政府强制型洪水保险的可能性。在争议中,1960年洪灾再次发生,促使政府更多地接触、推动保险公司提供商业洪水保险。随后,在政府与保险业达成一致后,洪水风险逐步成为英国财产险标准保单内的承保责任。

SoP于2000年正式签订,随后,政府颁布了《洪水保险供给准则》。经过了2003年、2006年和2009年共3次大范围修订后,政府与保险公司之间的职责分工更加细化明确(见表10.4)。

表10.4 1961—2014年间英国政府与保险业之间的协议变化[①]

期间/日期	政策协议	政策协议的特点
1961年以前	市场驱动——没有具体的政策协议	洪水保险从1922年开始成为(财险)综合保单的一部分,全损险直到1929年才出现,但只是可选的。最初该险种的渗透率很低
1961—2001年	政府与保险业的君子协议	保险公司对政府做出了非正式但坚定的承诺:继续为英国境内长期有人居住的物业提供保险。20世纪70年代初,当抵押贷款申请人必须为物业购买保险时,洪水保险得到了强化
2001年2月20日	ABI给政府的备忘录	1961年协议的第一个挑战是为洪水风险提供一切险,英国保险行业协会(ABI)提交给政府备忘录,承诺继续提供两年的洪水风险一切险,但要求政府承诺增加防洪设施和改善风险地区空间规划的资金投入
2003年1月	英国政府与ABI之间达成《原则性申明》	《原则性申明》取代了2001年备忘录,ABI与政府再次强调了双方的承诺,但申明中ABI暗示,作为最后的解决方案,保险公司很有可能拒绝高风险地区的投保要求
2006年1月	更新的《原则性申明》	强调了将75年一遇的风险作为最低保障标准(高于这一标准的风险将不予承保),同时要求政府承诺通过防洪建设投资和其他手段降低洪水风险

---

① Edmund C. P-R., Sally P., Clare J.. The evolution of UK flood insurance: incremental change over six decades[J]. International Journal of Water Resources Development, 2014, 30(4): 694-713.

续 表

期间/日期	政策协议	政策协议的特点
2009年1月	更新的《原则性申明》	2009版的更新为最终版本,最终申明将所有新建物业排除在外,并强烈强调保单条款和保费应根据风险等级来确定
2013年7月后	《原则性申明》结束	英国政府和保险公司就"洪水再保险计划"达成谅解。这意味着保险公司仍旧提供洪水保险,但可以将高风险保单转移给洪水再保险计划,从而保证了保费不至于过高,以及保费基于风险确定。现有行业内的低风险对高风险的交叉补贴仍旧保留

为更好地应对洪水风险、建立更完善的洪水保险体系,政府与保险公司经过几年的协商,就洪水再保险提案达成了共识。2016年4月,洪水再保险计划正式启动,作为英国洪水风险保险计划,目的是使英国房主更能负担得起洪水保险。其与政府、保险公司均建立密切的合作,并每5年进行一次审查以确保资金数额正确。值得注意的是,英国洪水再保险制度属于临时过渡性制度,计划仅运行25年,预计于2039年后洪水保险可以实现风险定价(现阶段并非风险定价),并由保险公司承担全部风险。

三、产品形态

在英国,洪水保险一般被纳入家庭财产险和中小型企业财产险的标准保单中承保。以Home Protect的房屋保险保单为例,其涉及洪水责任的内容汇总如表10.5所示,包括清除瓦砾的费用、修理或更换损坏的家具与财物、装置和固定装置的费用,还可以包括因洪水而无家可归的替代性住宿费用。表10.6中显示,AXA安盛财险也在建筑物保险、房屋内容险的标准保单中纳入了洪水责任。

表10.5 Home Protect 房屋保险保单

洪水定义	从住宅或附属建筑物外部突然释放或迅速积聚的水进入住宅或附属建筑				
类别	主险责任	是否含洪水责任	洪水除外责任
建筑物	1. 替代的住宿费用 2. 租金损失 3. 房东屋内物品 4. 追踪获取事故原因 5. 出售房屋	是	洪水造成的如下损失不赔:室外油箱、浴缸、游泳池、网球场、车道、人行道、天井、露台、墙壁、大门或栅栏。(房屋同时受到同一原始原因的影响除外)
室内物品	1. 替代成本 2. 租户房屋责任 3. 特别事件(例如生日前后保额自动增加10%)	是	不适用
室外物品	1. 露天财产 2. 附属建筑内财产 3. 花园植物 4. 暂时移走的物品 5. 学生财产	是	

表 10.6 AXA 安盛财险建筑物保险、屋内财产保险中与洪水造成损失有关的保险责任

房屋保险的保险责任	屋内财产的保险责任
碎石和残渣溢出,聘请建筑师、房屋鉴定师、咨询工程师的费用和法律费用	损害的家具或个人物品的替换或维修费用
房屋因无法使用需要外出租房的费用	如果你作为租户,必须对家具、配件和室内装饰负责,保险责任中包含这些项目的烘干和恢复费用
烘干和恢复房屋结构的费用,包括家具和家具配件	替代损害物品的费用

四、运营模式：市场主导型＋自愿投保型＋捆绑型

自 2000 年英国政府与保险公司达成 SoP 起,英国洪水保险基本形成了市场主导模式。政府与保险公司分工明确,分别负责非保险形式的支持工作与市场化的保险运作。

（一）政府职能：非保险支持

政府的职能以非保险形式支持洪水保险,包括构建高效防洪工程体系,提供防洪保障（如维持现有设施设备、加大工程建设力度、减少洪涝区域、提升决策效率等）,主动向保险公司提供与洪水风险有关的风险评估、洪水预警等数据,帮其维持洪水风险的商业可保性。

政府不干涉保险公司的经营,也不承担保险风险,这在减轻政府财政压力负担的同时,充分利用了保险公司的风险管理体系来分散风险。虽然其制定的防洪措施一定程度上无法避免地会对洪水保险市场产生一定影响,但这并不会通过直接干预的方式。

以洪水风险地图为例,由英国环境署负责编制,为保险公司设计洪水保险的基础。洪水风险地图作为保险公司判断承保标的风险状况、再保险保单分割的基础,是保险公司开展洪水保险的必要工具。英国环境署负责洪水风险地图的编制,在综合考虑防洪设施等因素后,细分河道与沿海、内涝、水库 3 种洪水类型,将各地区洪水风险划分为 4 个等级,为保险公司的洪水保险设计提供了有效数据支持（见表 10.7）。

表 10.7 英国政府官网洪水风险地图等级划分

洪水风险等级	每年洪水发生概率	（转换）洪水频率
高	>3.3%	<30 年一遇
中	1%～3.3%	30～100 年一遇
低	0.1%～1%	100～1 000 年一遇
非常低	<0.1%	>1 000 年一遇

注：已考虑防洪设施对于洪水风险减少的作用,防洪设施本身也有损毁与失效的可能,不能完全消除洪水风险。

如图 10.5 所示,除了提高保障、提供数据外,政府也发挥了十分重要的宣导作用。政府在对洪水风险的科普宣传、洪水保险的推广方面建立了十分健全的信息披露、风险评估平

台，引导民众识别自身的洪水风险、投保合适的洪水保险。在政府官网、环境署官网等各大官方网站上均单独设置了洪水风险板块，进行科普宣传教育，并提供风险评估（如向所有民众开放洪水风险地图的个人查询功能）、洪水预警等服务；同时提供洪水保险科普、保险人名单、经纪人清单等服务以降低投保门槛。

图 10.5　Flood Re 官网，洪水风险相关网站列表截图

（二）保险公司：市场化运作

在 SoP 中，商业保险公司是洪水保险的承保主体，自愿将洪水风险纳入家庭财产保险、企业财产保险、住宅财产保险以及农业保险等保单的责任范围内（捆绑销售），市场化运作、自负盈亏，并通过再保险进一步分散风险。

保险人与投保人之间的投保、承保关系均遵循自愿的原则，保险公司可以通过个案核保来有效控制逆选择风险。对于保单内容、保费、免赔额等具体问题，保险公司也有较大的自由度，可以根据政府防洪政策与计划、再保险的供给程度，来调整洪水保险的供给情况、保单内容、费率标准等。

此外，英国洪水保险在投保模式上属于自愿型投保，给予投保人自主选择权以促进有序市场竞争；但另一方面，英国洪水保险的销售/承保模式属于捆绑型销售/承保，其将洪水保险责任纳入家庭财产险和中小型企业财产险的标准保单中，又使其具备一定的强制性投保特征。

投保人是否购买洪水保险，遵循自愿投保原则。英国市场保持着较为有序的市场竞争，推动洪水保险价格维持在可接受范围内。

同时，洪水保险与财产保险捆绑销售，以及银行要求房贷申请者必须购买洪水保险，这些市场惯例使洪水保险具有一定的强制性。

捆绑型销售是指保险公司不会提供专门针对洪水风险的单一保险产品,而是将洪水风险纳入家庭财产保险、企业财产保险、农业保险等进行保险捆绑销售。只有在洪水年风险概率小于1.3%的地区,保险公司才会单独承保洪水保险。捆绑型销售模式固然具有一定的强制性,与自愿购买原则有冲突,但客观上来看,这种方式对洪水保险在英国的普及起到了重要的推动作用。这种销售模式还提升了保险对洪灾救助的保障能力与分散风险的效率,有助于降低承保成本与投保价格,进而减轻洪水保险的逆选择问题。

此外,对于持有房贷的房屋所有者,银行会要求其购买有效的房屋保险(默认涵盖洪水风险等自然灾害风险),作为提供抵押贷款的前提。

五、洪水的再保险——英国的洪水再保险计划

(一)背景

由于地球环境恶化,加上不合理的土地开发,使洪水风险逐渐增加,因此推高了洪水保险的费率。高风险地区的高昂费率超过了居民的承受能力,居民投保积极性受到打击,也削弱了洪水保险的保障能力。

如何制订合适的保险方案、推动洪水保险的普及成为一个重要的社会问题。政府与保险公司沟通了如下几种解决方案,最终经协调选择了再保险方案(见表10.8)。

表10.8 英国政府与保险公司沟通的洪水风险方案

解决方案	公营/私营	优点	缺点	细节
洪水再保险[2]	私营和政府监管	・洪水再保险方案是指建立一家洪水再保险公司,公司不以营利为目的,由金融监管机构监管 ・洪水再保险公司只接受高风险业务。为了保证费率可承担,这些高风险业务的费率固定,不与风险等级相关,保证高风险家庭总能以固定费率购买保险 ・高风险家庭的费率依据房产税的等级确定,低价房产的费率较低,高价房产不能享受固定费率 ・客户仍然从保险公司购买保险和申请理赔,购买体验不会有变化 ・为了有充足的资金,ABI将对所有经营家财险的保险公司收取特别税。特别税与现在市场上高风险保单得到的交叉补贴相当,费率整体上不会增加	・即使限制了高风险保单的费率以及根据房产税确定费率,有些家庭也仍旧无力支付保费 ・洪水再保险公司也需购买再保险来分散风险,再保险的保费会有波动 ・保险公司自己的再保险成本没有因为洪水再保险而降低,洪水再保险方案的经济成本超过其带来的收益 ・固定费率下,1%风险概率和10%风险概率家庭的费率相同,降低了极高风险家庭自我管理风险的动力 ・从保险公司征收的特别税将作为国家援助给洪水再保险公司,这需要得到欧洲议会的批准,过程历时18~24个月	・特别税和按固定费率收取的保费用于洪水再保险的管理费用、再保险成本和未达到再保险赔付标准的自留赔付 ・如果洪水再保险公司没有足够的资金支付自留赔付,所有保险公司要提供额外的支持资金 ・洪水再保险的每年总赔付金额有上限,按照独立精算师的测算,年赔付超过这一上限的概率小于0.5%

续 表

解决方案	公营/私营	优 点	缺 点	细 节
直接补贴	私营和政府监管	• 直接补贴高风险家庭 • 此种方案下的整体费率水平比洪水再保险低，因为无需购买高风险保单池的再保险，所以保险公司使用自身的再保安排 • 该方案下高风险家庭交纳的保费与风险相关，可以鼓励高风险家庭控制风险以减少理赔。同时可激励保险公司开发高风险家庭适用的产品 • 立法时间比其他两种方式更短	• 需要立法和欧洲议会批准 • 方案的效果取决于保险人是否愿意承保高风险家庭，即使有保费补贴，保险公司可能也有顾虑 • 理论上，保费补贴可以给任何一个保费超过一定限度的家庭，但这样会引诱保险公司故意提高保费，投保人也没有动力去找到性价比高的保险产品。所以政府要统计高风险家庭以确定他们的补贴资格。但保险公司不一定认可政府对高风险的评价标准 • 补贴是以保费打折的方式，而不是按照固定费率（像洪水再保险计划那样），家庭无法确定要交多少保费 • 补贴的发放方式也有影响。补贴直接给保险公司，保险公司可能滥用，不会将所有利益都转移给高风险家庭。补贴直接给投保人，行政管理起来会非常烦琐和高成本，家庭可能需要自己申报补贴资格，会降低投保率	• 将向所有提供家财险的保险公司征收特别税来支持给高风险家庭的保费补贴
强制洪水保险	私营和政府监管	• 该方案下的洪水保险价格应该能够承受，因为保险公司要满足强制要求的份额，所以会给高风险家庭较为优惠的条款 • 如果强制保险公司接受的份额设置适当，高风险家庭的费率可能比洪水再保险计划低 • 费率基于风险确定，激励高风险家庭采取风险控制措施 • 客户购买保险的体验不会改变，客户仍能够货比三家，也会由保险公司提供服务 • 强制保险计划不会作为国家援助，无需欧洲议会批准	• 该方案对市场是强干预，影响很难估计 • 政府确定高风险家庭。如果低风险家庭错登记为高风险，就会造成没必要的保费折扣，间接增加了其他投保人的费率。政府也有可能遗漏了高风险家庭。可以允许高风险家庭自我申报来弥补这一缺陷，但这依赖于高风险家庭的主动行为，还会增加政府的管理成本 • 强制的业务总量要设置适当，才能使得保险既能覆盖大多数人，又不增加负担。强制的业务总量太低，高风险家庭可能享受不到费率折扣（各家保险公司的额度低，分派任务很快就完成了，没有动力去争取更多的客户）。强制的业务总量太高，保险公司会为了拉业务故意降低保费，使得高风险家庭没有动力改善自己的风险状况，反而损害了其他家庭的利益。也有可能保险公司无法满足要求而退出英国的家财险市场 • 该方案没有得到保险行业的认可	• 所有在英国承保家财险的保险公司，都要强制接受一定份额的高风险家庭业务，否则会面临处罚

注：(1) 资料来源：Defra. Securing the future availability and affordability of home insurance in areas of flood risk [EB/OL]. (2013-06-01) [2024-04-01]. https://consult.defra.gov.uk/flooding/floodinsurance.
(2) 洪水再保险为 ABI 各成员的首选方案。

（二）洪水再保险计划

洪水再保险计划（Flood RE Scheme）是一个政府和行业联合建立的再保险计划，计划的建立目标：一是解决高风险房主无法获得或负担洪水保险的市场失灵问题；二是作为临时过渡计划，预期到2039年计划结束时，完成家财险洪水保险定价向风险定价的过渡。计划的最初版法规于2015年11月11日生效，修订条例自2022年4月1日起施行。该计划预期运营25年，2039年左右英国洪水保险可以实现风险定价（现阶段并非风险定价），并开始由保险公司承担全部洪水风险。

该计划由相互再保险公司 Flood Re Limited（以下简称"Flood Re"）负责，Flood Re 于 2013 年 8 月注册为一家私人担保有限公司（private UK Company limited by guarantee）[1]，于 2016 年 4 月 1 日获得英国审慎监管局（PRA）和英国财政部（FCA）的授权。Flood Re 与政府、保险公司均保持着密切联系，并通过每5年一次的审查来确保资金数额正确。

（三）目标客群和参保资格限制

Flood Re 基于其主要目标，设立了较精准的定位，为高风险家庭用房房主提供能够负担的洪水风险保障，具体参保资格要求如表10.9所示。

表10.9 英国洪水再保险参保资格限制

类别	细则
有参保资格的情况[2]	英国本土物业 家庭房屋税在 A~H 档（不属于单独税段或商业税）（补充：免税情况有没收、无人居住、住户全小于18周岁、住户为精神病患者或住户全为学生） 2009年1月1日前建成的建筑（包括2009年前拆除且重建的房屋） 用于居住的住宅 适用于个人保费（指不按团体形式报价） 只有土地租借权的公寓，如果房间数量小于3个也符合要求 保单持有人或其直系亲属在物业内常住或有时居住，或房屋空置 以个人/多个个人名义签订合同，而非以公司名义

---

[1] 私人担保有限公司，通常为非营利组织，他们的利润不会分配给股东，而是留作公司的运作和发展资金。建立私人担保有限公司的目的是将公司负债与个人债务隔离，也可以作为法人签署合约。

[2] 英文原文如下：
— Properties must be located within the UK mainland.
— Properties must have a Council Tax band A to H.
— Properties must be built before 1st January 2009. Note：If a property has been demolished and rebuilt before this date, then the new building is still eligible for Flood Re.
— Properties must be used for residential purposes.
— Properties must have an individual premium.
— Leasehold flats with three or less fewer units are eligible.
— The policy holder or their immediate family must live in the home for some or all of the time, or the property must be unoccupied.
— The insurance contract must be in the name of one or more individuals, not companies.

续　表

类　别	细　则
无参保资格的情况①	房屋税按商业税,且提供住宿和早餐 或有建筑保险(如银行持有的房屋保险) 农场附属建筑 有永久土地产权或定期土地租借权的不动产所有人在一份保单内通过投保大量物业以获取商业利益 房屋协会的房产 个人产权或商业产权下的多用途房产 买后出租、不符合上述规定的房产 用于商业用途的固定位置的房车场地 用于出租的公寓楼或街区,只保公司房产或社会住房的内部物品

(四) 资金来源

资金均来源于家财险保险公司,主要包括如下 3 个来源:

1. 征税

政府向提供家财险的保险公司征税(Levy),税率每年根据所需金额总和并结合各保险公司市场份额确定,用于补充保险公司的赔付,以及运营 Flood Re。2016 年 4 月 1 日,《英国洪水再保险条例(2015)》对 Flood Re 收取的征税按以下公式计算:

$$Levy = Total\ Levy \times \frac{GP_X}{\sum_i GP_i} + Total\ Additional\ Amount \times \frac{GP_{X'}}{\sum_i GP_i}$$

GP_X 指保险人 x 上一年度的毛保费,分母为所有保险人上一年度毛保费之和;总的收入需求由 Flood Re 根据风险情况与资金需求设立并定期调整,最初设定的值为 1.8 亿英镑,2022 年 4 月 1 日已调至 1.35 亿英镑。

值得注意的是,虽然家财险保险公司可自愿参加 Flood Re 项目,但此项征税是所有家财险公司必须按自身市场份额交纳的款项。

Flood Re 还可以使用所征收的税收进行进一步再保险,来为其承担的洪水风险设置最大责任限额(Maximum Liability Limit),根据 Flood Re 2022 年年报,2021 年和 2022 年(每年以 4 月 1 日为分界日)两年责任限额分别为 22.73 亿、22.86 亿英镑。

---

① 英文原文如下:
— Bed and breakfast premises that are paying business rates.
— Contingent buildings policies, such as those held by banks.
— Farm outbuildings.
— Freeholders/leaseholders deriving commercial income by insuring large numbers of properties for a portfolio.
— Housing association's residential properties.
— Multi-use properties under commercial or private ownership.
— Residential 'buy to let' properties that do not meet the criteria specified above.
— Static caravan site owners when they are being used for commercial gain.
— In the case of blocks of residential flats, company houses/flats, and social housing contents only can be covered.

2. 再保险保费

当投保人投保洪水风险的时候,保险公司向 Flood Re 分出部分保费,保费比例与投保人市政税(Council Tax)挂钩(不与洪水风险挂钩),以便于压低保单价格。因再保险保费(Reinsurance Premium)并不与洪水风险相关,所以不能反映 Flood Re 所承担的洪水风险。

2017 年 4 月 1 日起,《英国洪水再保险条例(2015)》对 Flood Re 收取的再保险费计算公式如下:

$$Reinsurance\ Premium = A(1+CP)$$

其中,A 为根据房屋税费等级分档的再保险费基础数值(见表 10.10),CP 为英国统计局公布的上年(Calendar year)居民消费指数(consumer prices index,CPI)变化百分比。

表 10.10　Flood Re 再保险费率基础数值　　　　　单位:英镑

市政税等级	综合保单	房屋保单	屋内财产保单
A	210	132	78
B	210	132	78
C	246	148	98
D	276	168	108
E	330	199	131
F	408	260	148
G	540	334	206
H	1 200	800	400

以 Flood Re 官网公布的 2019—2020 年度再保险费为例,各级房屋的再保险费费率如表 10.11 所示。

表 10.11　Flood Re 官网公布的 2019—2020 年度再保险费率

市政税等级	英格兰及苏格兰	A	B	C	D	E	F	G	H
	威尔士	A B	C	D	E	F	G	H	I
	北爱尔兰	1	2	3	4	5	6	7	8
综合保单		169	169	197	221	265	331	436	1 218
房屋保单		117	117	131	148	176	231	296	812
屋内财产保单		52	52	66	73	89	100	140	406

3. 固定附加费

Flood Re 对保险公司每件分入保单收取 250 英镑/年固定标准的附加费用。

（五）现状与优势

在 Flood Re 计划的支持下，英国洪水保险市场 2022 年达到 4 600 万英镑的保费规模，Flood Re 总计为 256 634 件保单风险提供了再保险，该公司近 5 年的重要财务指标数据如表 10.12 所示。

表 10.12　Flood Re 近 5 年财务数据　　　　单位：百万英镑

财 务 指 标	2022 年	2021 年	2020 年	2019 年	2018 年
毛保费	46	39	34	34	32
再保前赔付	32	8	161	16	8
收取的税	180	180	180	180	180
税前利润	132	142	61	136	134
投资及流动资产	691	611	487	358	257
偿付能力比率	900%	1251%	522%	349%	425%
营运资本比率	496%	521%	427%	349%	235%
承保的保单数量（件）	256 634	218 090	196 638	164 480	150 051

根据 Flood Re 计划的运营情况，可以总结出英国将市场和政府支持的再保险结合的洪水保险模式具有以下优势：

（1）激发保险公司的承保积极性，优化洪水保险市场竞争环境。洪水风险一般被视作商业不可保风险，承保其会给保险公司带来巨大的理赔资金压力与破产风险。通过再保险实现部分风险的转移，有助于提高洪水风险的商业可保性，吸引保险公司参与，进而推动家财险等险种业务的增加，间接促进市场竞争，推动保险公司业务优化，为消费者提供更多选择。

（2）在维持原有投保流程的同时，降低民众投保成本。洪水再保险的投保流程完全嵌入了直保公司承保流程，不影响客户投保流程；同时，通过建立完全市场化定价机制，让多数低收入家庭或高风险房主能够负担保费。

（3）给予保险公司再保自主权。目前的洪水再保险计划作为过渡计划，将来将向市场化转变。保险公司将拥有再保公司的自主选择权。

（4）优化竞争环境。再保险制度推动洪水保险业务发展，进而推动家财险等险种业务的增加，间接促进市场竞争，推动保险公司业务优化，为消费者提供更多选择，推动保险公司业务优化。

根据统计，英国有近 90% 的家庭在财产保险中购买洪水保险，近 70% 的个体在建筑物保险中购买洪水保险，在农作物保险中购买洪水保险的比例达到十成，企业在财产保险中购买洪水保险的比例也超过 85%。2015 年，英国居民家庭平均支付的洪水保险保费为 200～2 500 英镑。由此看出，捆绑型销售有效地降低了洪水保险的费率。这种市场化的保险机制和保费体系,可以促进洪水保险在实现其分散风险功能的基础上,降低成本、提高市场覆盖率。以 2022 年为例,在再保险方面,94%的家财险提供洪水再保险计划,256 634件保单的风险拥有再保险,帮助过去有索赔经历的家庭获得保障,其中 98%的家庭可以从超过 10 家保险公司获得报价。

第五节　政府支持的强制投保模式——法国

一、背景

法国本土河道密集,拥有超过 43 万公里的河流。这种地表水文网络将法国许多地区置于洪灾威胁中。加之人们传统上会自然将其生产生活活动集中在水道附近,这种情况就更加严重,迫使政府长期致力于洪水灾害的治理。作为防洪系统的一部分,政府密切关注其中 2.28 万公里的水道,周围的人口有超过 75%在容易发生洪灾的地区工作生活。还有 3 万公里水道、支流和大型河流的上游区域容易遭受水位快速上涨的威胁。[①]

1981 年法国发生特大洪灾,国会于 1982 年通过自然灾害保险计划(Catastrophes Naturelles insurance program,CatNat),1984 年法国出台《农业灾害保险法》,对洪水等自然灾害实行强制保险形式,在法律上对保险责任、保险费率、再保险等多方面进行了具体的确定。相关法律的建立,形成了政府与保险公司共同参与的法国洪水保险制度。

二、运营模式:捆绑销售＋政府财政兜底

法国洪水保险执行捆绑型承保模式。投保人在购买财产保险时,必须投保自然灾害附加险,也就是说财产险保费自动包括了自然灾害附加险费率。

为了增强保险行业的承受能力,法国成立了商业保险公司经营的再保险共同体 Caisse Centrale de Reassurance(CCR)。法国政府对 CCR 提供无上限担保,如果 CCR 破产,政府就将充当 CCR 的最后借款人。CCR 的主要资金来源是对所有财产险和车险保单征税,征税采用固定费率,免赔额为 380 欧元,与风险大小无关。

CCR 的再保险框架分为两层:第一层是比例再保险。直保公司将保费按比例分给 CCR,有损失发生时,按比例得到 CCR 的再保险赔付。比例再保险基于再保险人与原保险人的共同风险原则,可以有效避免逆选择。第二层是停止损失再保险,直保公司将比例再保险后的自留风险部分,按照总损失或每次事故损失、每个风险单位损失,将超过自留额度的风险分给 CCR。所有的再保合约都没有佣金。

CCR 通过建立责任准备金和平衡准备金来应对巨灾损失。责任准备金按通常的精算原则评估,平衡准备金是另外计提的一项特别准备金,按年度盈余的 75%计提,累计上限不超过年度总保费收入的 300%。1985 年 CCR 平衡准备金为 2.3 亿美元,1992 年增加到 5.3 亿美元,1999 年减少到 1.5 亿美元。2000 年 CCR 调整了再保条件,5 年后平衡准备金恢复到令 CCR 满意的水平。

---

① 佚名. 洪涝泛滥法国要如何与"浪"共舞? [EB/OL]. (2021-02-10)[2023-10-05]. https://j.eastday.com/p/161294514177017535.

法国自然灾害保险制度的建立,有效地克服了巨灾风险商业不可保,以及严重的"逆选择"困扰。根据 2021 年 CCR 的年报,CCR 的公共再保险业务产生了 10.51 亿欧元的总承保毛保费,其中 87.8% 来自自然灾害再保险保费。2021 年法国自然灾害损失总计 3.23 亿欧元,考虑平衡准备金调整后的索赔费用总计为 7.31 亿欧元,没有超过毛保费,财务上达到了平衡。

前文我们介绍了 3 个典型国家的洪水保险制度,其中美国和英国的制度较为完善,分别是政府主导和市场主导的代表。我国的保险市场不够成熟,经常出现价格战等恶性竞争的现象,保险公司自身的风险管控能力也不强,没有条件采用英国的市场主导模式。美国在制度建立之初,完全由政府主导,当市场需求出现一定规模时,再逐渐放开洪水保险的经营权限,鼓励了保险公司参与洪水保险的热情,激发了洪水保险市场的活性。从现实情况而言,美国的模式更加适合中国的发展。但政府牵头之后,如何才能既引导更多的保险公司参与,又保证市场的有序竞争和规范,这是我们需要解决的问题。

本章小结

本章解释了洪水的定义和洪水风险的特征,介绍了我国家庭财产保险、企业财产保险和农业保险等险种中的洪水风险责任。然后分别分析了美国、英国和法国三个典型国家的洪水巨灾风险体系。美国实施的是国家强制洪水保险模式、英国实施的是政府适度监管下的市场主导模式,法国则是政府财政兜底的强制投保模式。三种模式都是为了解决巨灾风险下高风险客户被排除在外的市场失灵问题,可以为我国建立巨灾风险制度提供参考。

本章思考题

1. 请从保险市场历史、文化、监管方式等多个角度分析英国采取市场主导洪水巨灾保险体系的原因。
2. 我国最有可能借鉴哪种体系建立洪水巨灾保险制度?

本章参考文献

[1] ABI. UK Insurance & Long-Term Savings Key Facts [R/OL]. 2021[2023-10-05]. https://www.abi.org.uk/globalassets/files/publications/public/key-facts/abi_key_facts_2021.pdf.

[2] Arnell, N.W., Clark, M.J., Gurnell A.M.. Flood insurance and extreme events: the role of crisis in prompting changes in British institutional response to flood hazard[J]. Applied Geography, 1984(4): 167-181.

[3] AXA. Flood insurance [EB/OL]. [2023-10-05]. https://www.axa.co.uk/home-insurance/flood-insurance/.

[4] CCR. Natural disasters compensation scheme [EB/OL]. [2023-10-05]. https://www.ccr.fr/en/-/indemnisation-des-catastrophes-naturelles-en-france.

[5] CCR. CCR-2021 SOLVENCY AND FINANCIAL CONDITION REPORT-SFCR [R/OL]. [2023-10-05]. https://www.ccr.fr/en/-/ccr-rapport-sur-la-solvabilit%C3%A9-et-la-situation-financi%C3%A8re-2021-sfcr.

[6] Darlington J. C., Yiannakoulias N.. Experimental Evidence for Coverage Preferences in Flood Insurance[J]. International Journal of Disaster Risk Science, 2022(13): 178-189.

[7] Dube E., Wedawatta G., Ginige K.. Building-Back-Better in Post-Disaster Recovery: Lessons Learnt from Cyclone Idai-Induced Floods in Zimbabwe[J]. International Journal of Disaster Risk Science, 2021(12): 700-712.

[8] Edmund C., Penning-Rowsell, Sally Priest & Clare Johnson. The evolution of UK flood insurance: incremental change over six decades[J]. International Journal of Water Resources Development, 2014(30): 694-713.

[9] Environment Agency. Flooding in England: A National Assessment of Flood Risk [R/OL]. 2009[2023-10-05]. https://assets.publishing.service.gov.uk/media/5a7ba398ed915d4147621ad6/geho0609bqds-e-e.pdf.

[10] Environment Agency. Floods of winter 2015 to 2016: estimating the costs[R/OL]. 2018[2023-10-05]. https://assets.publishing.service.gov.uk/media/5a755ce8ed915d7314959615/Estimating_the_economic_costs_of_the_winter_floods_2015_to_2016.pdf.

[11] Flood-Re. Flood-Re-Annual-Report-2022[R/OL]. 2022[2023-10-05]. https://www.floodre.co.uk/about-us/reports/.

[12] Home protect. Flood insurance[EB/OL]. [2023-10-05]. https://www.homeprotect.co.uk/flood-risk-insurance.

[13] Imamura Y.. Development of a Method for Assessing Country-Based Flood Risk at the Global Scale[J]. International Journal of Disaster Risk Science, 2022(13): 87-99.

[14] S. Surminski, J. Eldridge. Flood insurance in England-an assessment of the current and newly proposed insurance scheme in the context of rising flood risk[J]. Journal of Flood Risk Management, 2017(10): 411-556.

[15] Rahman M.S., Di L., Yu Z. et al. Remote Sensing Based Rapid Assessment of Flood Crop Damage Using Novel Disaster Vegetation Damage Index (DVDI)[J]. International Journal of Disaster Risk Science, 2021(12): 90-110.

[16] The Flood Reinsurance (Scheme Funding and Administration) Regulations 2015 [EB/OL]. [2023-10-05]. https://www.legislation.gov.uk/uksi/2015/1902/contents/made.

[17] The Flood Reinsurance (Amendment) Regulations 2022[EB/OL]. [2023-10-05]. https://www.legislation.gov.uk/uksi/2022/383/contents/made.

[18] Tyler J., Sadiq AA., Noonan, D.S., et al. Decision Making for Managing Community Flood Risks: Perspectives of United States Floodplain Managers[J]. International Journal of Disaster Risk Science, 2021(12): 649-660.

[19] 曹海菁. 法国与新西兰巨灾保险制度及其借鉴意义[J]. 保险研究, 2007(6): 85-86+73.

[20] 何霖.美国洪水保险之进程及启示[J].四川文理学院学报,2015(25):42-46.

[21] 何霖.四川洪水保险试点研究[J].灾害学,2020(35):135-140+162.

[22] 姜付仁,王建平,廖四辉.美国洪水保险制度运行效果及启示[J].中国防汛抗旱,2014(24):73-78.

[23] 李俊奇,杨擎柱,FANG Xing,等.美国洪水保险计划发展及其经验分析[J].中国给水排水,2019(35):33-40.

[24] 李时,秦毅,刘强,等.资料不充分地区的洪水保险研究[J].自然灾害学报,2020(29):186-192.

[25] 李锐,夏益杰,黄臻.浙江创新洪水保险机制的探索与实践[J].中国水利,2020(11):18-20.

[26] 刘家养.广西家庭财产洪水保险费率厘定的实证研究——基于期望损失法和资本资产定价模型[J].时代经贸,2017(15):82-85.

[27] 刘朝辉,胡新辉,王慧敏.国际洪水保险比较及对我国的启示[J].水利经济,2008(5):36-38+57.

[28] 孙艳.洪水保险制度的国际模式、运行绩效及其启示[J].世界农业,2017(12):6.

[29] 谭乐之.以顶层设计推动洪水保险[N].中国银行保险报,2020-11-18(004).

[30] 杨霞.洪水保险制度比较:国际经验与中国"双低困境"[J].经济问题探索,2012(2):182-186.

[31] 叶靖安.国外巨灾保险制度及对我国的启示研究——以法国与英国为例[J].现代商贸工业,2014(26):172.

[32] 王晓珊.美国洪水保险计划:发展历程、现状及其特点[J].世界农业,2018(1):147-152.

[33] 张念强,黄海雷,徐美,等.英国洪水风险图编制应用及对我国的借鉴[J].中国防汛抗旱,2018,28(3):6.

[34] 张倩.英国洪水再保险机制及其对我国的启示[J].西部学刊,2020(17):4.

[35] 张琳,沈志刚.洪水保险的最优再保险选择[J].统计与决策,2013(15):20-22.

[36] 张雅丽.美国、日本和英国水灾风险管理的经验借鉴[J].世界农业,2017(8):83-88.

[37] 赵乔彬.高精度洪水地图助力洪水风险解决方案制定[J].上海保险,2020(6):29-32.

[38] 赵乔彬.洪水地图助力洪水风险解决方案[J].保险理论与实践,2020(5):68-74.

[39] 赵苑达.洪水灾害损失的风险分析与国家洪水保险制度的探讨[J].管理世界,2005(4):48-55+64.

[40] 张鑫,王嘉鑫,王全蓉.洪水灾害的风险特征及保险制度设计[J].水利经济,2018,36(5):57-60+77-78.

[41] 周维伟,李春龙,陈飞.洪水保险的国际比较与借鉴[J].中国水利,2019(4):5.

[42] 卓强.中国建国以来洪水损失分析和中美洪水保险比较研究[J].金融经济,2007(22):156-158.